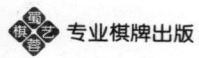

陈启 编著

图书在版编目(CIP)数据

围棋 AI 教室:基础训练. 提高班/陈启编著. —成都:成都时代出版社,2021.11
ISBN 978-7-5464-2927-4

Ⅰ.①围… Ⅱ.①陈… Ⅲ.①围棋－儿童读物 Ⅳ.①G891.3-49

中国版本图书馆 CIP 数据核字(2021)第 220545 号

围棋 AI 教室:基础训练. 提高班
WEIQI AI JIAOSHI JICHU XUNLIAN TIGAOBAN

陈启　编著

出 品 人	达　海
责任编辑	李　林
责任校对	樊思歧
装帧设计	九天众和
责任印制	张　露
出版发行	成都时代出版社
电　　话	(028)86618667(编辑部)
	(028)86615250(发行部)
网　　址	www.chengdusd.com
印　　刷	成都市书林印刷厂
规　　格	145 mm×210 mm
印　　张	10.5
字　　数	316 千字
版　　次	2021 年 11 月第 1 版
印　　次	2021 年 11 月第 1 次印刷
印　　数	1-5000 册
书　　号	ISBN 978-7-5464-2927-4
定　　价	40.00 元

著作权所有·违者必究。
本书若出现印装质量问题,请与工厂联系。电话:028-87481198

前言

  我们是一群围棋教育工作者,有的在学校教围棋,有的在家里教围棋,有的在少年宫或体校教围棋,不论专职还是兼职,反正都是教围棋的。我们经常聚在一起,有时是切磋棋艺,有时也会交流教围棋的体会,后经大家提议成立了"基础围棋教研室",这个教研室算不上正式的机构,既没有注册、备案,也没有固定的地址,只是大家相互切磋、交流的平台,目的是"从娃娃抓起",以正确的教育方式,为国家培养更多的围棋人才。

  经过大家几十年的坚守,我们的努力取得了丰硕的成果,很多爱好者取得了很好的成绩,享受到了围棋带给他们的快乐。同时我们还对跟我们学棋的娃娃进行了观察,发现凡是围棋学得好的孩子,文化课成绩都相当好,可能是这些孩子通过学习围棋,注意力、思考力、忍耐力和创造潜能得到了锻炼,形成了良好的思维习惯。正因为此,我们推出了《思维特训·教孩子围棋》和《围棋AI教室:基础训练》这两套围棋图书,这是我们"基础围棋教研室"众多授棋老师的智慧和心血结晶。

  《思维特训·教孩子围棋》分为入门班、初级班和提高班三册,是在最大限度搜集国内外各类围棋教材资料的基础上,依据我们多年的教学经验编写而成。总的来看,入门班讲基本规则和学会下棋前必须掌握的基础知识;初级班讲基本技术,突出了孩

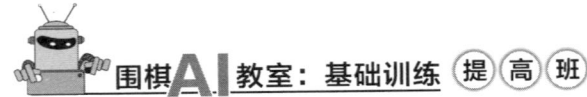

子们最感兴趣的对杀技巧；提高班的内容则大致界定在初级水平和中级水平之间，是在已学知识基础上的提高和延伸。本书体现了三个主要特点：一是强调启发，较少说教，具体到一点，就是图多、文字少；二是着重培养计算能力，我们在书中安排了许多像吃子、数气、紧气这样的"杀"的内容，希望孩子们通过盘上的反复战斗，个个都有很强的计算力；三是始终注重作为围棋基本功的死活和手筋训练。

《围棋AI教室：基础训练》分初级班和提高班两册，主要内容都是死活、手筋、收官和新手新型。初级班知识浅显，适用于初级水平的爱好者；提高班相对难一些，适用于中级水平的爱好者。其中，死活、手筋、收官三方面内容与基础训练联系得更紧密些，而新手新型的作用则主要是启发读者的思路。

《思维特训·教孩子围棋》和《围棋AI教室：基础训练》这两套书虽都体现了启迪孩童智慧潜能、灌输正确思维模式的教育思路，但二者在写作方式和适用对象上却有所不同。前者从入门起步，较全面地介绍各方面知识，重在教育孩子；后者则抓住死活、手筋、收官及新手新型四个主题，重在基础训练，建议将《围棋AI教室：基础训练》作为《思维特训·教孩子围棋》的补充读物。

最后衷心感谢"基础围棋教研室"各位老师的辛勤付出，感谢陈启先生对本书稿件的收集整理，感谢国家体育总局范孙操老师的细心审阅；衷心希望本书能成为娃娃们学习围棋的得力助手；衷心希望娃娃们享受学习围棋的快乐，拥有更广阔的天地和更美好的生活！

编　者
2021年8月于北京

第一部分　死　活 …………………………………（ 1 ）

第二部分　手　筋 …………………………………（ 77 ）

第三部分　收　官 …………………………………（199）

第四部分　新手新型 ………………………………（288）

第一部分 死活

点眼是死活知识中的难点，也是死活问题中的重点。

点眼，是把对方棋杀死的重要手段。反过来，想做活的一方，就要防止对方点眼。

点眼的目的，是置对方于死地。点眼的实施是有条件的，只有当一个子点进去，能使对方一块棋做不出两只眼的时候，这步棋才能称作点眼。有时候点了半天，对方还是做出了两只眼，那只能说是瞎点眼。

搞清楚点眼的条件，就得明白什么样的棋能点眼或怕点眼，也就是要了解什么是活棋，什么是死棋，这在围棋中是至关重要的。

像直三、曲三、直四、曲四、丁四、方四、刀五、花五、板六、葡萄六这些基本死活图形，说明了围棋死活的一个基本道理，那就是：两眼做活需要围有一定数量的交叉点为保证，而所需交叉点数的多少又因其形而不同。

一般来说，如果能围起六个交叉点，就意味着已拥有足够做活的地方了，但葡萄六例外。

对围棋死活的正确认识并非凭空而来，只能建立在点眼手段实际运用的基础上。故而，理解并学会点眼，是帮助你记住基本死活图形的最好方法，也为正确判断形形色色的死活图形提供了有力的武器。

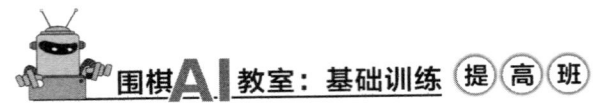

例如，由于盘角的特殊性，一些普遍的死活规律在角上有时就不适用。

按照普遍规律，曲四是活的，但若其位置在角上，便有特殊性。角上曲四有可能是净活，也有可能是劫活，要看其外气的多少。当有两口或两口以上外气时，是净活；当没有外气或只有一口外气时，是劫活。

板六一般是活棋，唯独盘角特殊。角上板六有可能是净活，有可能是劫活，还有可能是净死，关键要看其外气的多少。当有两口或两口以上外气时，是净活；当只有一口外气时，是劫活；当一口外气也没有时，是净死。

棋死活中还有许多棋谚或棋诀，记住它们，会在很大程度上帮助你提高对围棋死活的认识。如"大猪嘴，扳点死；小猪嘴，是劫活"和"盘角曲四，劫尽棋亡"这些棋谚，就是对死活客观规律和盘角特殊性的经验总结。

总之，围棋死活包含的内容非常广泛，类似上述的棋谚也很多。只有平时多练多记，战时才可能应对自如。

以下死活问题，虽然比初级本难了一些，但总体来说仍属围棋死活的基本知识，还远谈不上深奥，无非仍是从做活和杀棋这两个方面来说。

实战中，希望杀棋的一方，往往两眼死盯住对方有毛病的棋不放，说不定什么时候突发妙手而一举成功。而设法做活的一方，在需要把对方可能的手段都看清楚的过程中倒容易疏忽，只因一着漏看就可能全军覆没。从这个意义上说，活棋常常比杀棋更难。

尤其是实战中，经常会遇到自己的一块棋该不该补活的问题。由于漏看而未补，被对方杀死一块棋固然丢人，但对明明已活的棋仍加补一手，就更贻笑大方了。

第一部分 死活

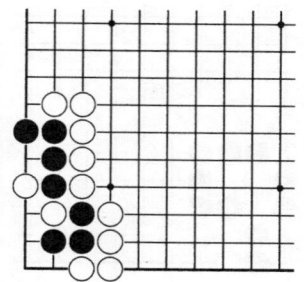

问题1 黑先,如何做活?

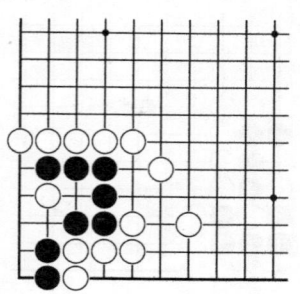

问题2 黑先,如何做活?

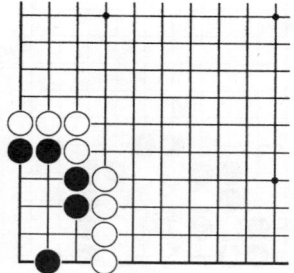

问题3 黑先,如何做活?

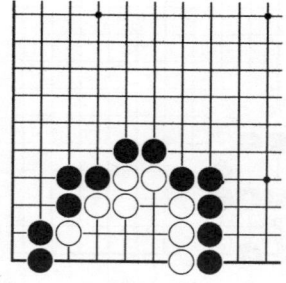

问题4 白先,如何做活?

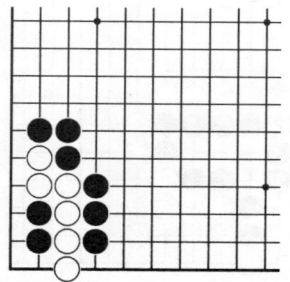

问题5 白先,如何做活?

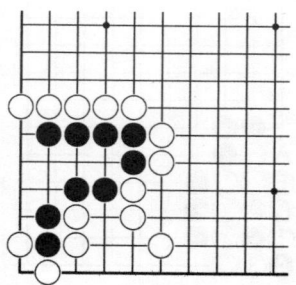

问题6 黑先,如何做活?

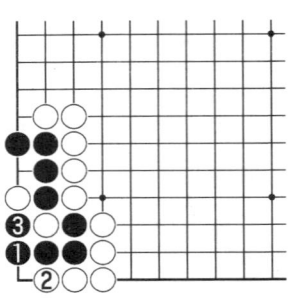

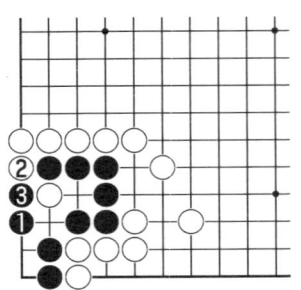

问题1解答　黑1若下2位，则白下3位接，黑死。

问题2解答　黑1是做活的要点。

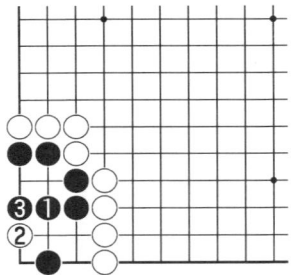

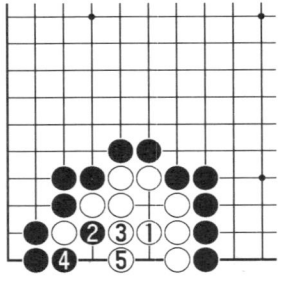

问题3解答　黑1是做活的要点。

问题4解答　白1是做活的要点

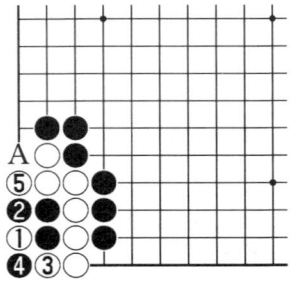

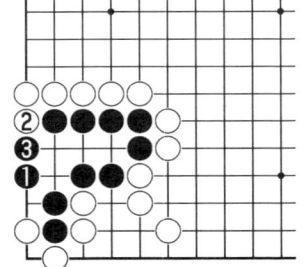

问题5解答　黑2若下3位，则白下A位也可净活。

问题6解答　黑1是做活的要点。

第一部分 死 活

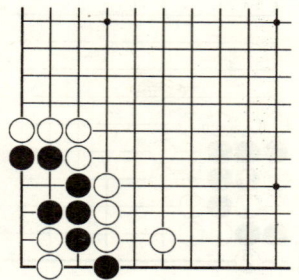

问题 7 黑先,如何做活?

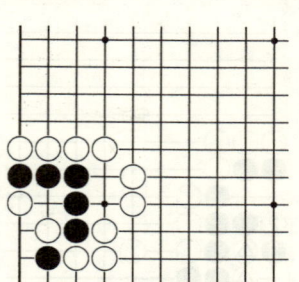

问题 8 黑先,如何做活?

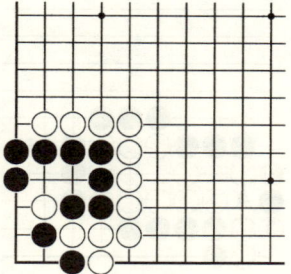

问题 9 黑先,如何做活?

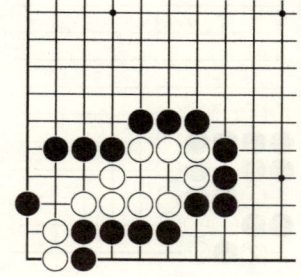

问题 10 白先,如何做活?

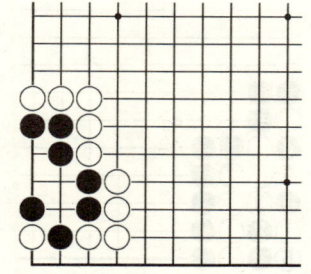

问题 11 黑先,如何做活?

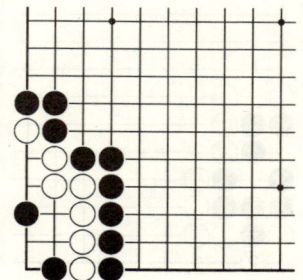

问题 12 白先,如何做活?

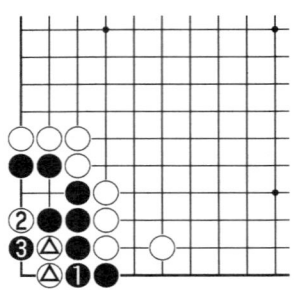
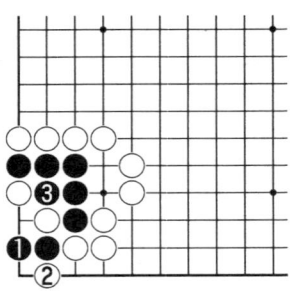

问题7解答　黑3可倒扑吃白△二子。

问题8解答　黑1若下2位,则白下1位,黑死。

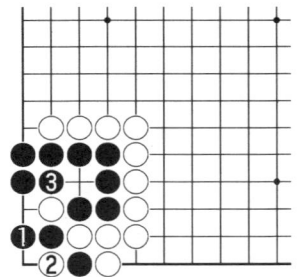
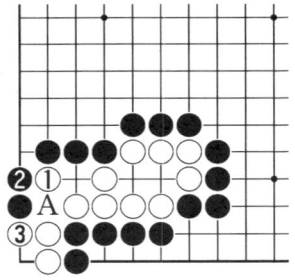

问题9解答　黑1后,2位和3位黑必得其一。

问题10解答　白1与黑2交换后再下白3,A位黑就不入气了。

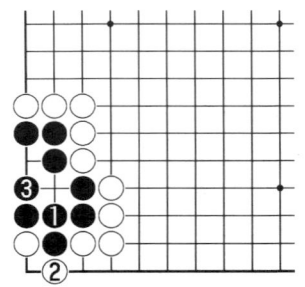
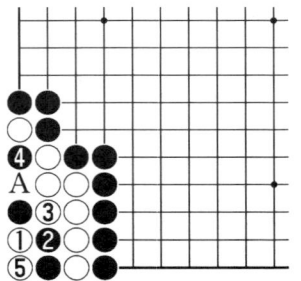

问题11解答　黑1后,2位和3位黑必得其一。

问题12解答　白5后,A位黑接不上。

第一部分 死 活

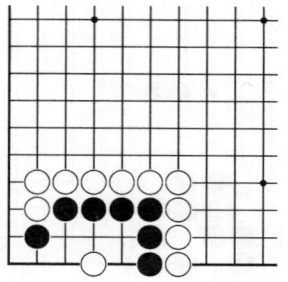

问题 13　黑先，如何做活？

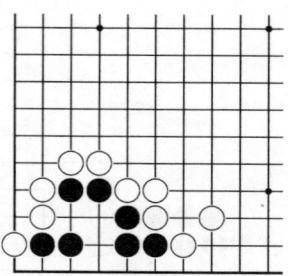

问题 14　白先，如何做活？

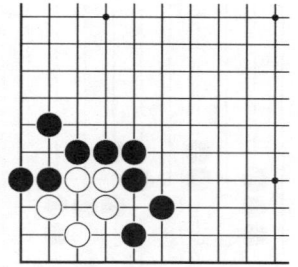

问题 15　白先，如何做活？

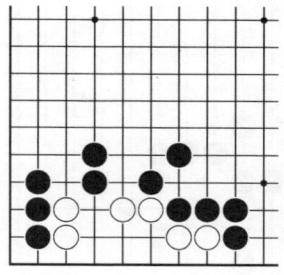

问题 16　白先，如何做活？

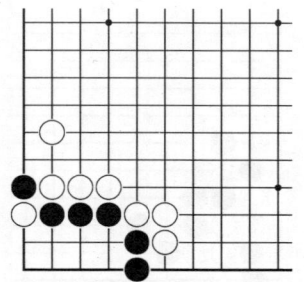

问题 17　黑先，如何做活？

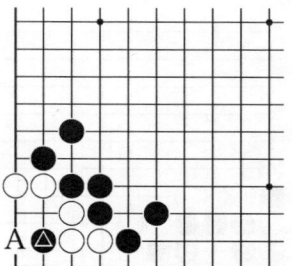

问题 18　白先，黑▲子本应点在 A 位，白能做活吗？

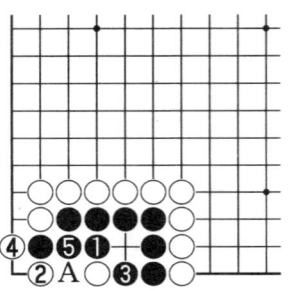

问题13解答　黑1后，A位和3位黑必得其一。

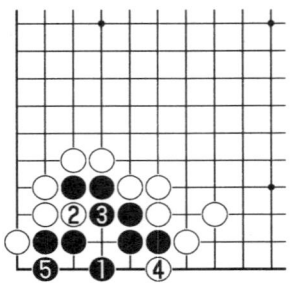

问题14解答　黑1后，4位和5位黑必得其一。

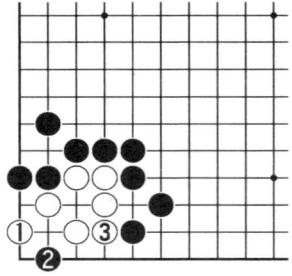

问题15解答　白1后，2位和3位白必得其一。

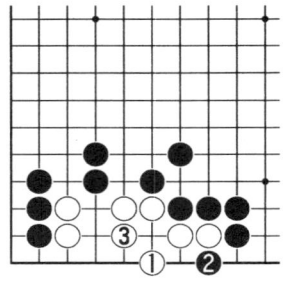

问题16解答　白1后，2位和3位白必得其一。

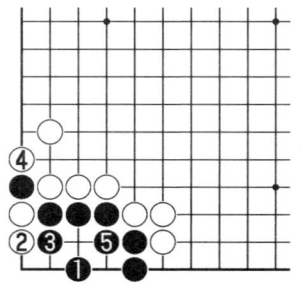

问题17解答　黑1是做活的要点。

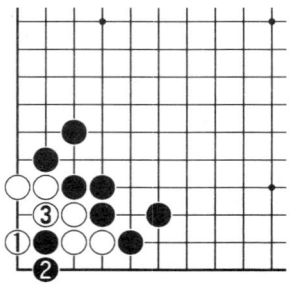

问题18解答　白1是做活的要点。

第一部分 死 活

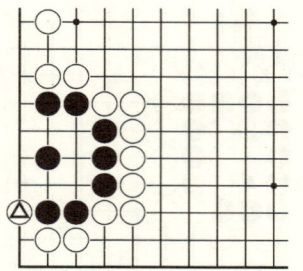

问题 19 黑先,白△扳,黑如何做活?

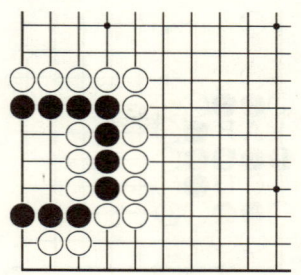

问题 20 黑先,如何做活?

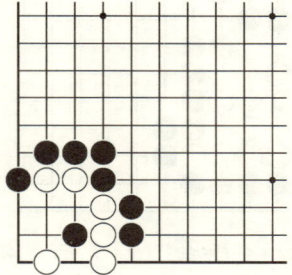

问题 21 白先,如何做活?

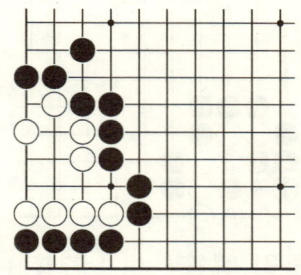

问题 22 白先,如何做活?

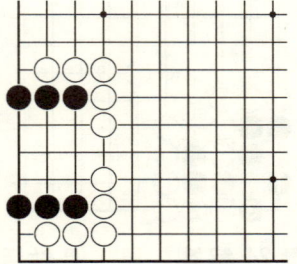

问题 23 黑先,如何做活?

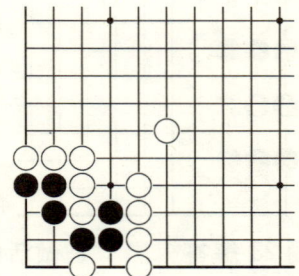

问题 24 黑先,如何做活?

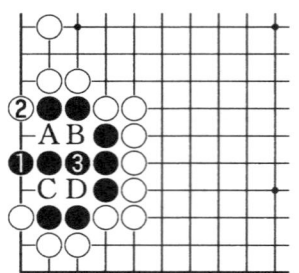
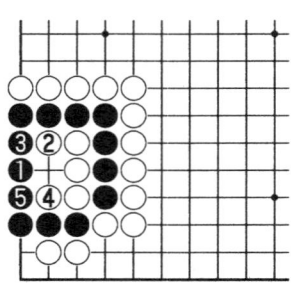

问题 19 解答 黑3后,白A则黑B,白C则黑D,黑棋活。

问题 20 解答 黑1是做活的要点。

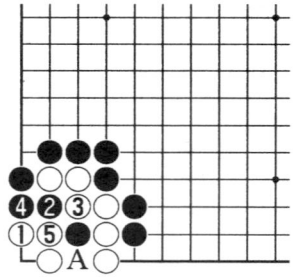
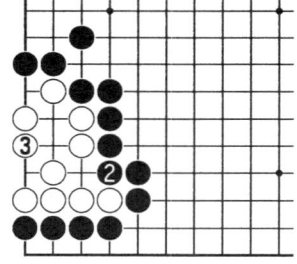

问题 21 解答 黑4若接在5位,则白A位吃黑接不归。

问题 22 解答 白1后,2位和3位白必得其一。

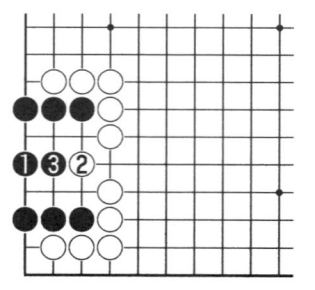
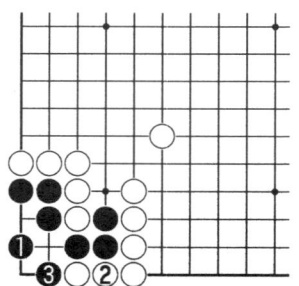

问题 23 解答 黑1是做活的要点。

问题 24 解答 黑1是做活的要点。

第一部分 死 活

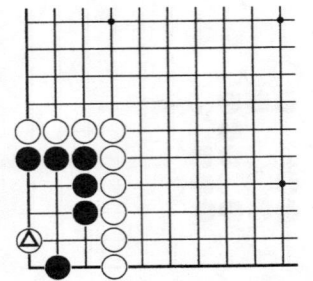

问题 25 黑先,白△点,黑如何做活?

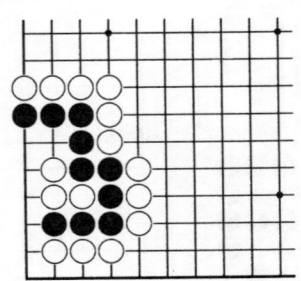

问题 26 黑先,如何做活?

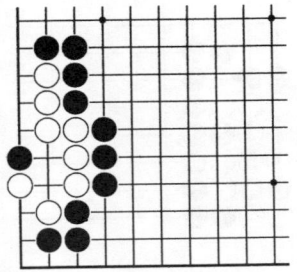

问题 27 白先,如何做活?

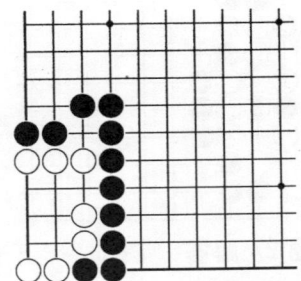

问题 28 白先,如何做活?

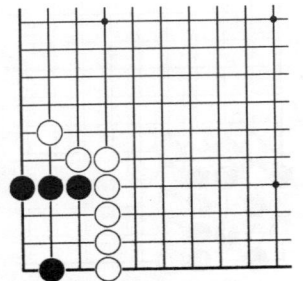

问题 29 黑先,如何做活?

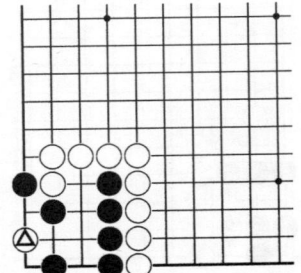

问题 30 黑先,白△点,黑怎样做活?

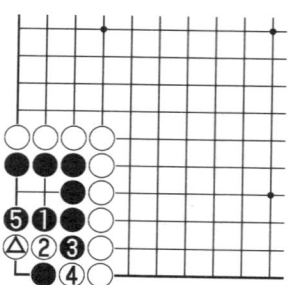

问题 25 解答　黑 1 是做活的要点。

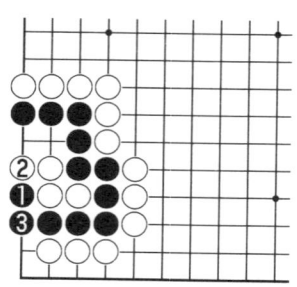

问题 26 解答　双活对黑来说也是净活，况且黑还是先手双活。

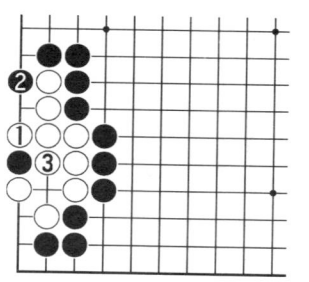

问题 27 解答　白 1 后，2 位和 3 位白必得其一。

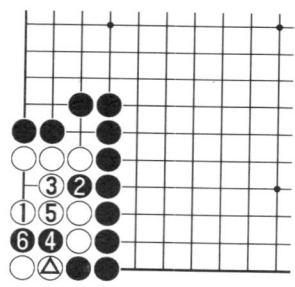

⑦ = △

问题 28 解答　白 1 是做活的要点，白 7 可倒扑吃回二子。

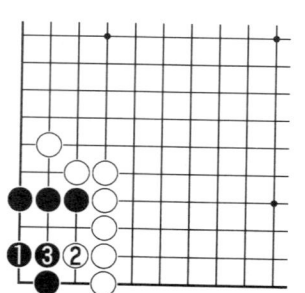

问题 29 解答　黑 1 是做活的要点。

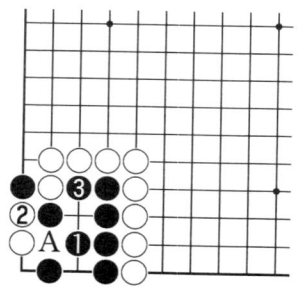

问题 30 解答　黑 3 后，A 位白不入气。

第一部分 死活

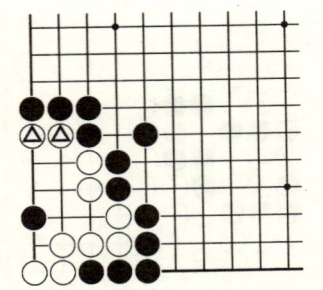

问题 31　白先，要不要连回两个⊙子。

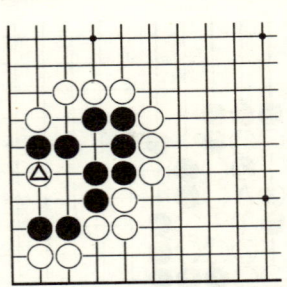

问题 32　黑先，怎样吃住白⊙子？

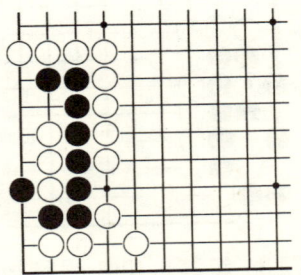

问题 33　黑先，能做活吗？

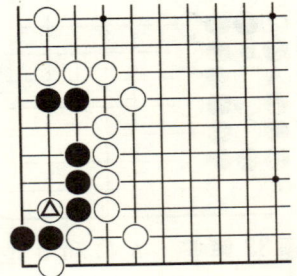

问题 34　黑先，怎样吃住白⊙子？

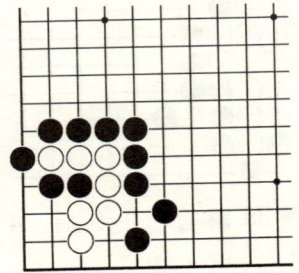

问题 35　白先，能做活吗？

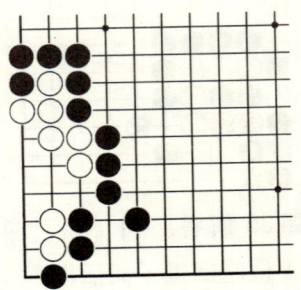

问题 36　白先，怎样做活？

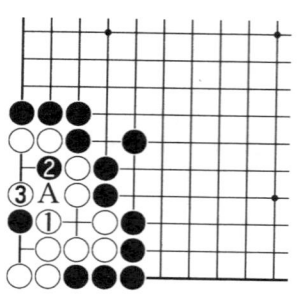

问题 31 解答　白 3 后，A 位黑不入气。

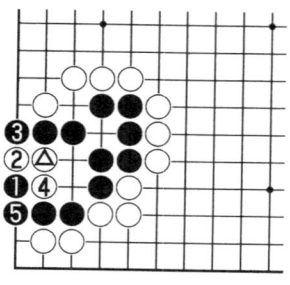

问题 32 解答　黑 1 是吃住白△子的正确方法。

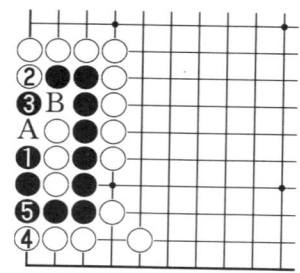

问题 33 解答　A 位和 B 位谁也不敢进入，是双活。

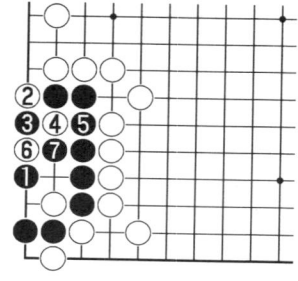

问题 34 解答　黑 3 强行扳下是关键。

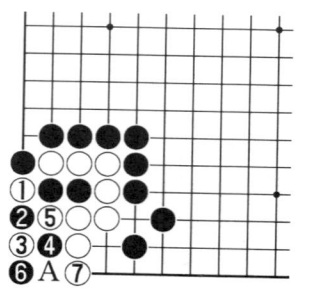

问题 35 解答　白 7 后，白总可 A 位吃回黑子而活出。

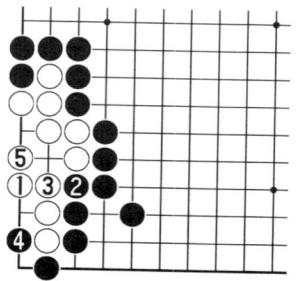

问题 36 解答　白 3 后，4 位和 5 位白必得其一。

第一部分 死 活

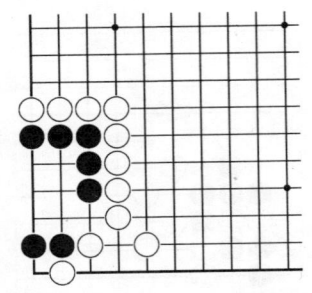

问题 37 黑先,怎样做活?

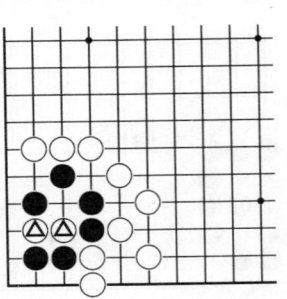

问题 38 黑先,怎样吃住两个△子?

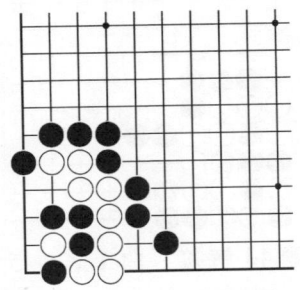

问题 39 白先,能做活吗?

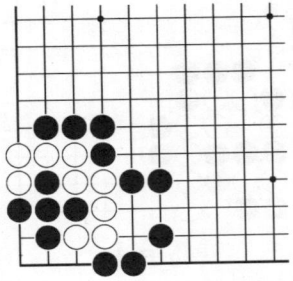

问题 40 白先,能做活吗?

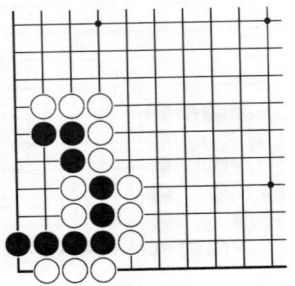

问题 41 黑先,怎样做活?

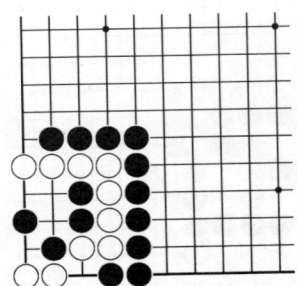

问题 42 白先,怎样做活?

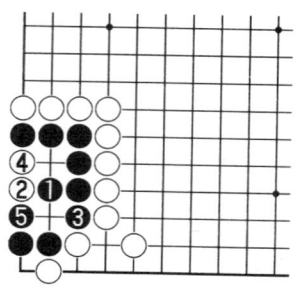

问题 37 解答　黑 1 是做活的要点。

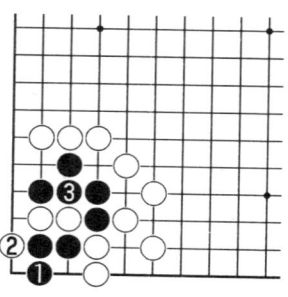

问题 38 解答　黑 1 是做活的要点。

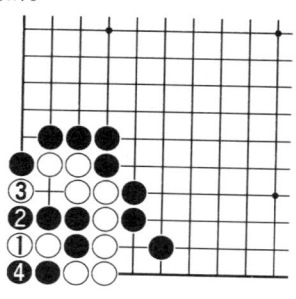

⑤ = ①

问题 39 解答　白 1 立下是关键。

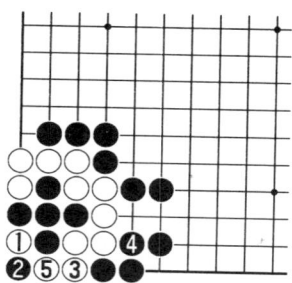

问题 40 解答　白 1 若在 5 位打，则黑下 1 位，角里是"葡萄六"，白死。

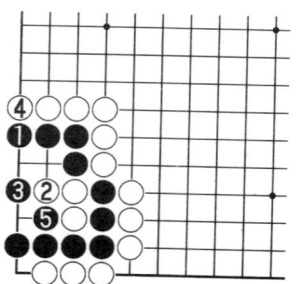

问题 41 解答　黑 1 若在 2 位打，则白在 1 位反打。

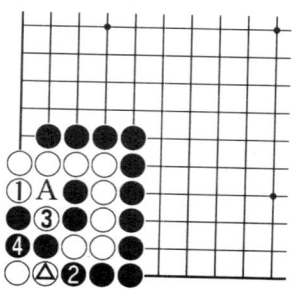

⑤ = △

问题 42 解答　白 1 若在 2 位连，则黑下 A 位。

16

第一部分 死 活

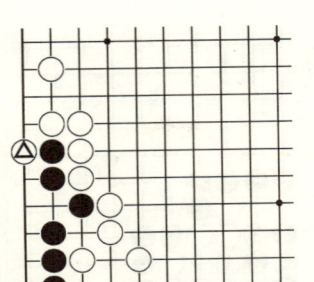

问题 43　黑先，白△扳，黑怎么应？

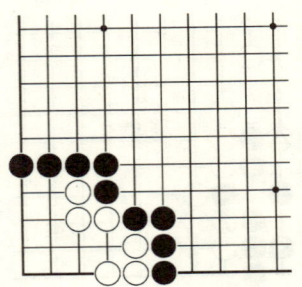

问题 44　白先，能做活吗？

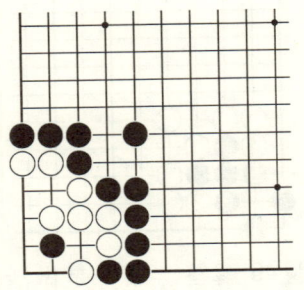

问题 45　白先，能做活吗？

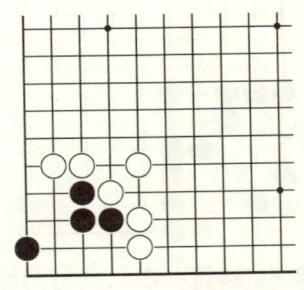

问题 46　黑先，能做活吗？

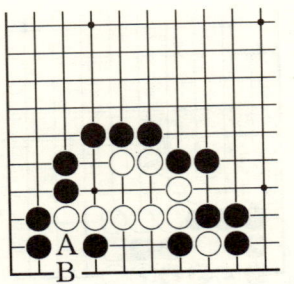

问题 47　白先，白 A、黑 B 是肯定的，接下来白怎么下？

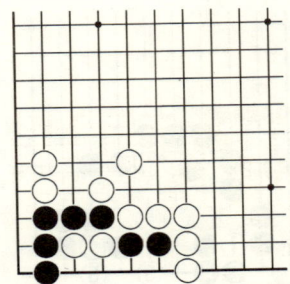

问题 48　黑先，能做活吗？

17

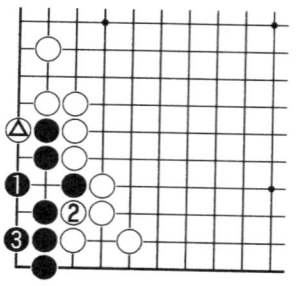

问题 43 解答　黑只能打劫活。

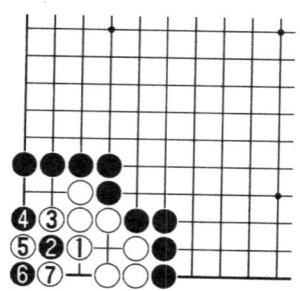

问题 44 解答　白只能打劫活。

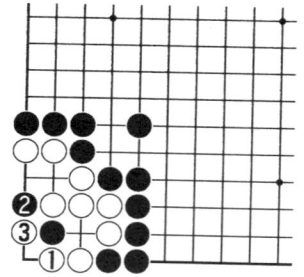

问题 45 解答　白只能打劫活。

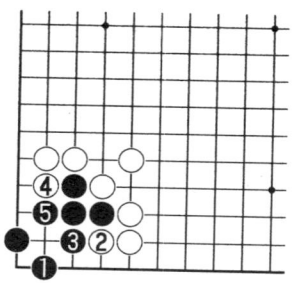

问题 46 解答　黑 1 是做活的要点。

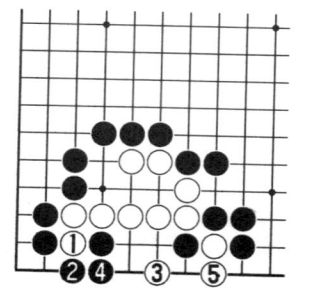

问题 47 解答　白 3 后，4 位扑和 5 位立白必得其一。

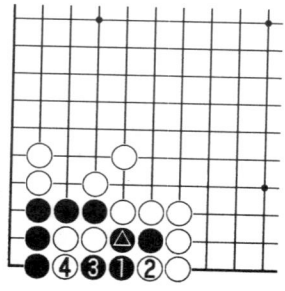

❺ = ▲

问题 48 解答　黑 1、3 妙极！

第一部分 死 活

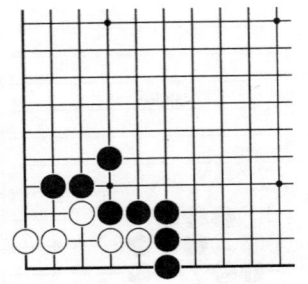

问题 49 白先,能做活吗?

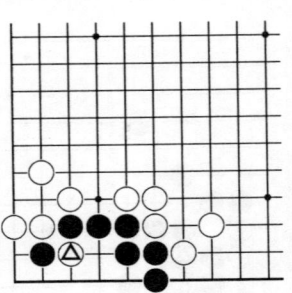

问题 50 黑先,能做活吗?

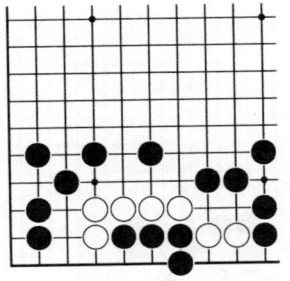

问题 51 白先,怎样做活?

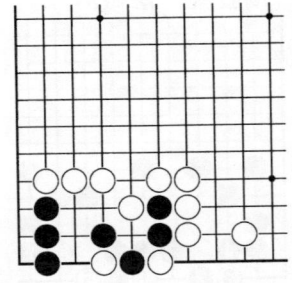

问题 52 黑先,能做活吗?

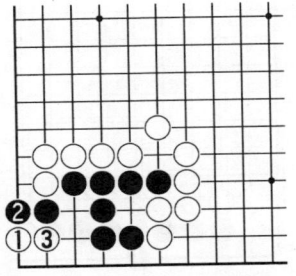

问题 53 黑先,能做活吗?

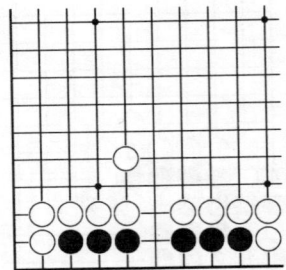

问题 54 黑先,怎样做活?

19

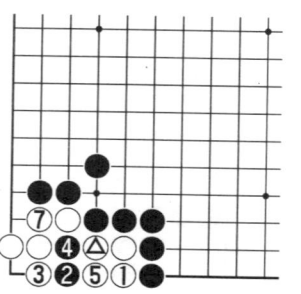

⑥=④　⑧=②　⑨=⚐

问题 49 解答　与上题一样，以"倒脱靴"法做活。

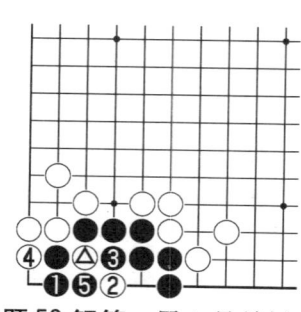

问题 50 解答　黑1是关键。

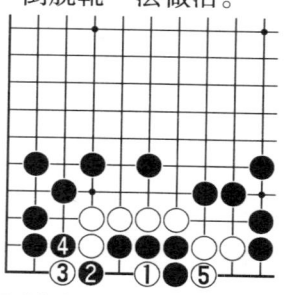

问题 51 解答　1位是死活的要点。

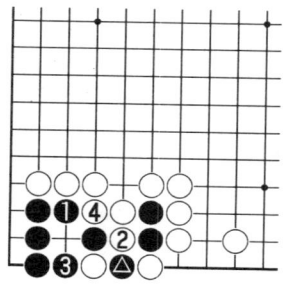

问题 52 解答　黑只能打劫活。
⑤=⚐

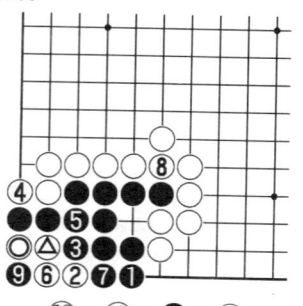

⑩=⑥　⑪=⚐
⑫=◎　⑬=②

问题 53 解答　黑以"胀死牛"法做活。

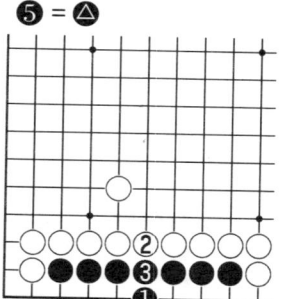

问题 54 解答　黑1是做活的要点。

第一部分 死 活

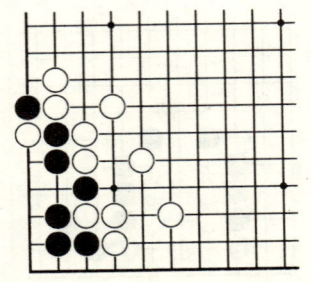

问题 55 黑先，怎样做活？

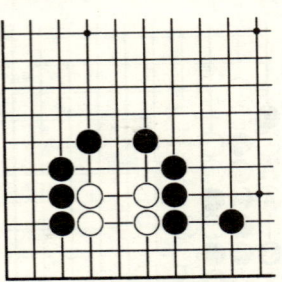

问题 56 白先，怎样做活？

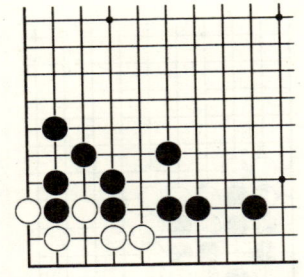

问题 57 白先，怎样做活？

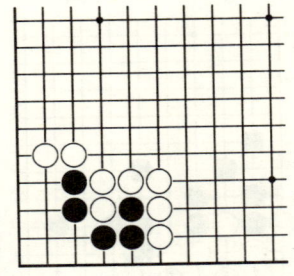

问题 58 黑先，怎样做活？

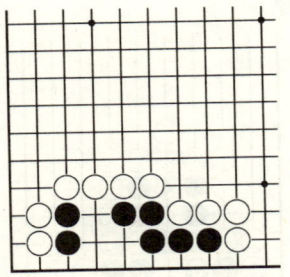

问题 59 黑先，怎样做活？

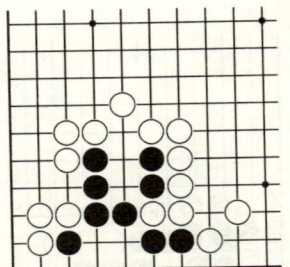

问题 60 黑先，怎样做活？

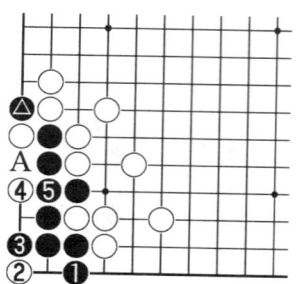

问题 55 解答 由于黑△子的存在,黑5后,A 位白不入气。

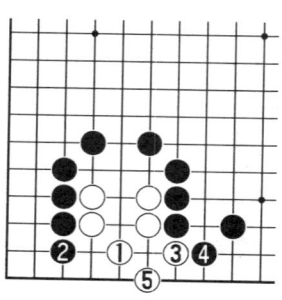

问题 56 解答 白1是做活的要点。

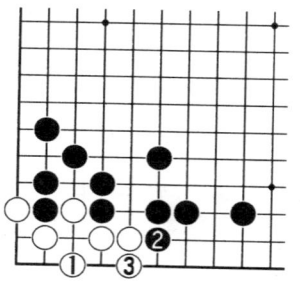

问题 57 解答 白1是做活的要点。

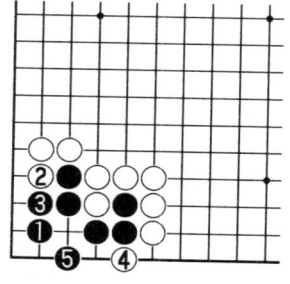

问题 58 解答 黑1是做活的要点。

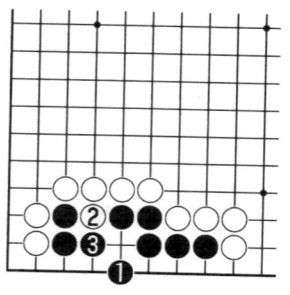

问题 59 解答 黑1是做活的要点。

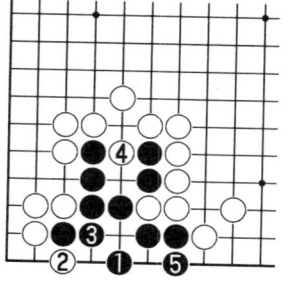

问题 60 解答 黑1后,4位和5位黑必得其一。

第一部分 死 活

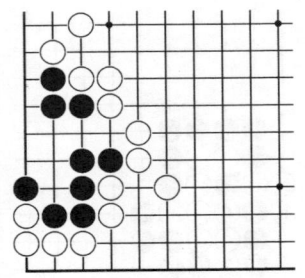

问题61 白先，如何杀黑？

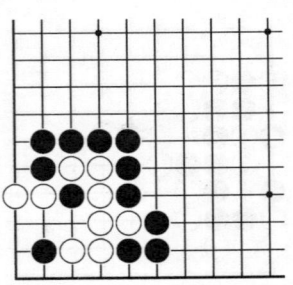

问题62 黑先，如何杀白？

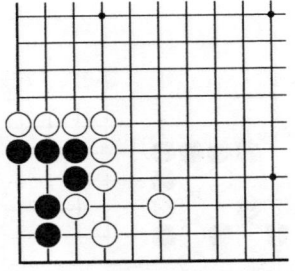

问题63 白先，如何杀黑？

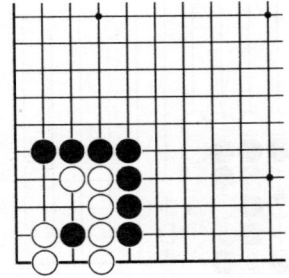

问题64 黑先，如何杀白？

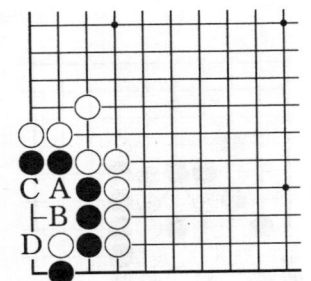

问题65 白先，如何杀黑？

白A、黑B、白C、黑D的下法肯定不行。

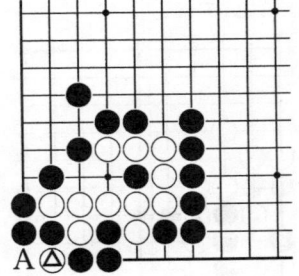

问题66 黑先，如何杀白？

下A位提掉白△子肯定不行。

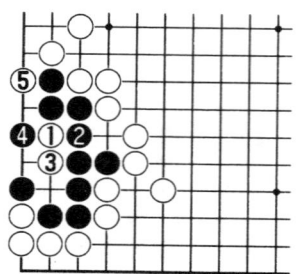

问题 61 解答 白 1 后，2 位和 3 位白必得其一。

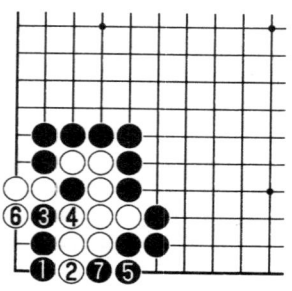

问题 62 解答 黑 1 后，3 位和 7 位黑必得其一。

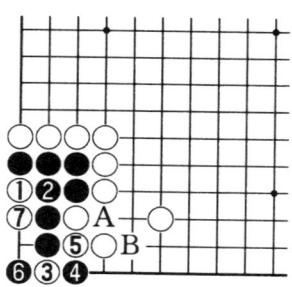

问题 63 解答 黑 4 下 5 位，则白下 4 位，以下黑 A、白 B，黑也活不了。

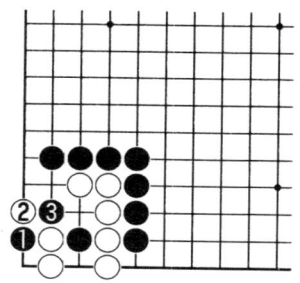

问题 64 解答 黑 1 是关键。

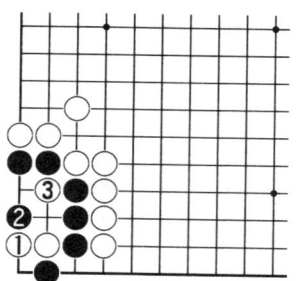

问题 65 解答 白 1 后，2 位和 3 位白必得其一。

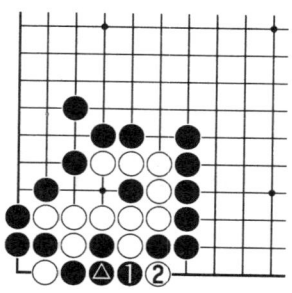

❸ = ▲

问题 66 解答 黑 1 甚妙。

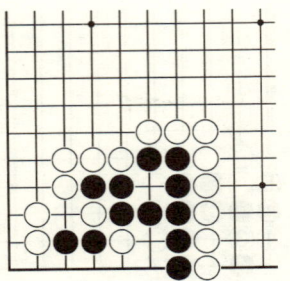

问题 67 白先，如何杀黑？

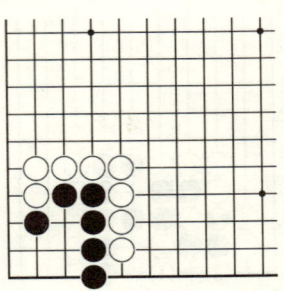

问题 68 白先，如何杀黑？

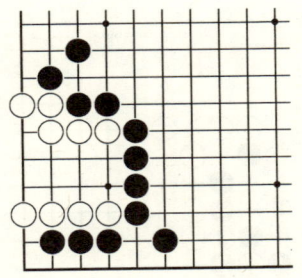

问题 69 黑先，如何杀白？

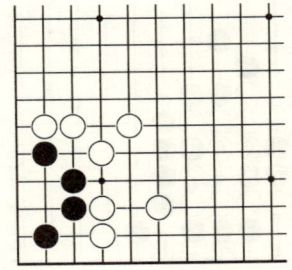

问题 70 白先，如何杀黑？

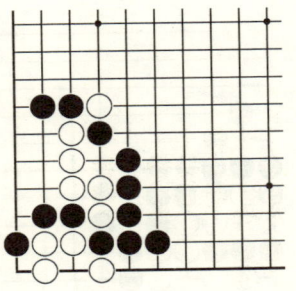

问题 71 黑先，如何杀白？

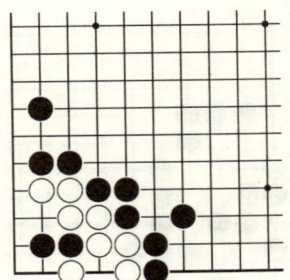

问题 72 黑先，如何杀白？

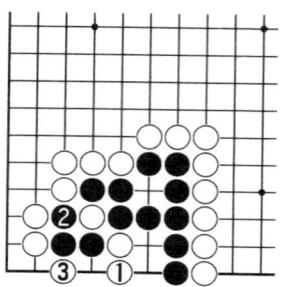

问题 67 解答　1 位是死活的要点。

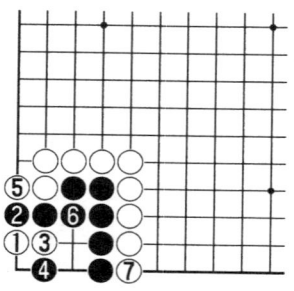

问题 68 解答　白 1 后，2 位和 3 位白必得其一。

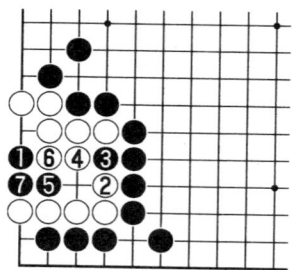

问题 69 解答　黑 1 是杀白的要点。

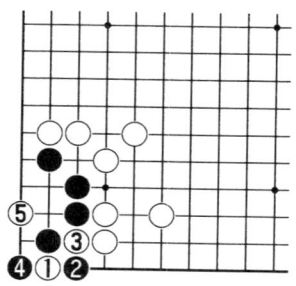

问题 70 解答　白 1 是杀黑的要点。

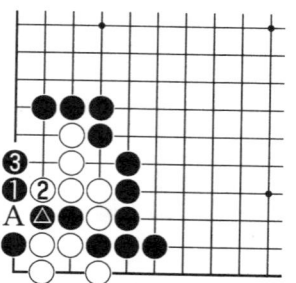

问题 71 解答　白 A 提二子时，黑可▲位回提一子。

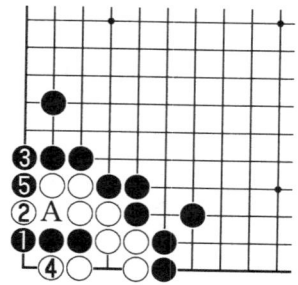

问题 72 解答　黑 5 打时，白 A 位接不归。

第一部分 死 活

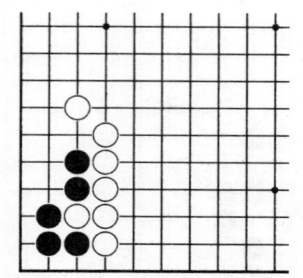
问题 73 白先，如何杀黑？

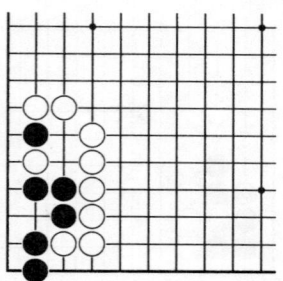
问题 74 白先，能杀黑吗？

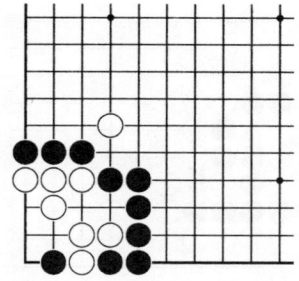
问题 75 黑先，能杀白吗？

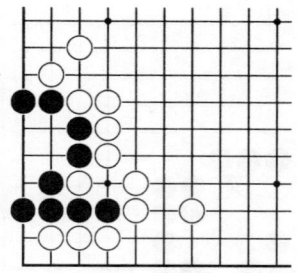
问题 76 白先，如何杀黑？

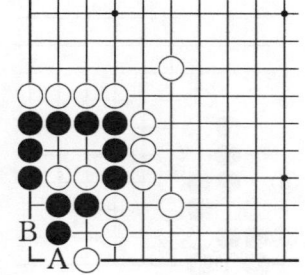
问题 77 白先，如何杀黑？
白 A、黑 B 显然不行。

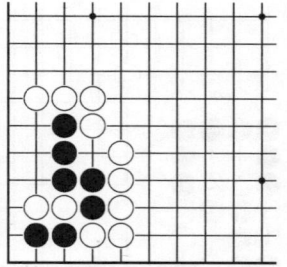
问题 78 白先，如何杀黑？

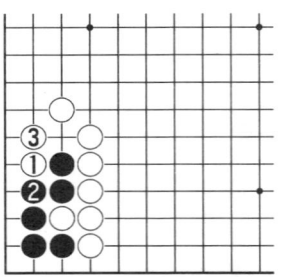

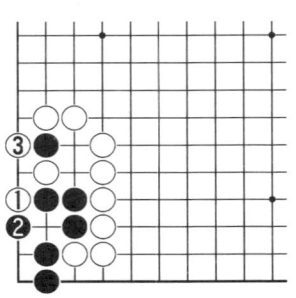

问题73解答 白1后,2位和3位白必得其一。

问题74解答 白1、3巧妙做劫。

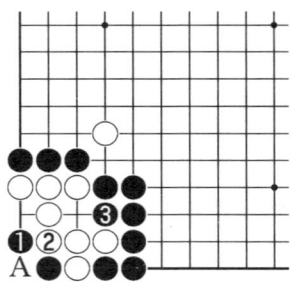

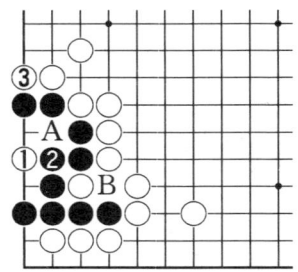

问题75解答 死活取决于A位这个劫的输赢。

问题76解答 白3后,A位和B位黑不能兼顾。

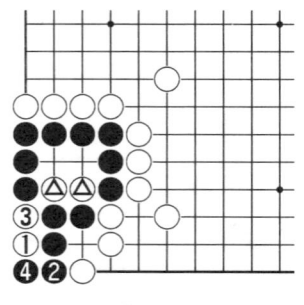

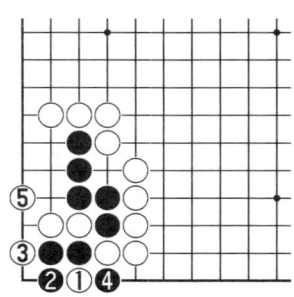

⑤=③

问题77解答 黑无法紧气吃

问题78解答 白1、3是关键。

第一部分　死　活

白⊿二子。

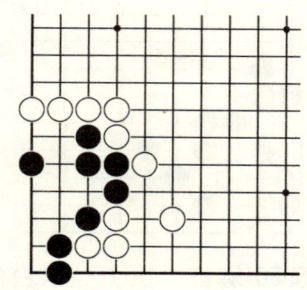

问题 79　白先，如何杀黑？

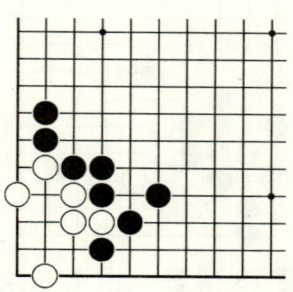

问题 80　黑先，如何杀白？

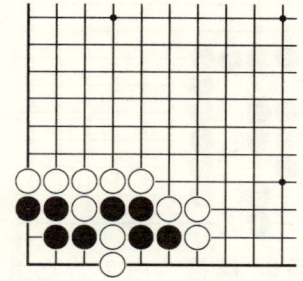

问题 81　白先，怎样杀黑？

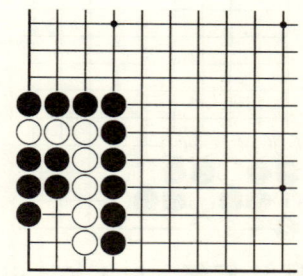

问题 82　黑先，怎样杀白？

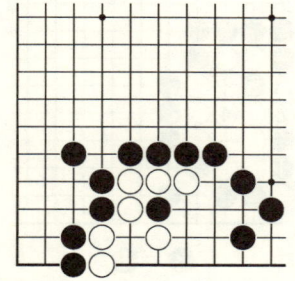

问题 83　黑先，怎样杀白？

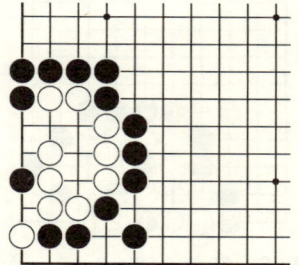

问题 84　黑先，怎样杀白？

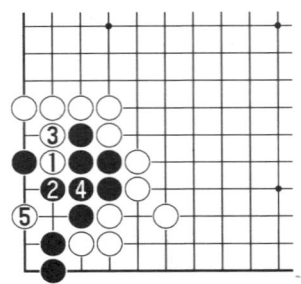

问题 79 解答　白 1 是关键一手。

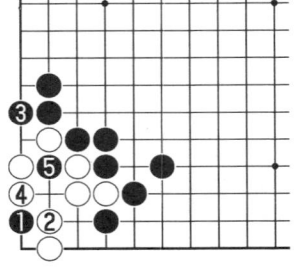

问题 80 解答　黑 1 是杀白的要点。

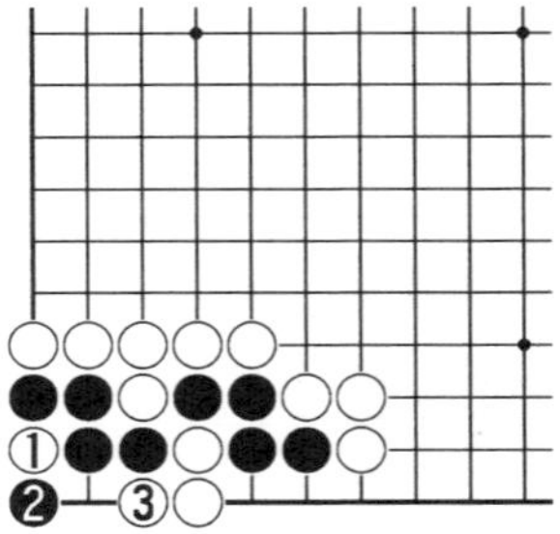

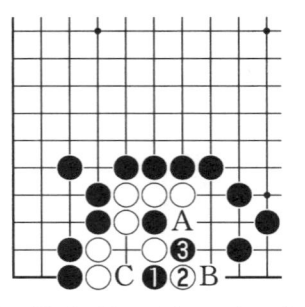

问题 81 解答　白 1 妙，白 3 后成"金鸡独立"。

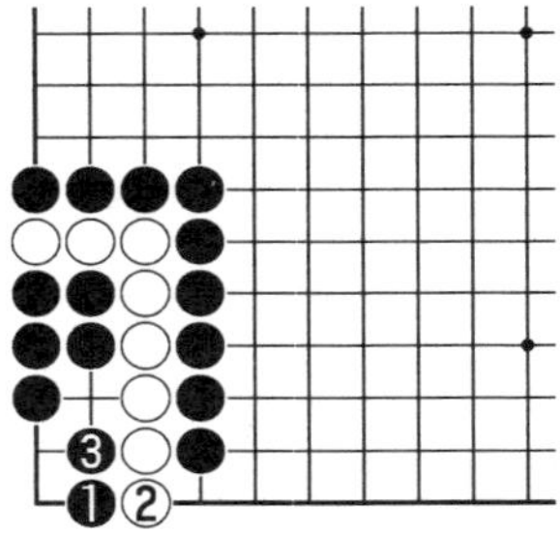

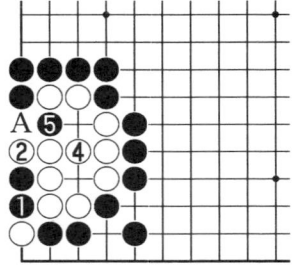

问题 82 解答　白 2 若吃黑五子，是"刀五"死。

问题 83 解答　黑 3 后，白 A 则黑 B，白 C 则黑 A。

❸ = ❶

问题 84 解答　黑 1 下 A 位不行。

第一部分 死 活

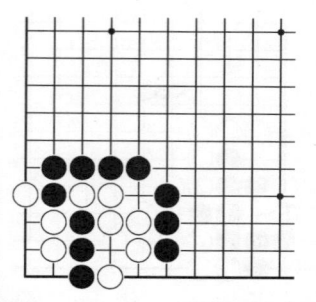

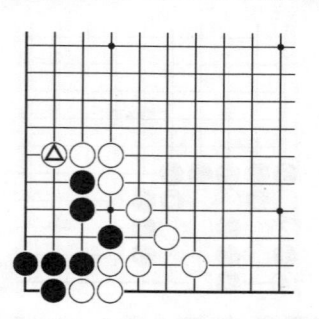

问题 85　黑先，怎样杀白？

问题 86　白先，怎样利用白△子杀黑？

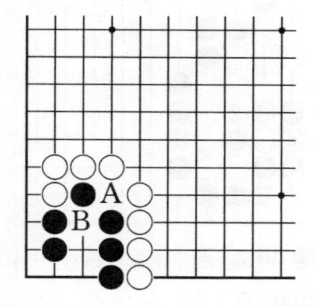

问题 87　白先，怎样杀黑？白 A、黑 B 肯定不行。

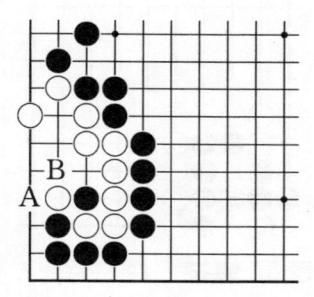

问题 88　黑先，怎样杀白？黑 A、白 B 肯定不行。

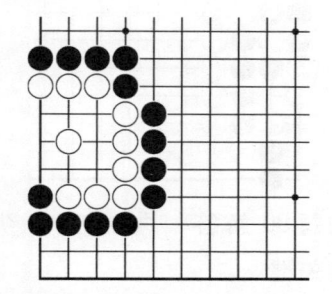

问题 89　黑先，怎样杀白？

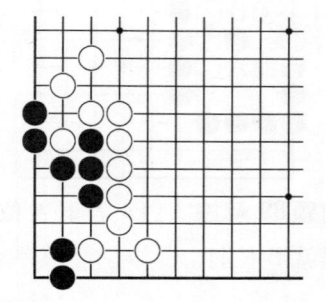

问题 90　白先，怎样杀黑？

31

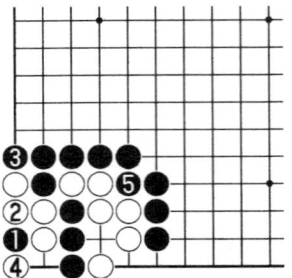

问题 85 解答　黑 1、3、5 次序井然。

问题 86 解答　白 1、3、5 次序井然。

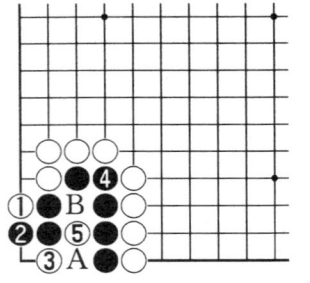

问题 87 解答　白 5 后，A 位黑不入气。

问题 88 解答　白 2 若下 4 位，黑可仍下 3 位。

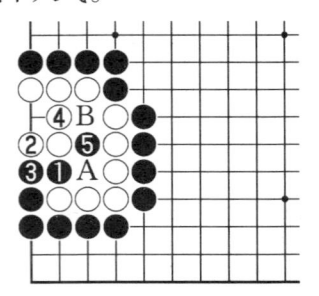

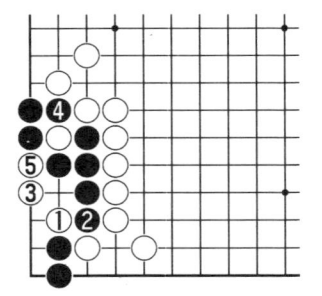

问题 89 解答　白 4 若下 A 位，黑就 B 位打。

问题 90 解答　白 1 扳、3 尖是关键。

第一部分 死活

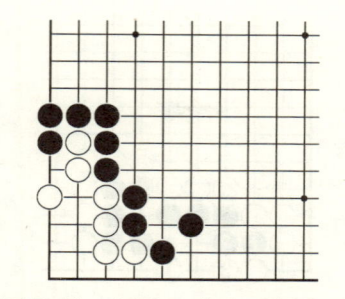

问题 91 黑先，如何杀白？

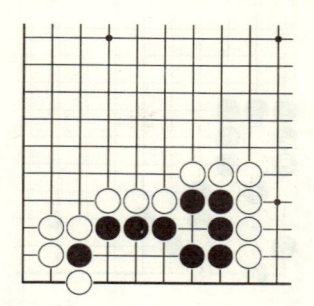

问题 92 白先，如何杀黑？

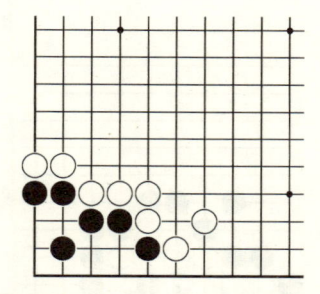

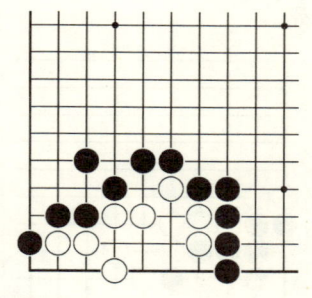

问题 93 白先，如何杀黑？

问题 94 黑先，如何杀白？

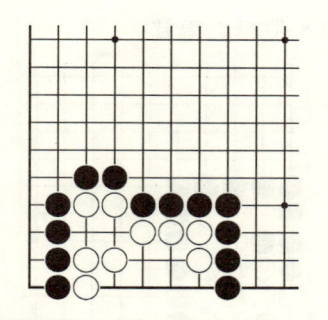

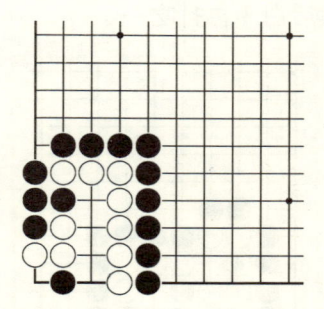

问题 95 黑先，如何杀白？

问题 96 黑先，如何杀白？

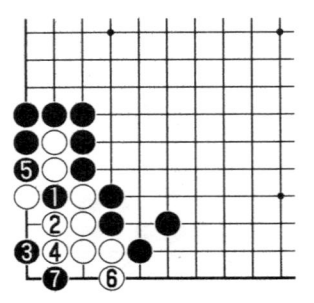

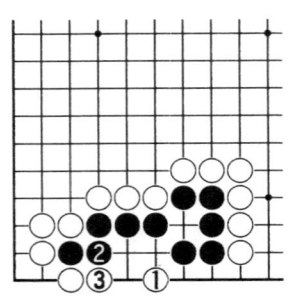

问题 91 解答 黑 1 扑后黑 3 点，至黑 7 成"盘角曲四"，白死。

问题 92 解答 白 1 点，黑无法阻止其连通。

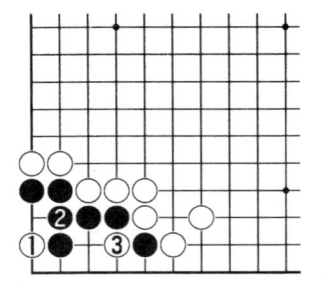

问题 93 解答 白 1 先要倒扑，然后白 3 再打吃一子。

问题 94 解答 黑 3 后，4 位和 5 位黑必得其一。

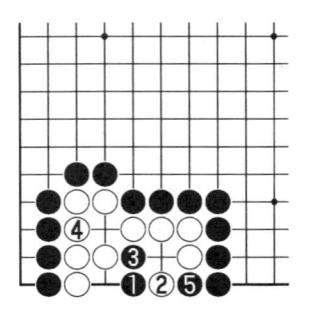

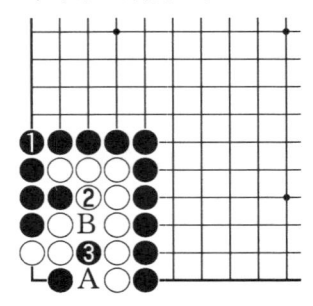

问题 95 解答 黑 1 是杀白的要点。

问题 96 解答 白 2 若下 A 位，黑就下 B 位。

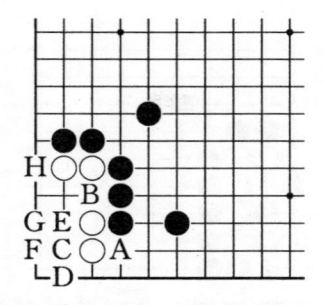

第一部分 死 活

问题 97 黑先，如何杀白？

按黑 A、白 B、黑 C、白 D、黑 E、白 F、黑 G、白 H 的下法不行。

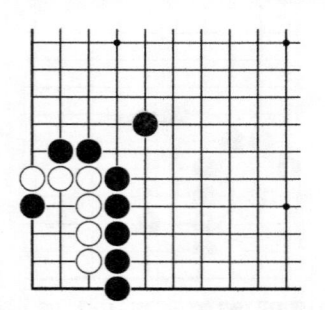

问题 98 黑先，如何杀白？

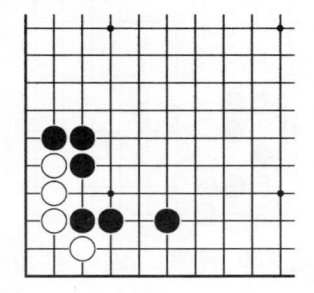

问题 99 黑先，如何杀白？

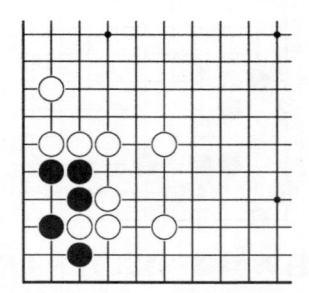

问题 100 白先，如何杀黑？

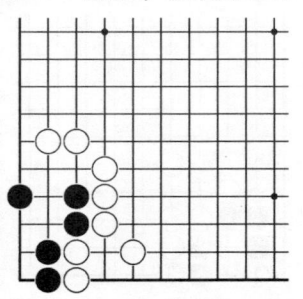

问题 101 白先，如何杀黑？

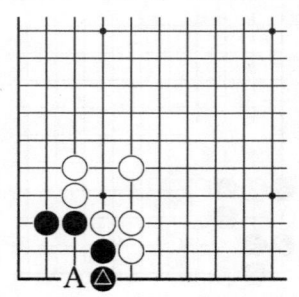

问题 102 白先，黑△子本应下 A 位的。如何杀黑？

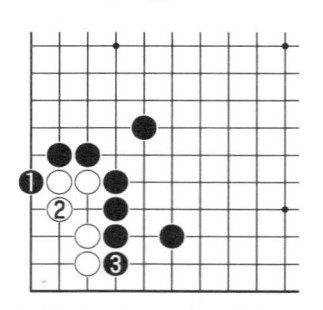

问题 97 解答　黑 1 先扳，然后黑 3 再挡，白角里做不出两只眼。

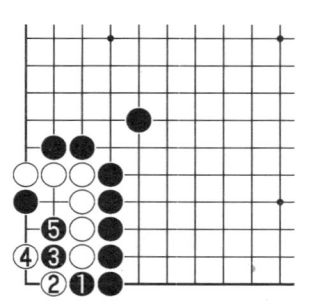

问题 98 解答　黑 5 并不与白打劫。

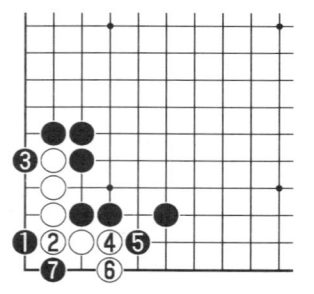

问题 99 解答　黑 1 若下 4 位，则白下 1 位，黑只能打劫杀。

问题 100 解答　成"盘角曲四"，黑死。

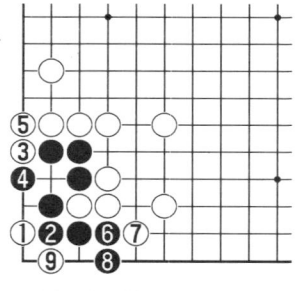

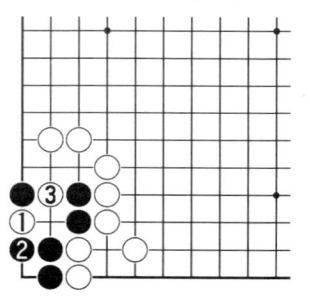

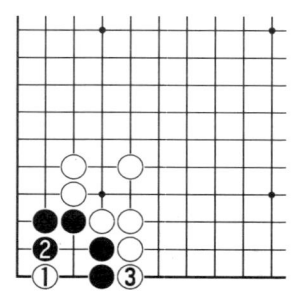

问题 101 解答　白 1 先下 2 位或 3 位都不行。

问题 102 解答　白 1 是杀黑的要点。

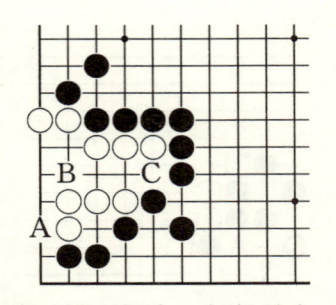

问题103 黑先,如何杀白?

按黑 A、白 B、黑 C 的下法显然不行。

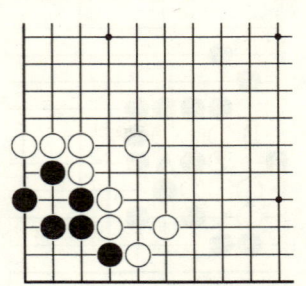

问题104 白先,如何杀黑?

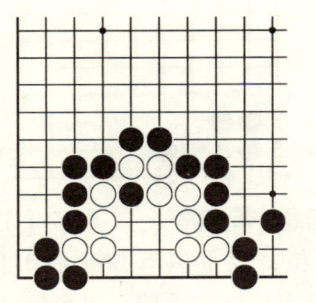

问题105 黑先,如何杀白?

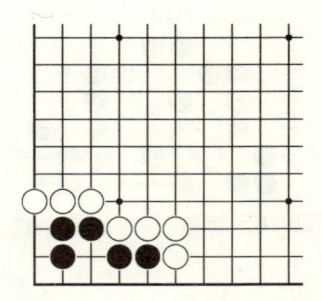

问题106 白先,能杀黑吗?

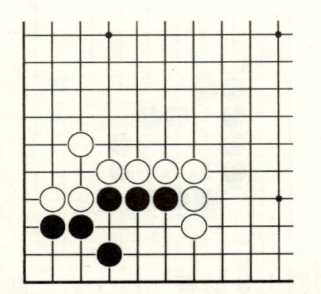

问题107 白先,如何杀黑?

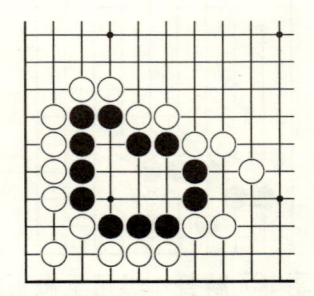

问题108 白先,如何杀黑?

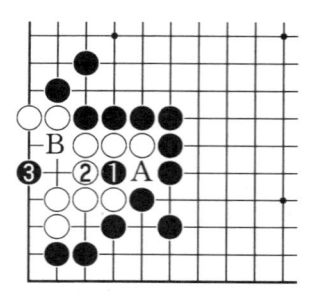

问题 103 解答　白 2 若下 A 位，则黑在 B 位打。

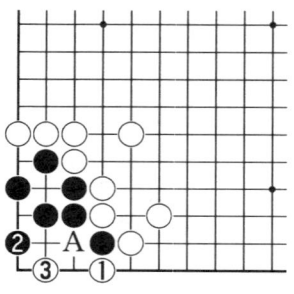

问题 104 解答　黑 2 若在 A 位连，则白在 2 位点。

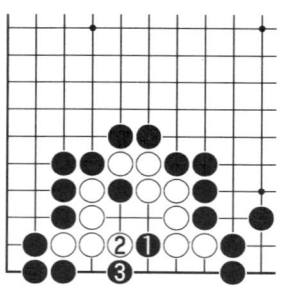

问题 105 解答　黑 1 是杀白的要点。

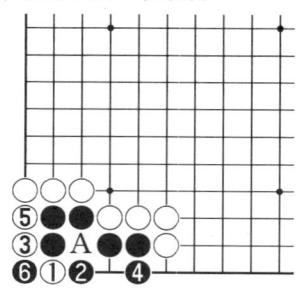

问题 106 解答　白 1 也可先下 3 位，以下黑 5 位、白 1 位、黑 A 位、白 4 位、黑 6 位，也要打劫。

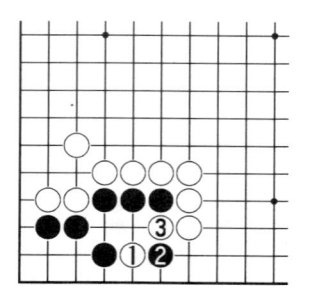

问题 107 解答　黑角里做不出两只眼。

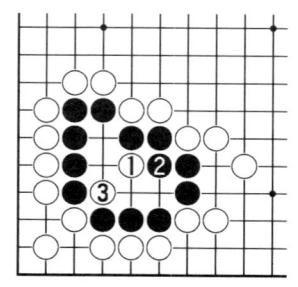

问题 108 解答　白 3 后，两边要吃倒包。

第一部分　死活

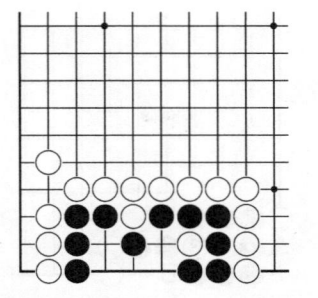

问题 109　白先，能杀黑吗？

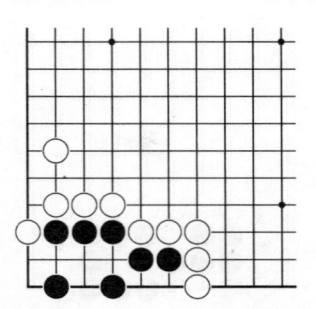

问题 110　白先，能杀黑吗？

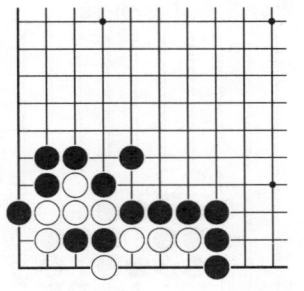

问题 111　黑先，如何杀白？

问题 112　白先，如何杀黑？

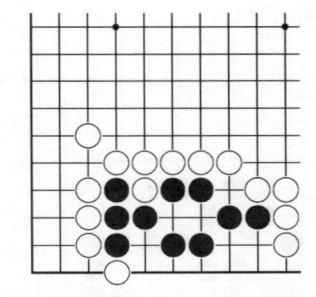

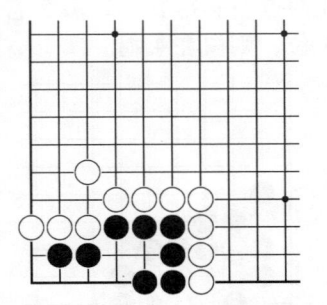

问题 113　白先，能杀黑吗？

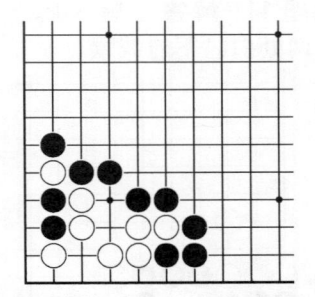

问题 114　黑先，如何杀白？

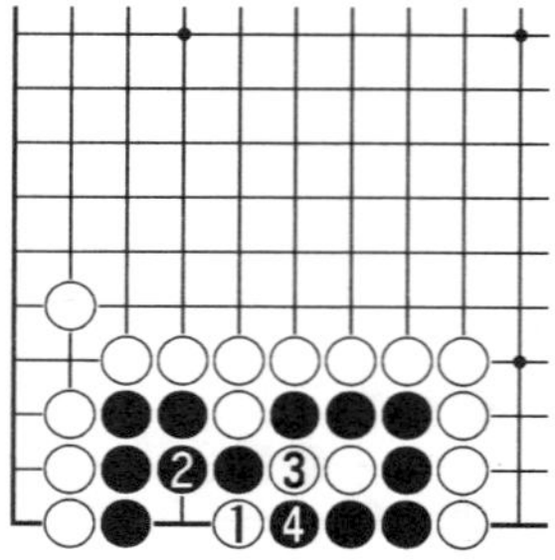

⑤ = ③

问题 109 解答 你看出这个双倒扑了吗？

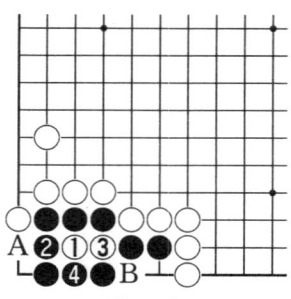

⑤ = ③

问题 110 解答 白 5 后，A、B 两处黑已不能兼顾。

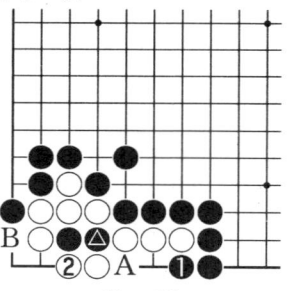

❸ = △

问题 111 解答 黑 3 后，A、B 两处白已不能兼顾。

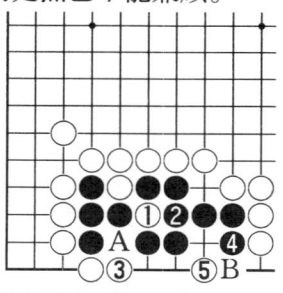

问题 112 解答 白 5 后，A、B 两点白必得其一。黑 2 若下 A 位，则白在 4 拐。

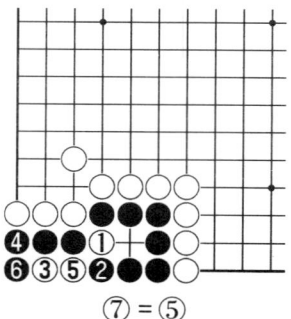

⑦ = ⑤

问题 113 解答 白巧妙地设计了一个双倒扑。

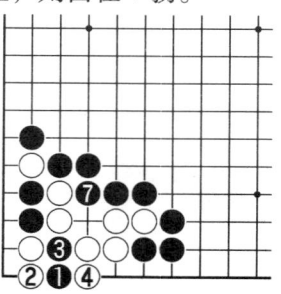

❺ = ❸　⑥ = ❶

问题 114 解答 黑 7 后，白已不能两全。

第一部分　死　活

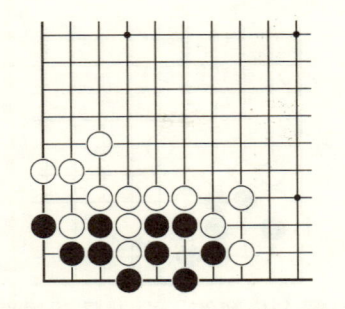

问题 115　白先，能杀黑吗？

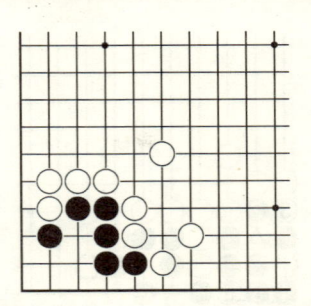

问题 116　白先，如何杀黑？

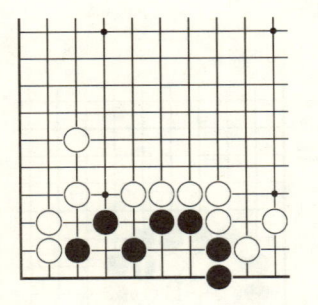

问题 117　白先，如何杀黑？

问题 118　黑先，如何杀白？

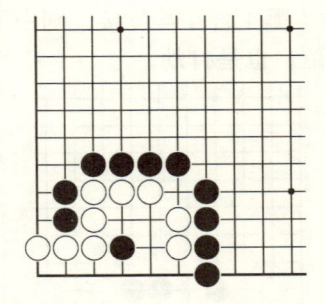

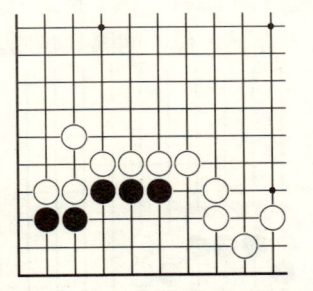

问题 119　白先，如何杀黑？

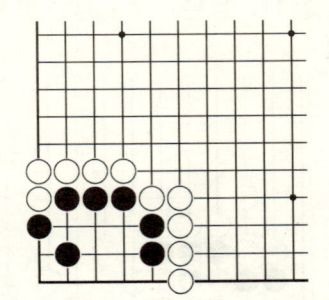

问题 120　白先，如何杀黑？

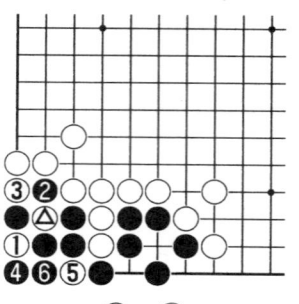

⑦ = Ⓐ

问题 115 解答 结果是白先手劫。黑4若在Ⓐ位接，则白下6位，也是打劫。

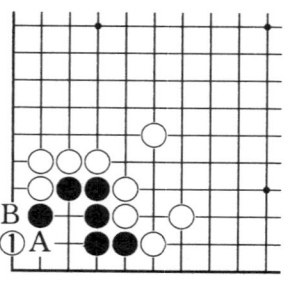

问题 116 解答 白1是杀黑要点，此后 A、B 两点白必得其一。

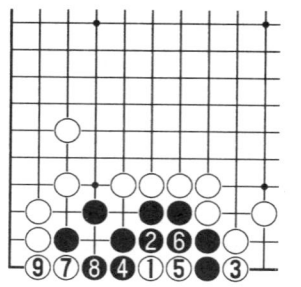

问题 117 解答 白1是杀黑的要点。

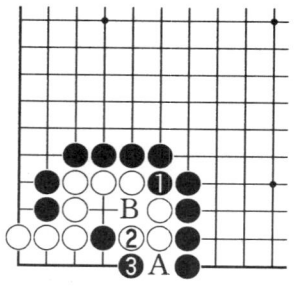

问题 118 解答 黑1挤是关键。白2若下A位，则黑B位断。

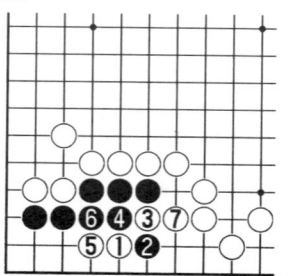

问题 119 解答 白5后，6位和7位白必得其一。

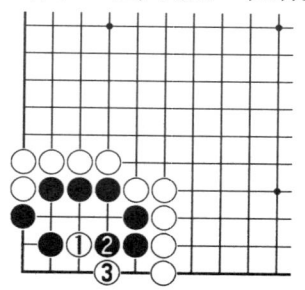

问题 120 解答 白1是杀黑的要点。

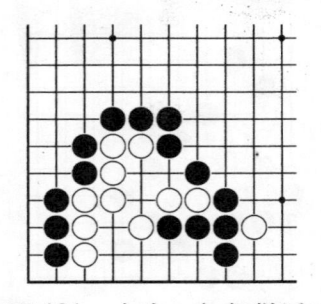

第一部分 死 活

问题 121 白先，如何做活？

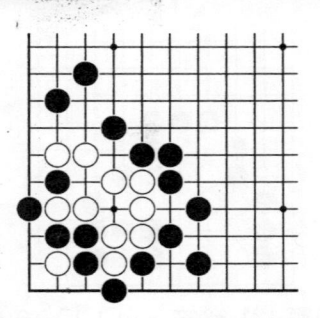

问题 122 白先，能做活吗？

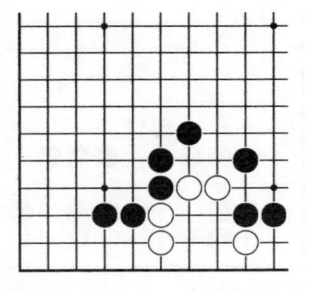

问题 123 白先，如何做活？

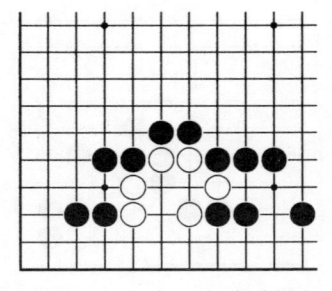

问题 124 白先，如何做活？

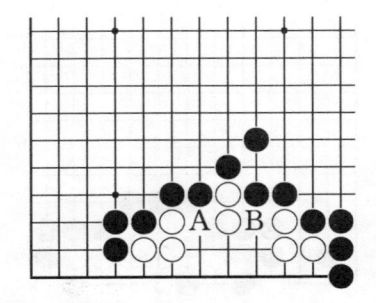

问题 125 白先，如何做活？
在 A 位挡或在 B 位挡都不行。

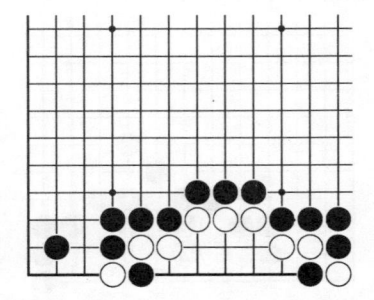

问题 126 白先，如何做活？

43

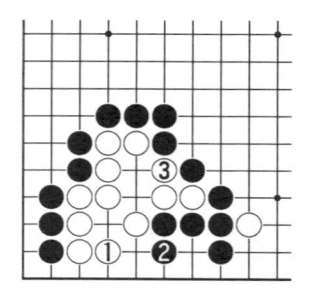

问题 121 解答 白 1 后，2 位和 3 位白必得其一。

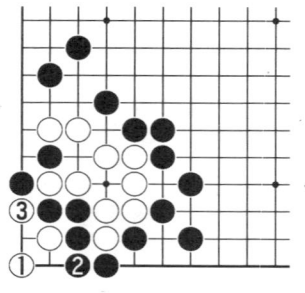

问题 122 解答 白 1 妙，黑已无法避免白扑劫。

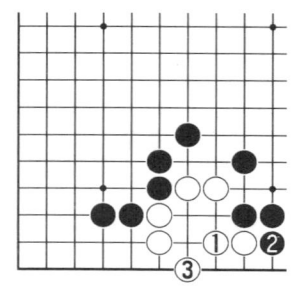

问题 123 解答 若被白爬到 2 位，黑外围要出毛病。

问题 124 解答 白 1 是做活的要点。

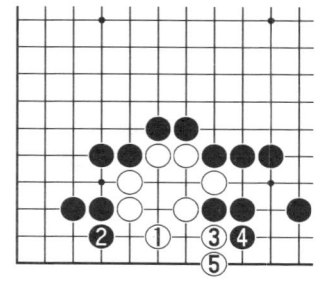

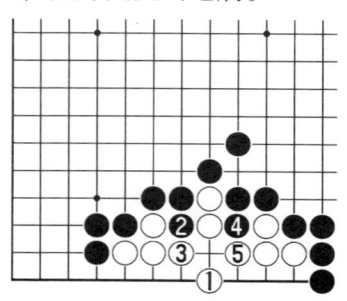

问题 125 解答 白 1 是做活的要点。

问题 126 解答 白 1 是做活的要点。

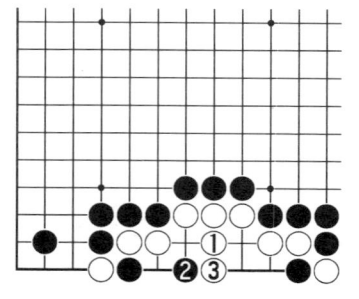

第一部分　死　活

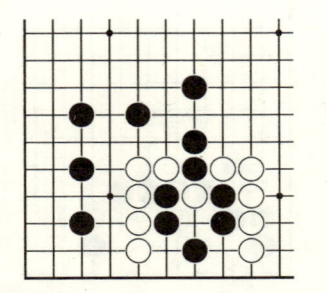

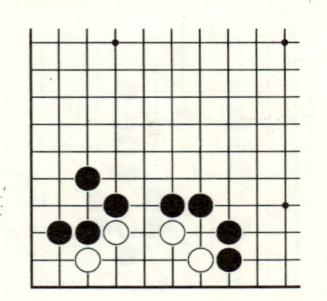

问题 127　白先，左侧白子还能活吗？

问题 128　白先，如何做活？

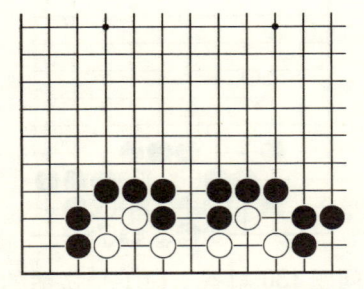

问题 129　白先，如何做活？

问题 130　白先，如何做活？

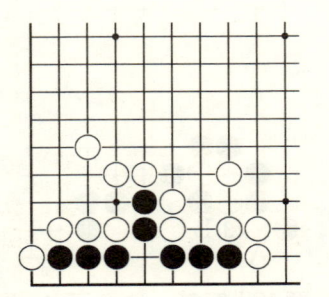

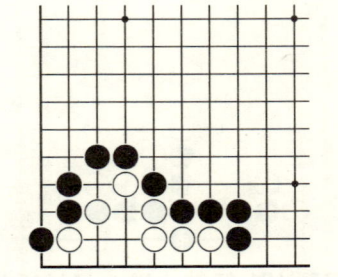

问题 131　黑先，如何做活？

问题 132　白先，如何做活？

45

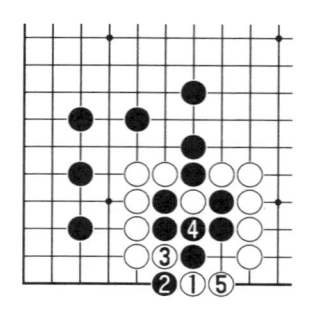

问题 127 解答 白 1 是渡过的要点。

问题 128 解答 白 1 是做活的要点。

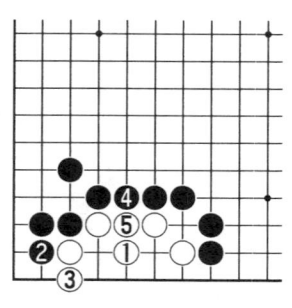

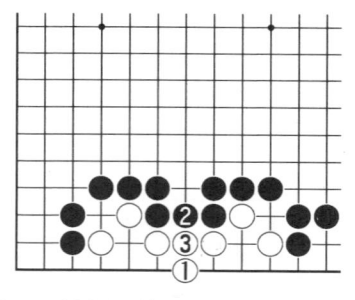

问题 129 解答 白 1 是做活的要点。

问题 130 解答 白 1 是做活的要点。

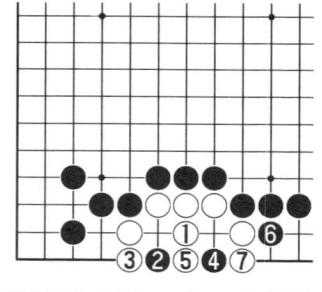

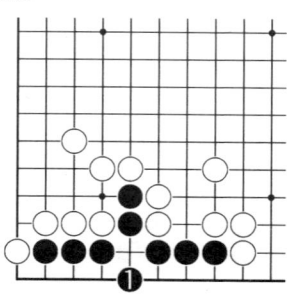

问题 131 解答 黑 1 是做活的要点。

问题 132 解答 白 3 下 A 位亦可，但不可下 B 位提。

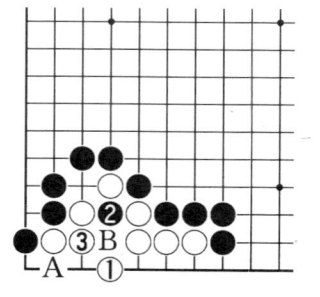

第一部分 死 活

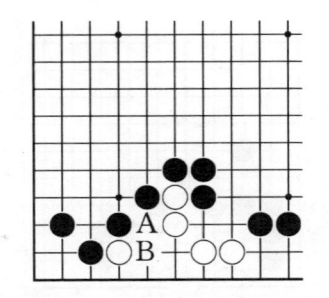

问题 133 白先,应在 A 位挤还是在 B 位退?

问题 134 白先,如何做活?

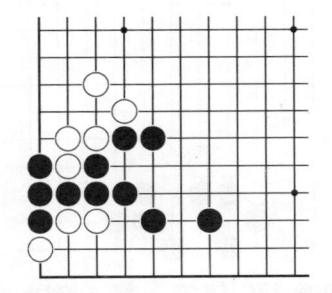

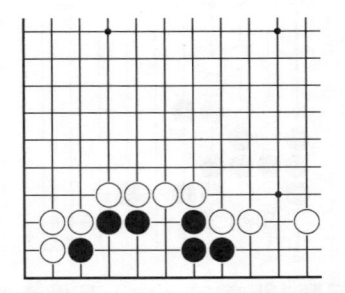

问题 135 白先,角里能做活吗?

问题 136 黑先,如何做活?

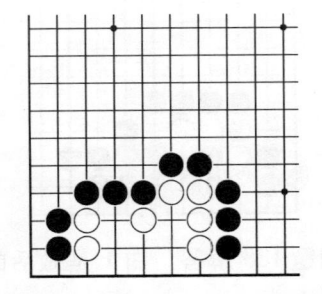

问题 137 白先,如何做活?

问题 138 白先,如何做活?

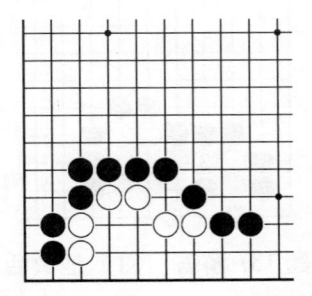

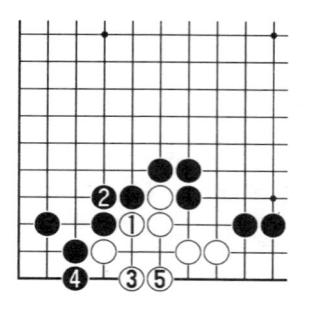

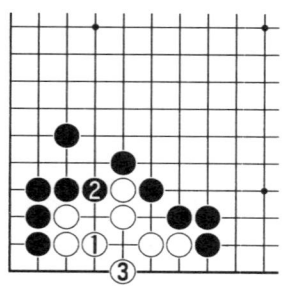

问题 133 解答　白 1 挤要紧，之后白 3 倒虎。

问题 134 解答　白 1 后，2 位和 3 位白必得其一。

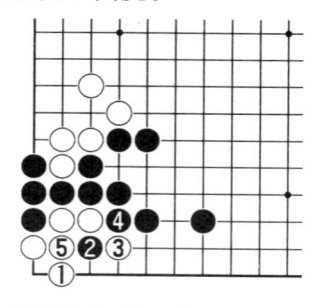

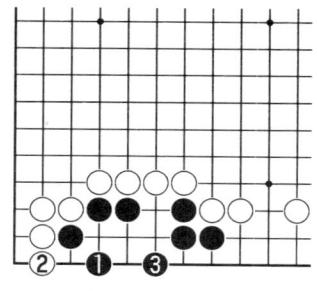

问题 135 解答　白 1 是做活的要点。

问题 136 解答　黑 1 倒虎得法，之后黑 3 要紧。

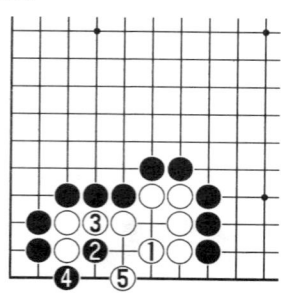

问题 137 解答　白 1 是做活的要点。

问题 138 解答　白 1 是做活的要点。

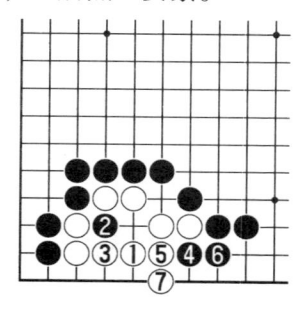

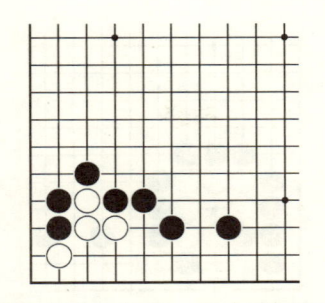

第一部分 死 活

问题 139 白先,如何做活?

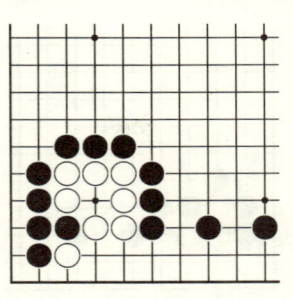

问题 140 白先,如何做活?

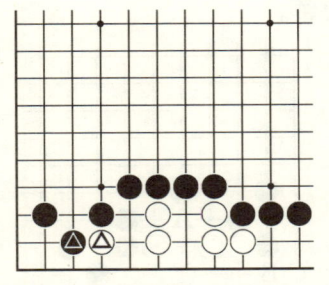

问题 141 白先,白⊙托时,黑▲挡,接下来白怎么下?

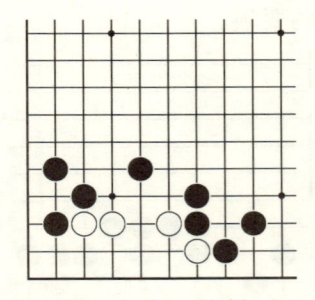

问题 142 白先,能做活吗?

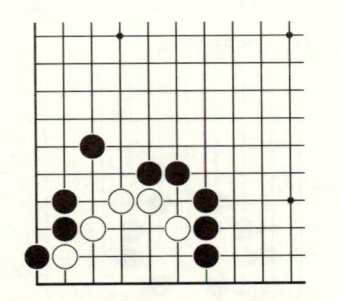

问题 143 白先,能做活吗?

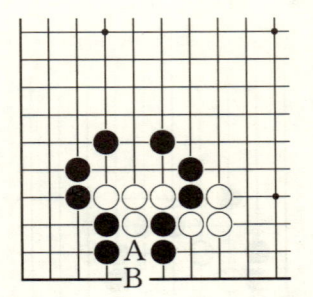

问题 144 白先,白 A 冲,肯定黑 B 挡,接下来白有手段吗?

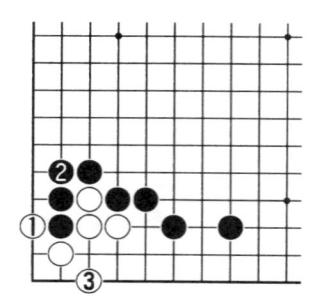

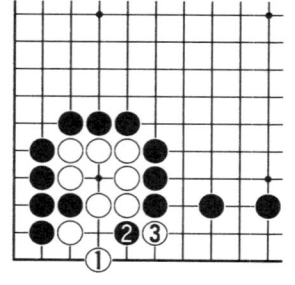

问题 139 解答　白 1、3 是做活的要领。

问题 140 解答　白 1 倒虎得要领。

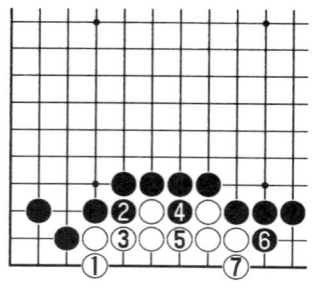

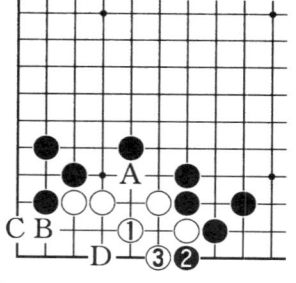

问题 141 解答　白 1 立下，可确保"直四"活。

问题 142 解答　黑 2 若下 A 位，则白下 B 位，以下黑 C、白 D，仍是劫活。

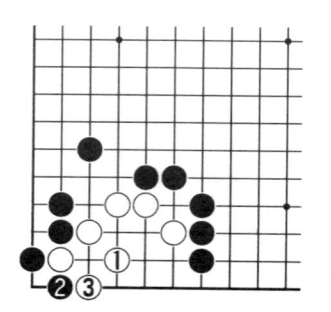

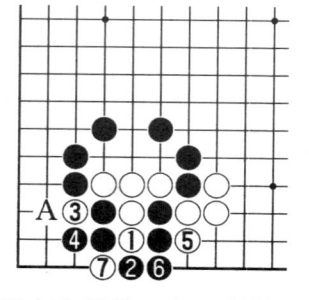

问题 143 解答　白 1 可确保打劫活。

问题 144 解答　白 3 断妙，之后白 7 扑，瞄着 A 位的长出。

第一部分 死 活

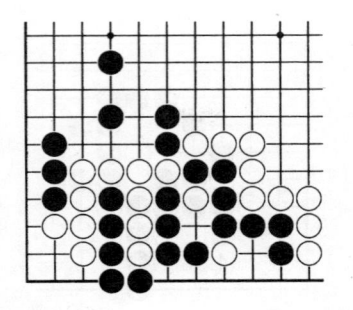

问题145 白先,角上大块白棋还能活吗?

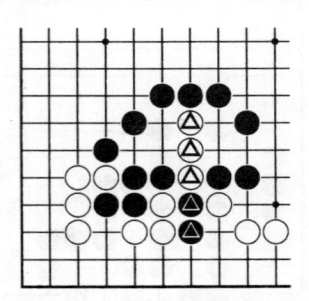

问题146 黑先,黑△二子正与白△三子杀气,黑有获胜的可能吗?

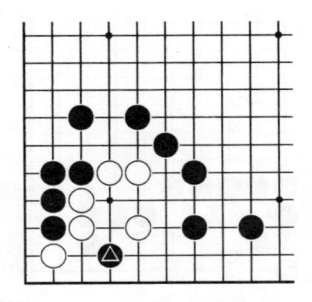

问题147 白先,黑△点,白怎么应?

问题148 白先,能做活吗?

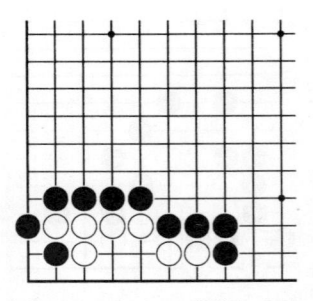

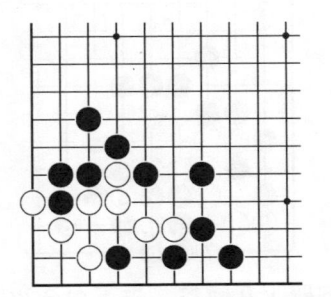

问题149 白先,能做活吗?

问题150 白先,能做活吗?

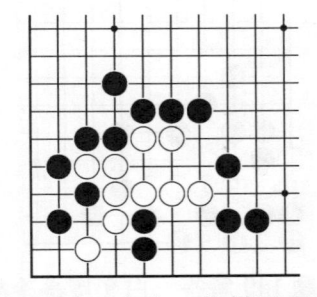

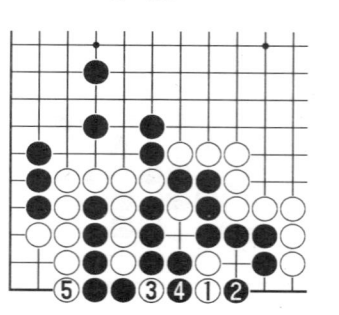

问题 145 解答　白 1 先立妙，黑 2 不得已，以下白 3、5 扑吃接不归。

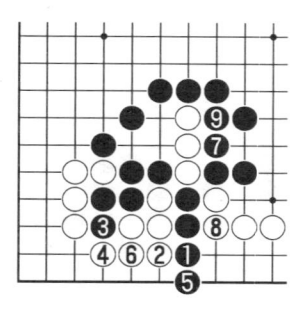

问题 146 解答　黑 5 再立，准备 6 位扑吃，黑得以快一气杀白。

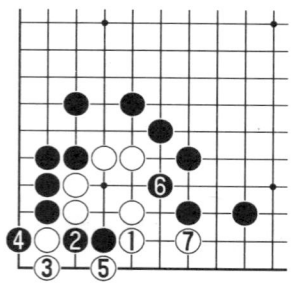

问题 147 解答　白 7 托，做出第二只眼。

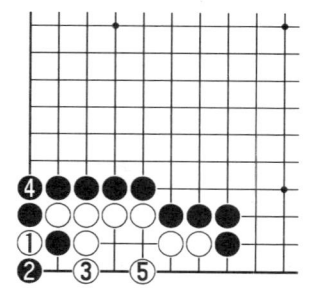

问题 148 解答　白 1 扑、3 立是常法。

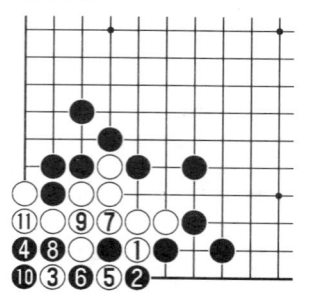

问题 149 解答　白 9 接是冷静的好棋，至白 11 接得以净活。

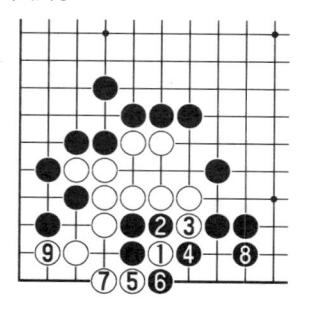

问题 150 解答　先下白 3 再下白 1 同样成立。

第一部分 死活

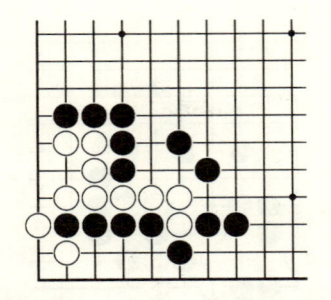

问题 151 白先,能做活吗?

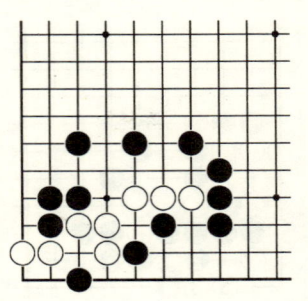

问题 152 白先,能做活吗?

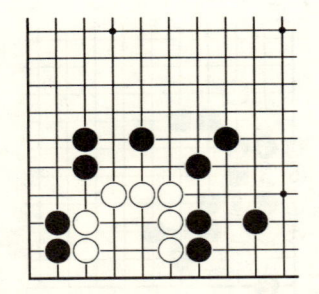

问题 153 白先,能做活吗?

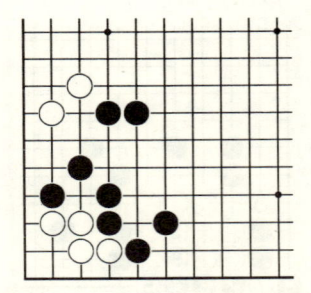

问题 154 白先,角上白棋能活吗?

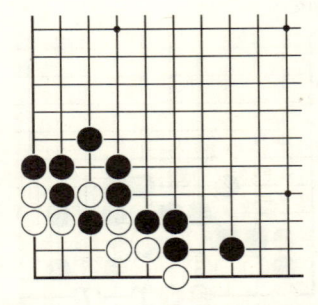

问题 155 白先,角上白棋能活吗?

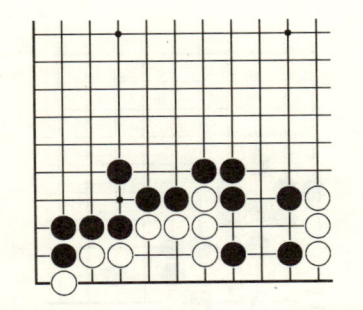

问题 156 白先,能做活吗?

53

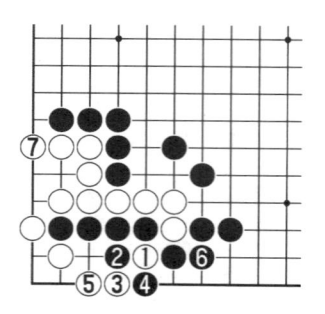

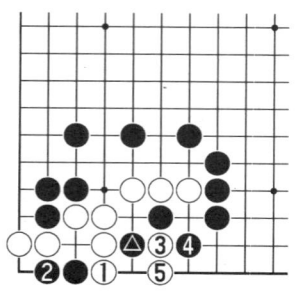

问题 151 解答 白 1 断妙，至白 7 做出两眼。

问题 152 解答 至白 5，黑⚫一子已逃不出去。

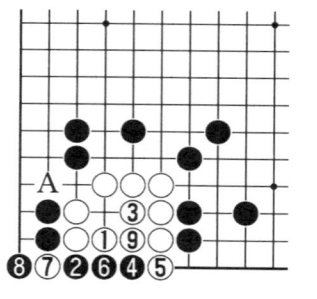

问题 153 解答 由于有 A 位的弱点，白 9 后黑已不能在 7 位接。

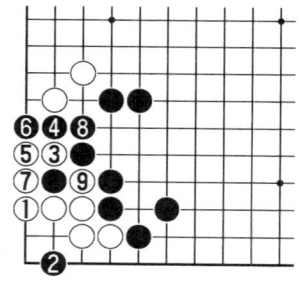

问题 154 解答 白 1 立是兼顾联络和做活的好手。

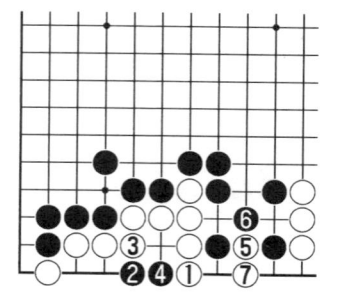

问题 155 解答 看来黑 2 只好阻止白联络，让白角上做活。

问题 156 解答 白 3 后，黑 A 位点已不成立。

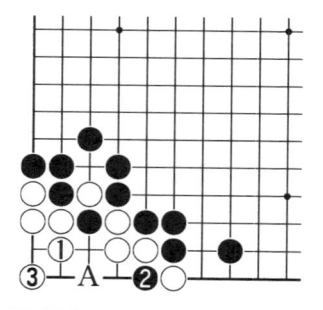

第一部分 死 活

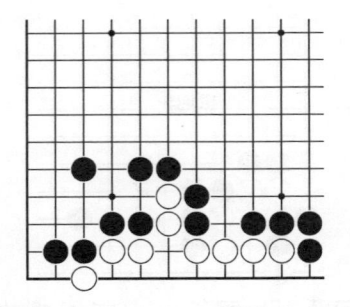

问题 157 白先,能做活吗?

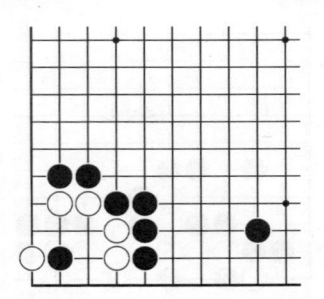

问题 158 白先,能做活吗?

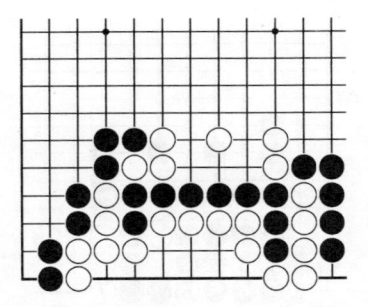

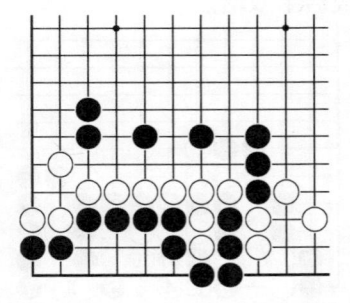

问题 159 黑先,能救出中间大串黑子吗?

问题 160 白先,能救出中间大串白子吗?

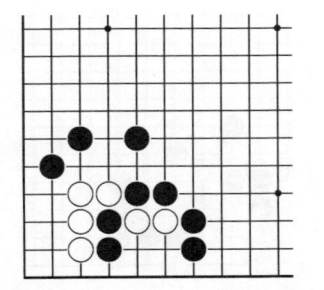

问题 161 白先,能做活吗?

问题 162 白先,能做活吗?

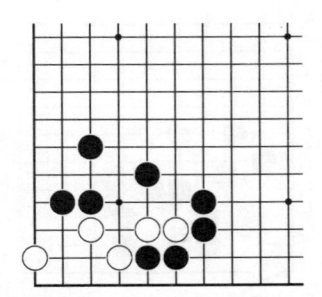

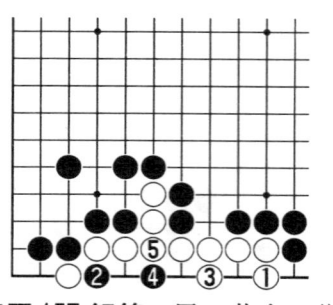

问题 157 解答 黑 2 若在 3 位点，则白在 2 位接，黑只能下成后手双活。

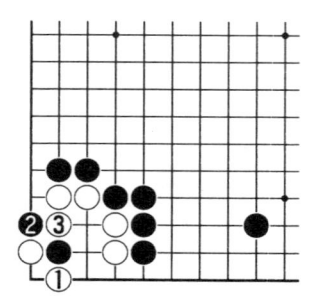

问题 158 解答 白能下成劫活，已是最佳结果。

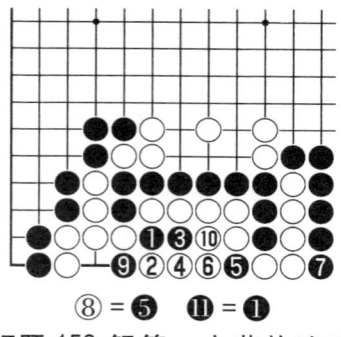

⑧＝❺　⑪＝❶

问题 159 解答 白若执迷不悟，将全军覆没。

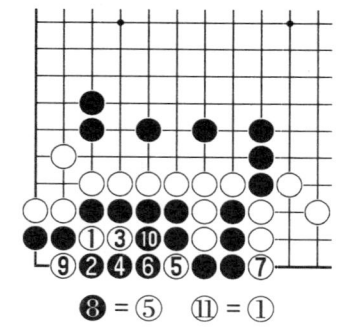

⑧＝⑤　⑪＝①

问题 160 解答 黑若执迷不悟，将全军覆没。

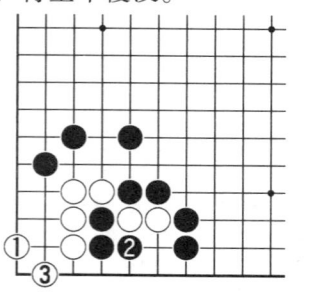

问题 161 解答 白 1 后，2 位和 3 位白必得其一。

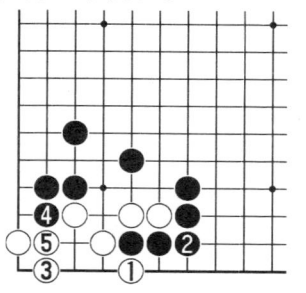

问题 162 解答 白 1、3 是正确的次序。

第一部分 死 活

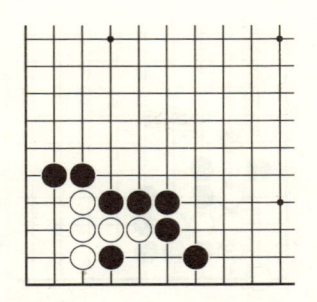

问题 163 白先，能做活吗？

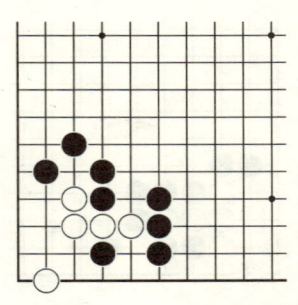

问题 164 白先，能做活吗？

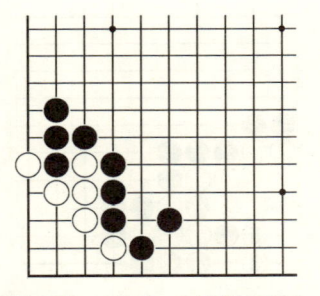

问题 165 白先，能做活吗？

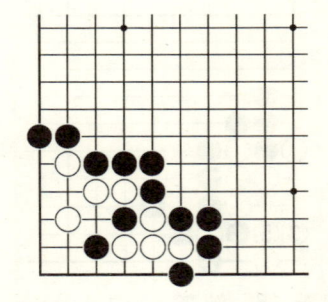

问题 166 白先，能做活吗？

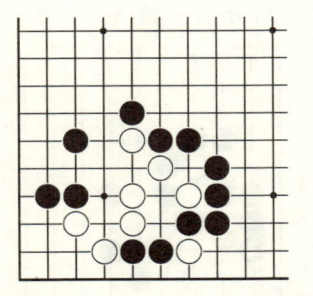

问题 167 白先，能做活吗？

问题 168 白先，能做活吗？

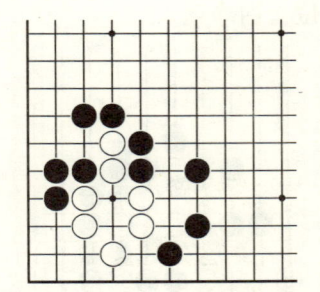

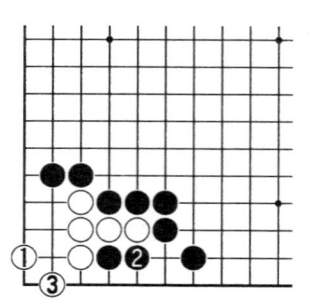

问题 163 解答 白1后，2位和3位白必得其一。

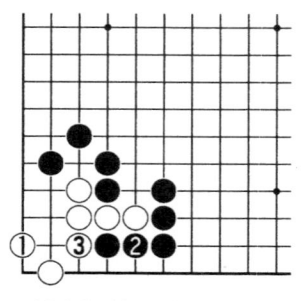

问题 164 解答 白1是做活的要点。

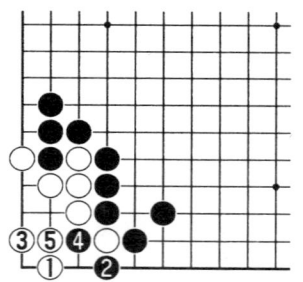

问题 165 解答 白1若下5位，白劫活；白1若下4位或2位，白净死。

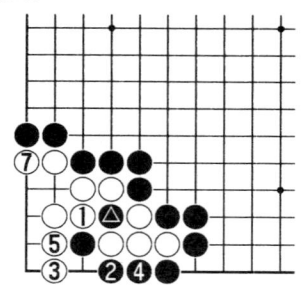

⑥ = △

问题 166 解答 白3是要点，之后可弃四子做活。

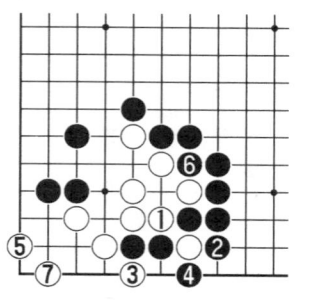

问题 167 解答 白5后，6位和7位白必得其一。

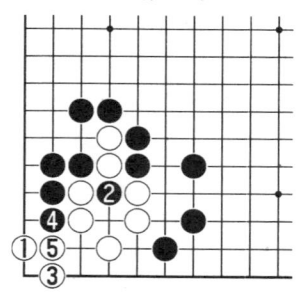

问题 168 解答 白1、3的下法又出现了。

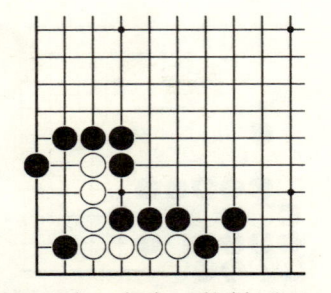

问题169 白先,能做活吗?

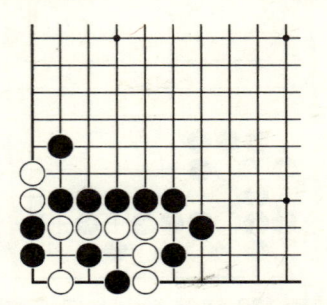

问题170 白先,能做活吗?

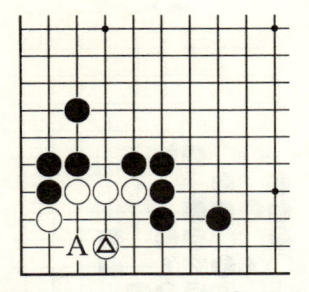

问题171 黑先,白△子本应下在A位的。能杀白吗?

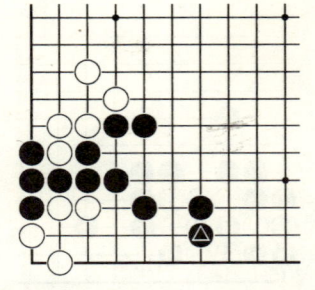

问题172 黑先,怎样杀白?黑△子能发挥作用。

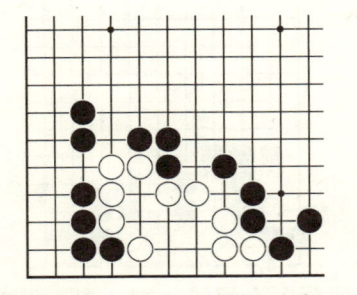

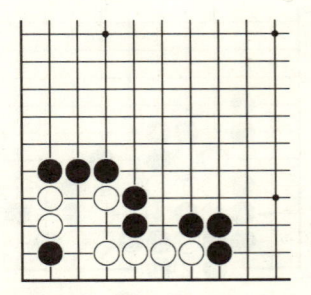

问题173 黑先,怎样杀白?

问题174 黑先,怎样杀白?

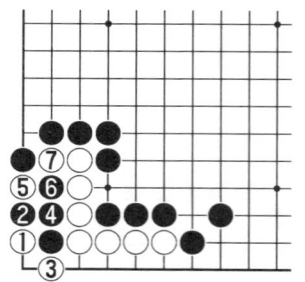

问题169 解答　白1后，双方不可避免地将下成打劫。

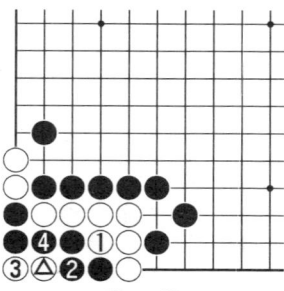

⑤ = △

问题170 解答　白5千万不可随手下在3位。

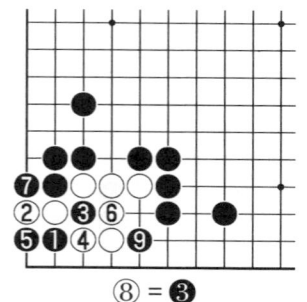

⑧ = ❸

问题171 解答　黑1是杀白的要点。

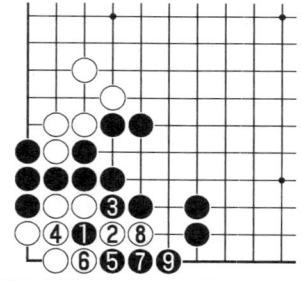

问题172 解答　黑1、3后，黑5以下从一路打出来。

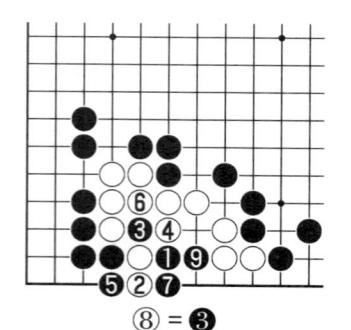

⑧ = ❸

问题173 解答　黑1是杀白的要点。

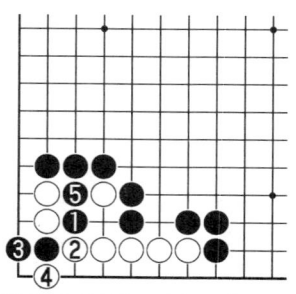

问题174 解答　黑1断、3立要紧。

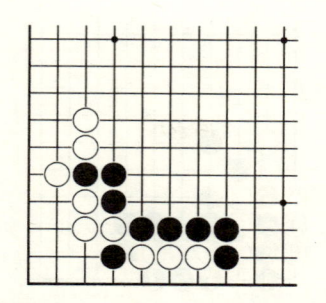

第一部分 死活

问题175 黑先,能在对杀中获胜吗?

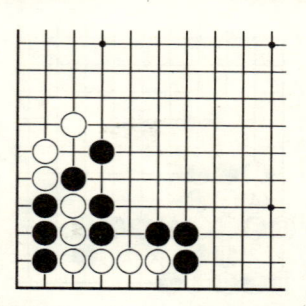

问题176 黑先,能在对杀中获胜吗?

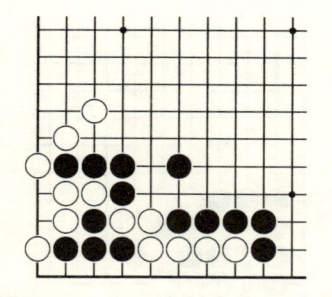

问题177 黑先,能在对杀中获胜吗?

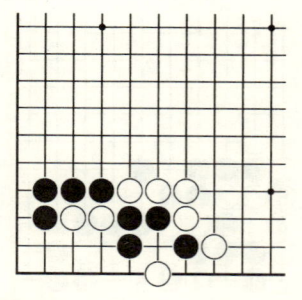

问题178 白先,能在对杀中获胜吗?

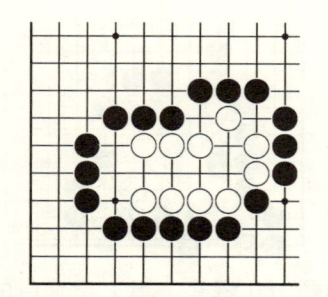

问题179 黑先,怎样杀白?

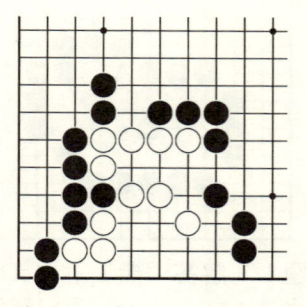

问题180 黑先,怎样杀白?

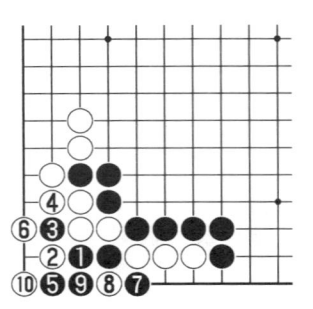

问题175解答 有了5、7两子，黑二路上的两个子可长出一口气，故白10不得已抛劫。

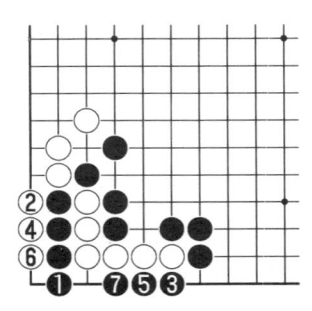

问题176解答 1位是对杀的要点。

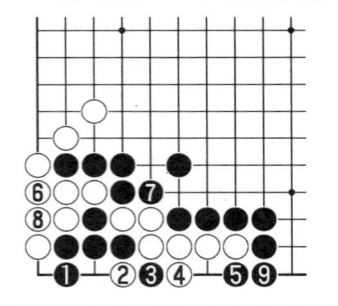

问题177解答 在盘角的这种特殊情况下，黑1是关键一手。

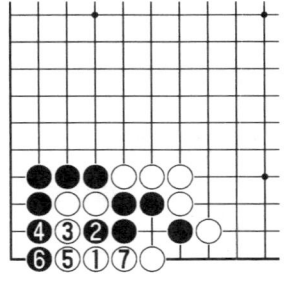

问题178解答 白1是杀黑的要点。

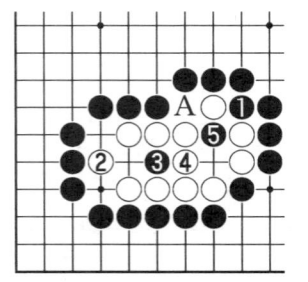

问题179解答 黑1下在A位也可。

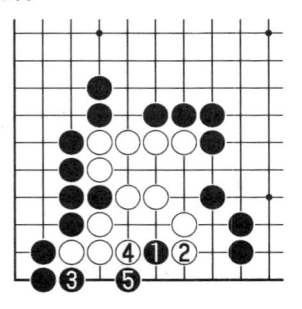

问题180解答 黑1是杀白的要点。

第一部分 死 活

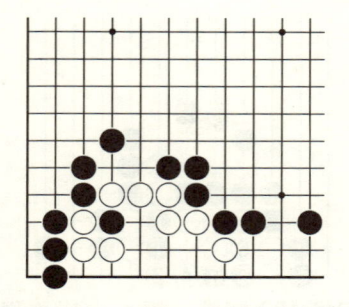

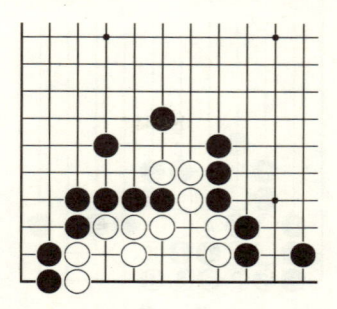

问题 181　黑先，怎样杀白？

问题 182　黑先，怎样杀白？

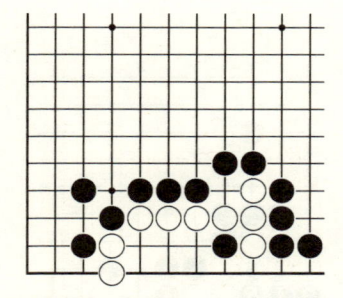

问题 183　黑先，怎样杀白？

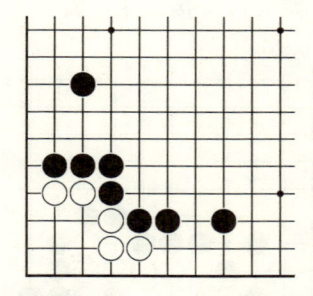

问题 184　黑先，怎样杀白？

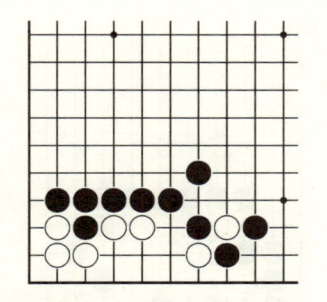

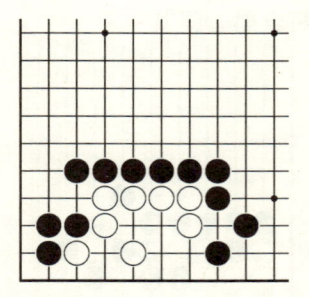

问题 185　黑先，怎样杀白？

问题 186　黑先，怎样杀白？

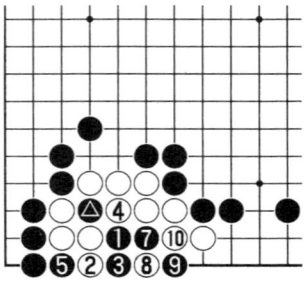

⑥=△　⑪=⑧

问题 181 解答　黑 1 是要点，至黑 11 接，白成"刀五"死。

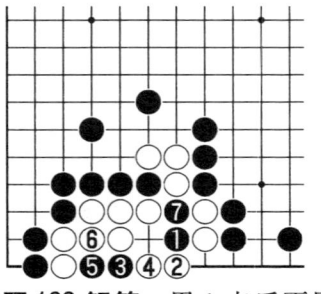

问题 182 解答　黑 1 点后再黑 3 要倒扑，先后次序要紧。

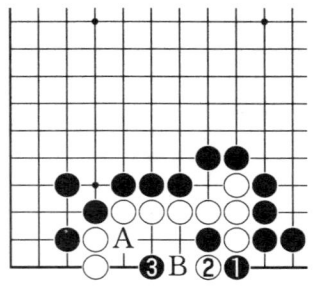

问题 183 解答　黑 3 后，A、B 两点黑必得其一。

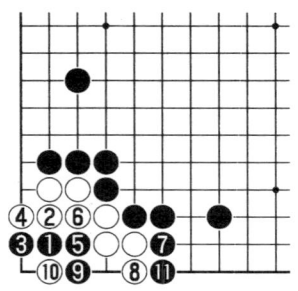

问题 184 解答　黑 1 是杀白的要点。

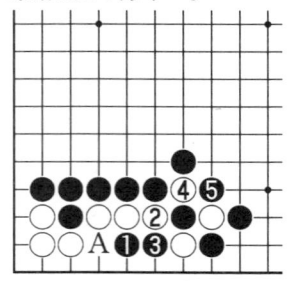

问题 185 解答　白 2 若下 3 位，则黑 A 位打后再于一线滚打，白也不行。

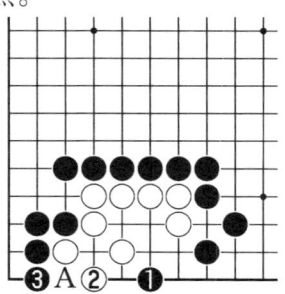

问题 186 解答　黑 1 若在 A 位打，白会 2 位顽强做劫。

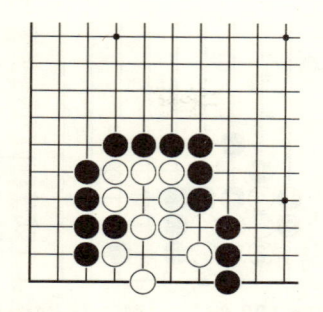

第一部分 死 活

问题 187 黑先，怎样杀白？

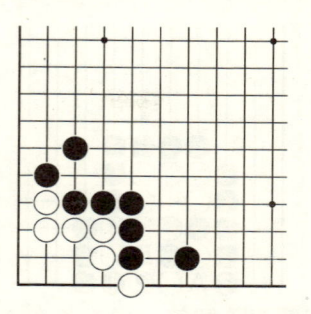

问题 188 黑先，怎样杀白？

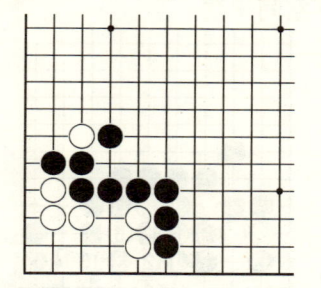

问题 189 黑先，怎样杀白？

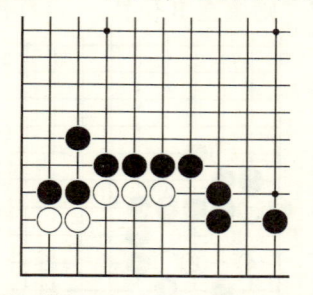

问题 190 黑先，怎样杀白？

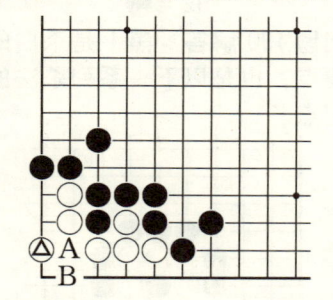

问题 191 黑先，白⊙子本应下在 A 位或 B 位的。能杀白吗？

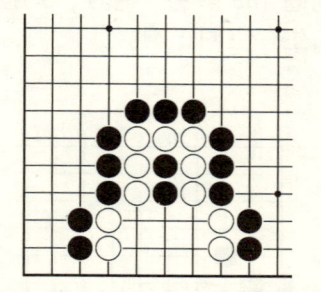

问题 192 黑先，能杀白吗？

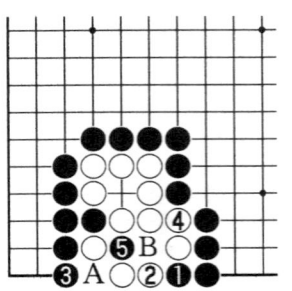

问题187解答 白4若在A位团，则黑在B位扑。

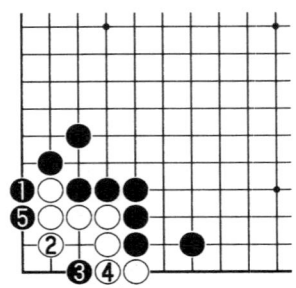

问题188解答 黑1压缩白生存空间得法。

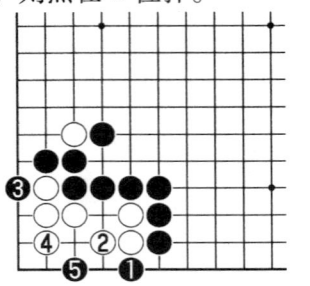

问题189解答 黑1、3压缩白生存空间正确。

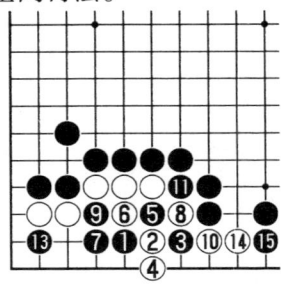

⑫ = ❺

问题190解答 黑1是杀白的要点，也是以下一系列杀法的起点。

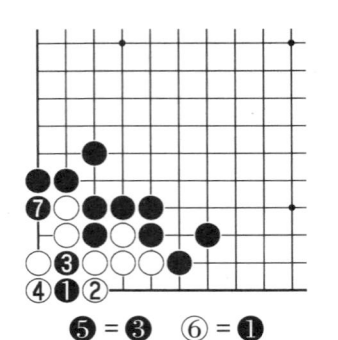

❺ = ❸ ⑥ = ❶

问题191解答 黑1点后，黑3断入妙。

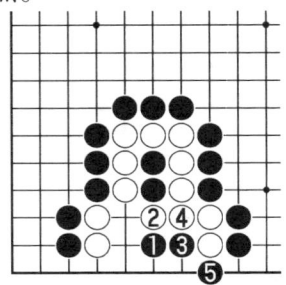

问题192解答 黑1是杀白的要点。

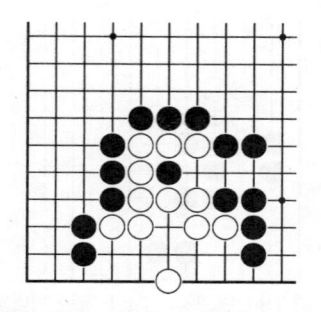

第一部分 死 活

问题 193 黑先,能杀白吗?

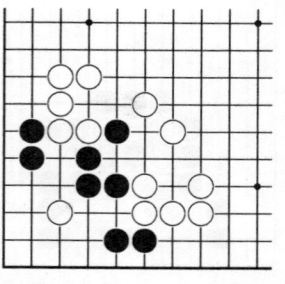

问题 194 白先,能杀黑吗?

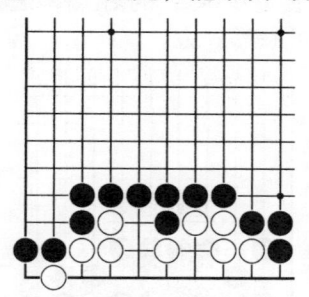

问题 195 黑先,能杀白吗?

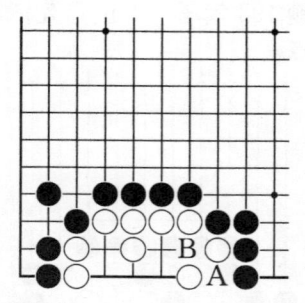

问题 196 黑先,能杀白吗?当然不能做黑 A、白 B 的交换。

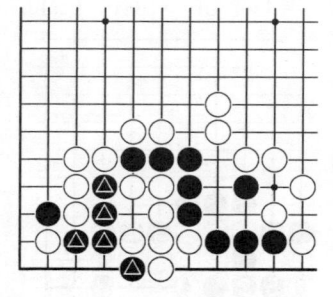

问题 197 白先,能吃掉黑▲五子并继而杀掉整块黑棋吗?

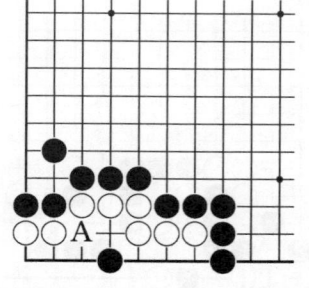

问题 198 黑先,黑棋当然要在 A 位断,问题是之后怎么下。

67

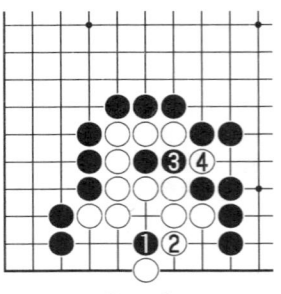

❺ = ❸

问题 193 解答　1 位是死活的要点。

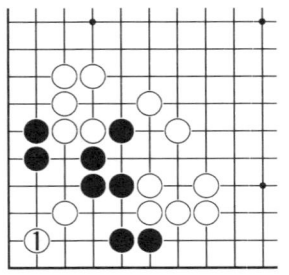

问题 194 解答　白 1 是"两翼同形走中央"的好点，之后必可断黑一边。

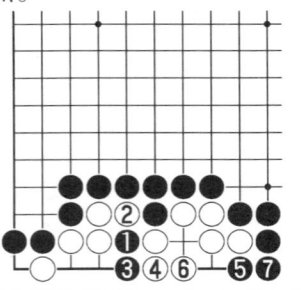

问题 195 解答　白 4 若下 5 位，则黑在 6 位点，白也活不了。

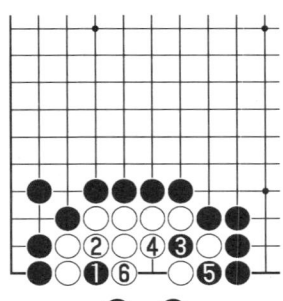

❼ = ❸

问题 196 解答　黑只能下成劫杀。黑1若先在3位扑，白净活。

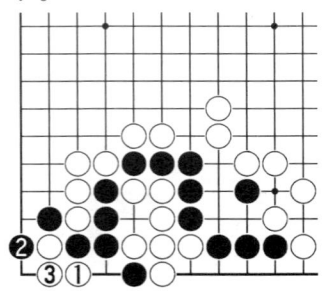

问题 197 解答　白 1 一手便解决了问题。

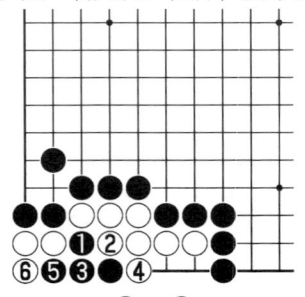

❼ = ❸

问题 198 解答　黑 3、5 妙极，至黑 7，白已不能两全。

第一部分 死 活

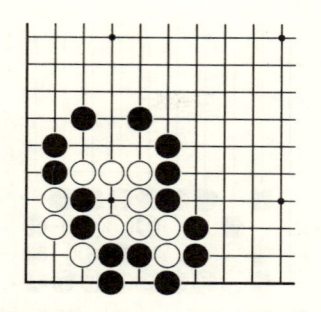

问题 199 黑先，能杀白吗？

问题 200 黑先，能杀白吗？

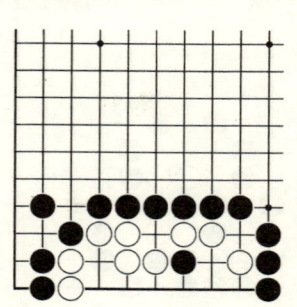

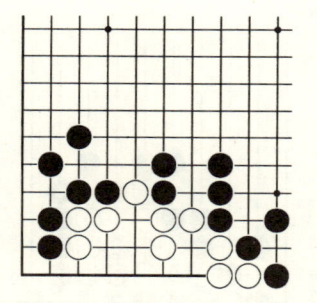

问题 201 黑先，能杀白吗？

问题 202 黑先，能杀白吗？

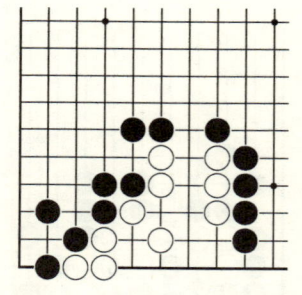

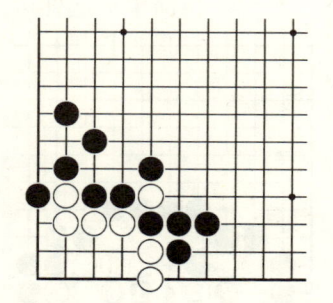

问题 203 黑先，能杀白吗？

问题 204 黑先，能杀白吗？

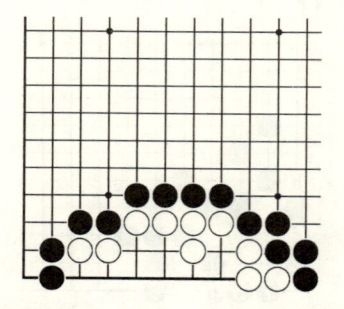

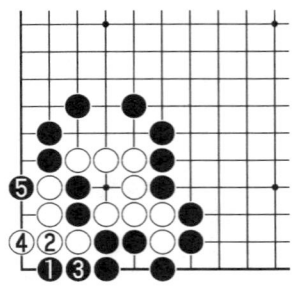

问题199 解答 黑1是杀白的要点。

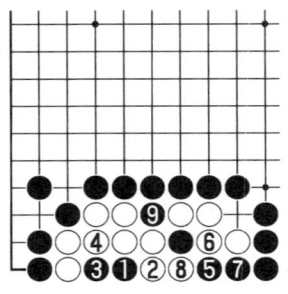

问题200 解答 黑1若先下5位，则白下3位，黑只能下成劫杀。

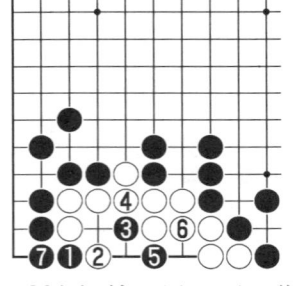

问题201 解答 黑1下2位点不行，请自己检验一下。

问题202 解答 白2若下A位连，则黑3位简单扳起即可。

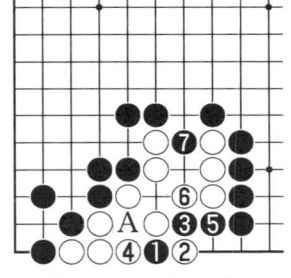

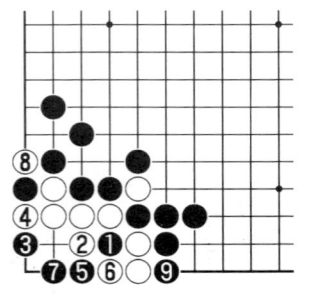

问题203 解答 先下黑3，后下黑1亦可。

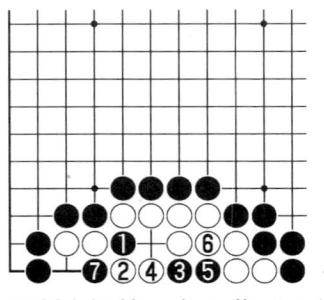

问题204 解答 白2若下5位圆眼，则黑在4位尖，白也不活。

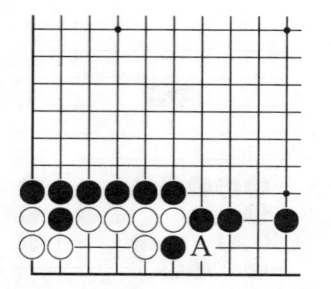

第一部分 死活

问题 205 黑先，即使 A 位欠一手，黑也有手段。你发现了吗？

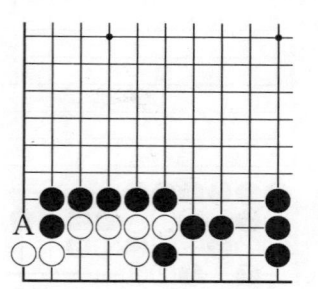

问题 206 黑先，现在白 A 位多了一口气，黑还有手段吗？

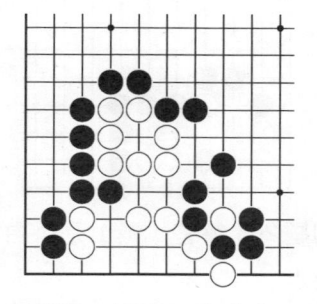

问题 207 黑先，能杀白吗？

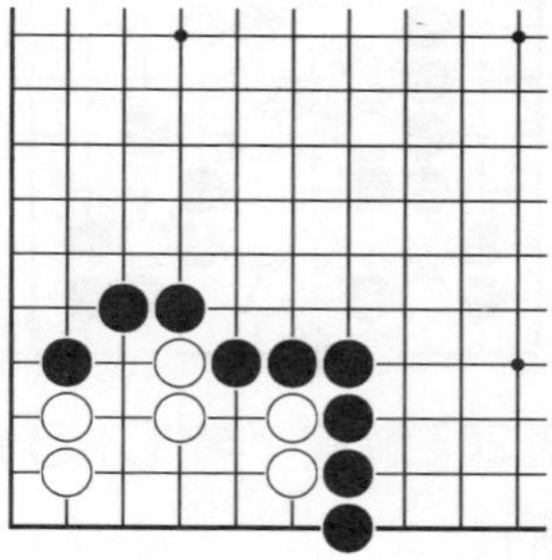

问题 208 黑先，能杀白吗？

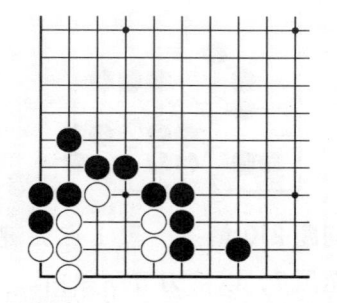

问题 209 黑先，能杀白吗？

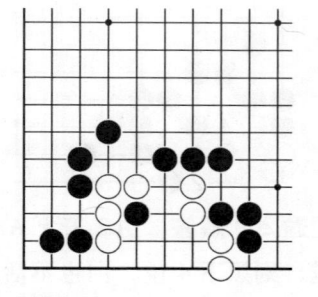

问题 210 黑先，能杀白吗？

71

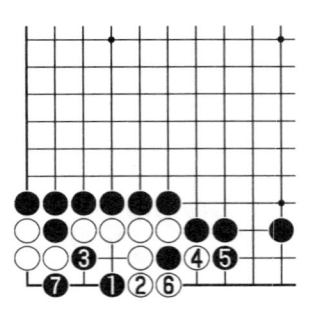

问题 205 解答　黑 1 是杀白的要点。

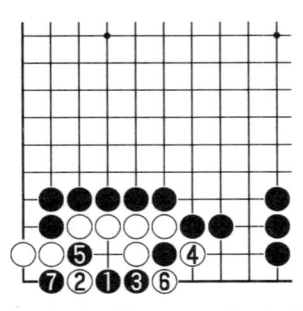

问题 206 解答　黑 1 仍是杀白的要点。

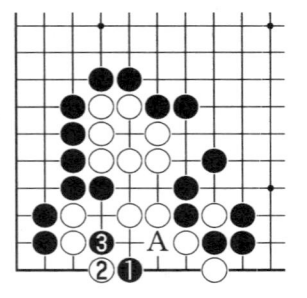

问题 207 解答　黑 3 不可在 A 位断打。

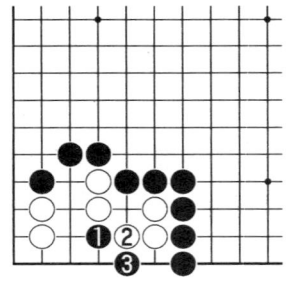

问题 208 解答　黑 1 是杀白的要点。

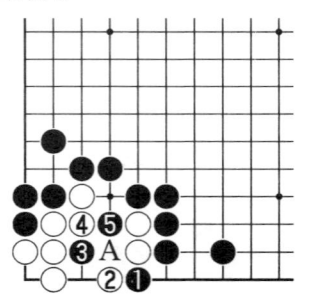

问题 209 解答　白 2 若下 A 位退，则黑下 4 位，白也不活。

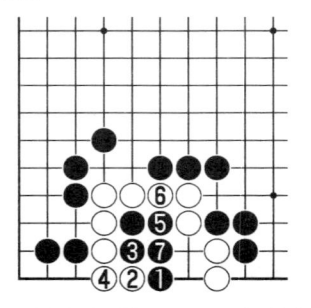

问题 210 解答　黑 1 点关键，至黑 7，以"刀五"杀白。

第一部分 死 活

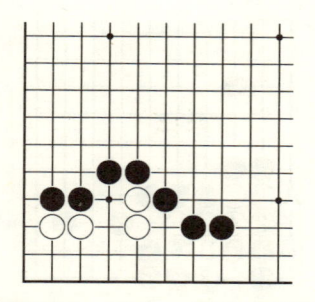

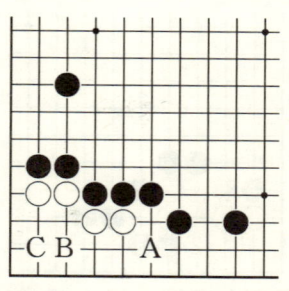

问题 211 黑先，能杀白吗？

问题 212 黑先，杀白的要点在哪里？请在A、B、C中选择。

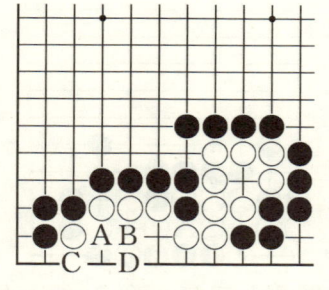

问题 213 黑先，能杀白吗？黑A、白B、黑C、白D的下法当然不行。

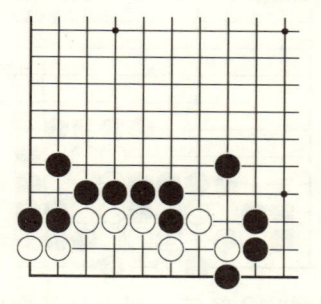

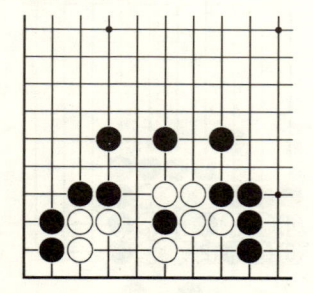

问题 214 黑先，能杀白吗？

问题 215 黑先，能杀白吗？

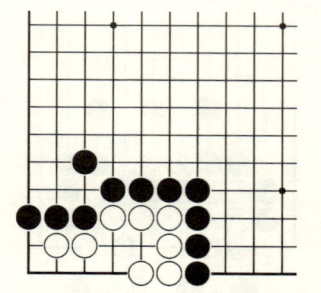

问题 216 黑先，能杀白吗？

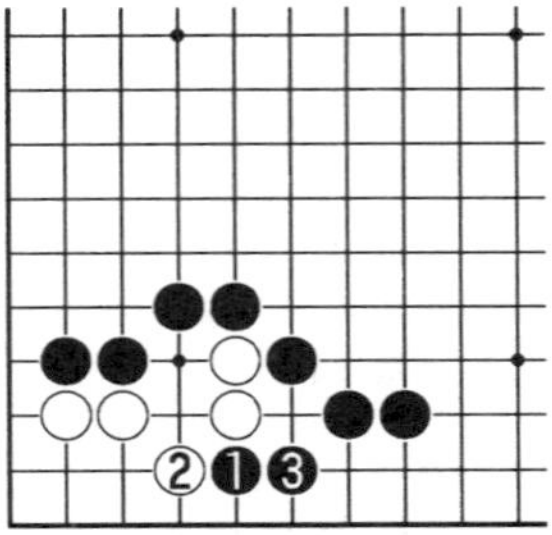

问题211解答 黑1后，2位和3位黑必得其一。

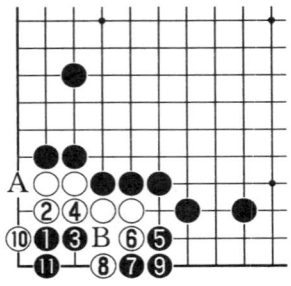

问题212解答 黑11后，A、B两点黑必得其一。

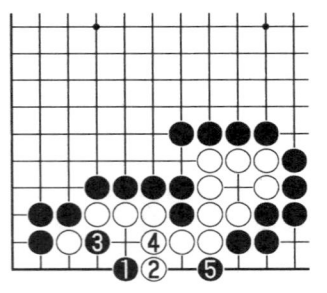

问题213解答 黑1是杀白的要点。白2在3位接也不行。

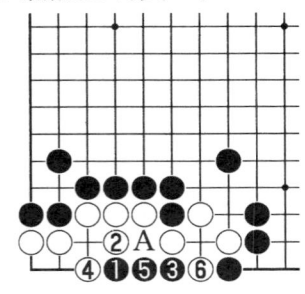

问题214解答 白2在A位接，结果也是劫杀，请自己验证一下。

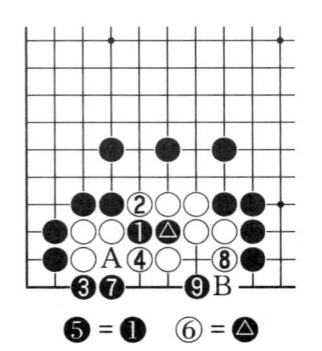

⑤=❶　⑥=△

问题215解答 黑9后，A、B两点黑必得其一。

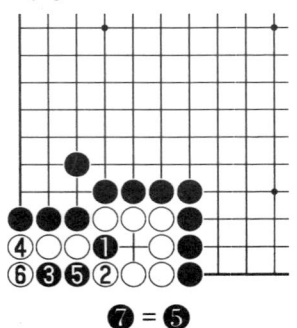

❼=❺

问题216解答 双倒扑的棋有时容易被人疏忽。

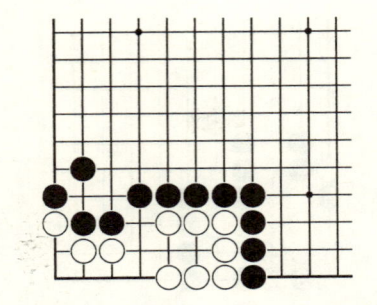

第一部分 死活

问题 217 黑先，能杀白吗？

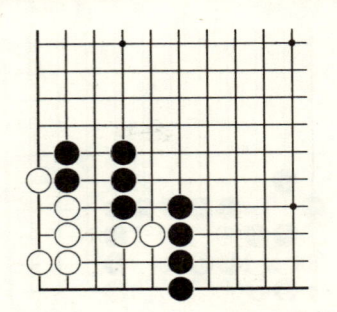

问题 218 黑先，能杀白吗？

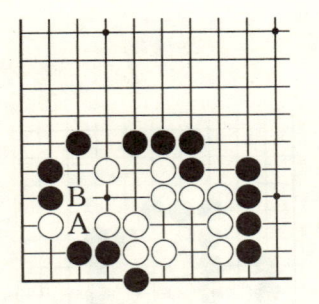

问题 219 黑先，黑 A 时，白 B 肯定断，黑怎么办？

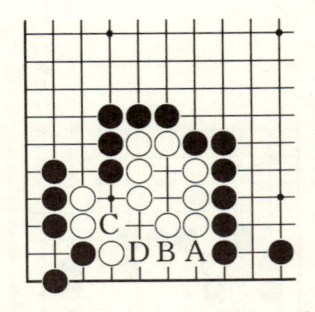

问题 220 黑先，黑 A 则白 B，黑 C 则白 D，白都能活。黑该怎么下？

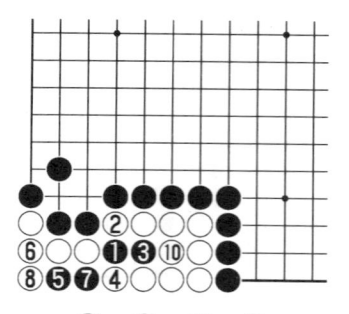

❾ = **❼**　**⓫** = **❶**

问题 217 解答　黑 5 若在 6 位提一子，就太令人遗憾了。

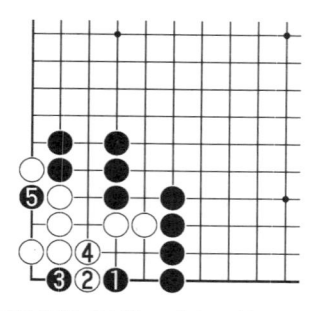

问题 218 解答　黑 3 妙！黑 3 直接在 5 位扑当然不行。

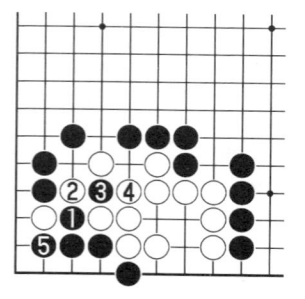

问题 219 解答　黑 3 是粉碎性的一击。

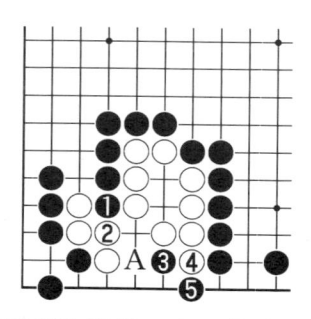

问题 220 解答　白 2 若在 4 位挡，则黑在 A 位夹。

第二部分 手筋

对手筋的分类，不是一下子说得清楚的。

有人根据手筋的战斗功能，将其分为攻击的手筋、腾挪的手筋、对杀的手筋等不同类别。这些手筋，或迅速发现对方棋形上的弱点予以攻击进而赢得作战主动权，或在险恶的环境中利用巧妙的手段转危为安，或在头绪万千的局面中一举确立优势等，其区别只是战术目的不同。

有人根据手筋的出现阶段，将其分为序盘的手筋、中盘的手筋和官子的手筋。虽然手筋可出现在全局的各个阶段，序盘的手筋对于确立优势和官子的手筋对于最终获胜都有很大作用，但中盘战斗时的手筋毕竟占据了主导地位。

还有人将手筋的战斗功能和出现阶段混编在一起，将其分为序盘的手筋、救活的手筋、杀棋的手筋、对杀的手筋、切断的手筋、盘渡的手筋、官子的手筋等。你们看，这种分类法将中盘战斗时的手筋，又细化为按其功用来划分了。

不管怎样分，那都是形式，并不十分要紧。关键是明白在运用手筋的过程中，应把着眼点放在什么地方。发现要点、充分想象和精密计算，可谓手筋形成的三要素。

使用手筋的第一步是发现手筋，而培养洞察棋形善恶的能

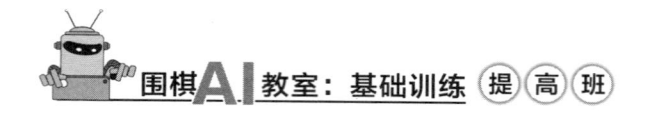

力是发现手筋的前提。对棋形善恶感觉好的人善于抓住战机，而棋形感差的人往往贻误战机，这一点已为实战多次证明。由于能够迅速地发现对方棋形上的缺陷，所以也就能够迅速地发现克敌制胜的手筋。

其次是充分的想象，要敢于大胆地进行设想。人们把喜欢并善于战斗的棋手称为力战型棋手，这些棋手的作战能力强，强就强在他们具有常人不及的想象力，善于在令人眼花缭乱的局势中发现并运用手筋。当然，这与他们比较喜欢局部的拼杀有关，因为他们在中盘阶段有更强的作战欲望。若不具备非凡的想象力，便难以发现精妙的手段，也就捕捉不到稍纵即逝的机会。

再者就是精确的计算了。周密的计算是手筋得以发挥作用的保证。你再善于发现，你再敢于想象，倘若不建立在精密计算的基础上，顶多只是空中楼阁、海市蜃楼。死活也好，手筋也罢，还有收官的新手新型，都离不开计算能力。难怪李昌镐说，"培养计算能力是提高棋力的捷径"。

做到以上三点并非易事，需要在长期的实战中进行不懈努力。所以我们才在手筋部分中安排了最多的练习题，借此培养大家发现要点、充分想象和精密计算的能力。这些手筋问题，既可能出现在序盘、中盘和尾盘各个阶段，又体现出战斗中一举击中要害的多种功能，故而有很强的实用性。

只要你不懈努力并不断深入下去，你就会探寻到手筋的精髓，那么，不用多久，笼罩在手筋表面的神秘光环便会消失，进而你也能在对弈时妙手纷呈了。

第二部分 手 筋

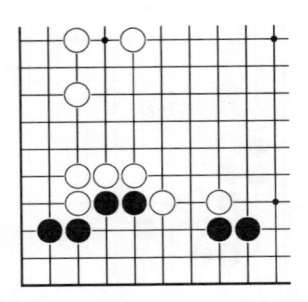

问题1 黑先，左右黑棋如何联络？

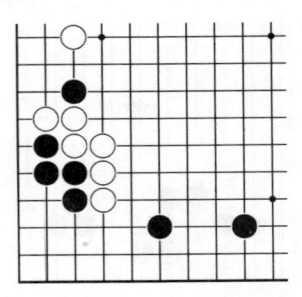

问题2 黑先，左右黑棋如何联络？

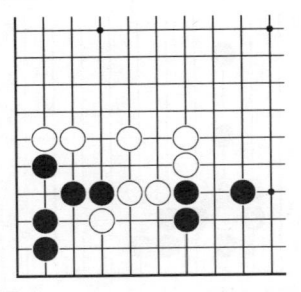

问题3 黑先，左右黑棋如何联络？

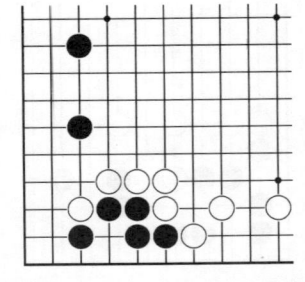

问题4 黑先，上下黑棋如何联络？

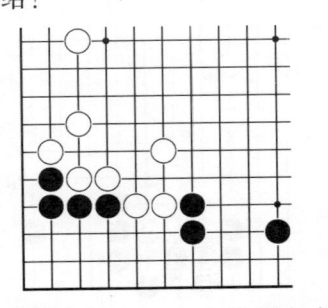

问题5 黑先，左右黑棋如何联络？

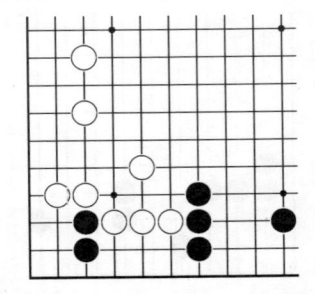

问题6 黑先，左右黑棋如何联络？

79

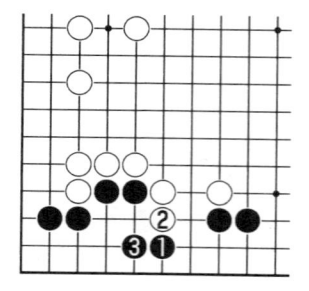

问题1解答　黑1飞渡。

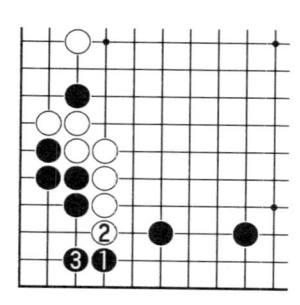

问题2解答　黑1飞渡。

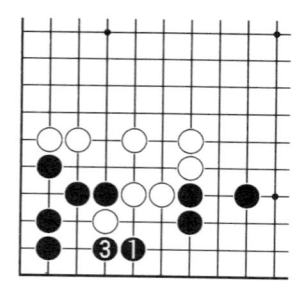

问题3解答　黑1飞渡。

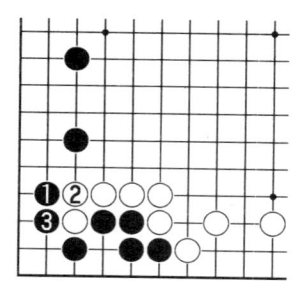

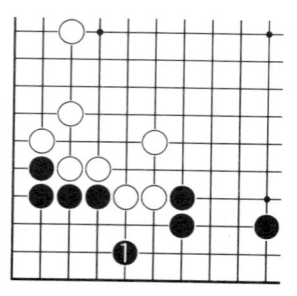

问题4解答　黑1飞渡。

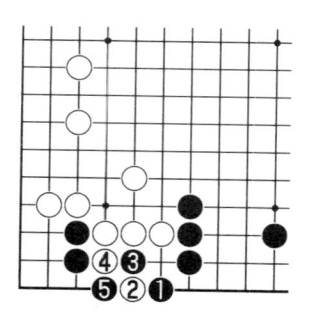

问题5解答　黑1飞渡。

问题6解答　黑1不可下2位。

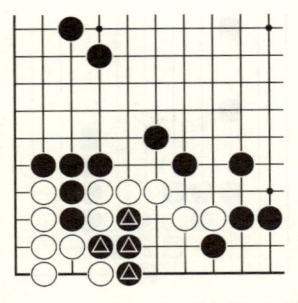

第二部分 手 筋

问题 7　黑先，如何连回黑△四子？

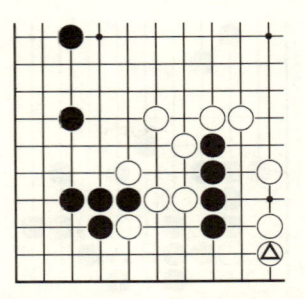

问题 8　黑先，左右黑棋如何联络？要注意白△子的存在。

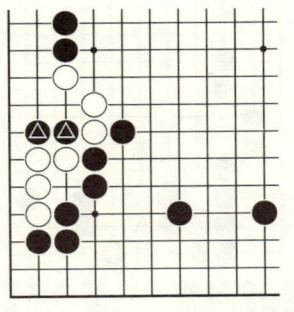

问题 9　黑先，能救出黑△二子吗？

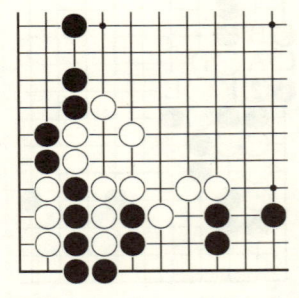

问题 10　黑先，能吃住角上白三子吗？

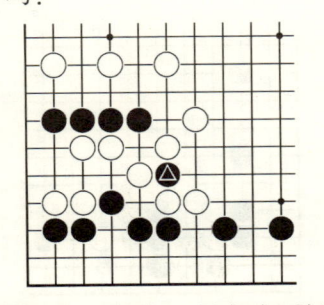

问题 11　黑先，黑如何利用△子上下联络？

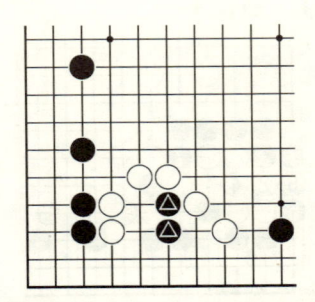

问题 12　黑先，能救回黑△二子吗？

81

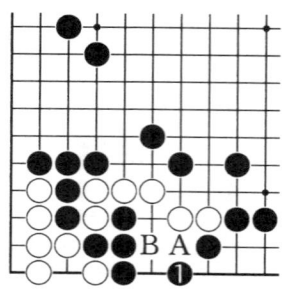

问题 7 解答 黑 1 若下 A 位，白可 B 位挖。

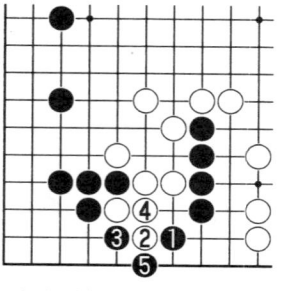

问题 8 解答 黑 1 如下 2 位，白可 1 位搭。

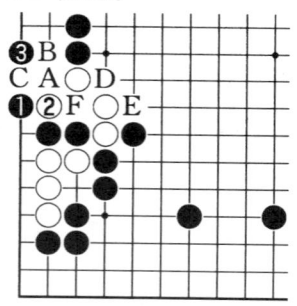

问题 9 解答 白 2 如下 A 位，以下黑 B、白 C、黑 D、白 E、黑 F，白也不行。

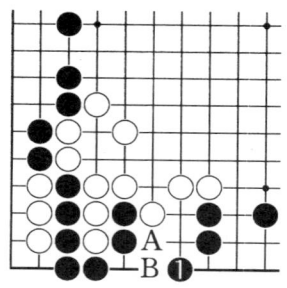

问题 10 解答 以下白 A、黑 B，这里有个打二还一。

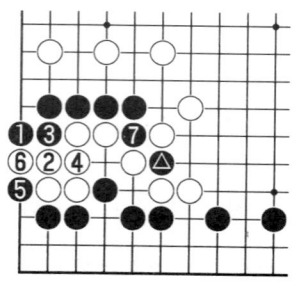

问题 11 解答 由于存在着本图的手段，看来白只能让黑从一路渡过。

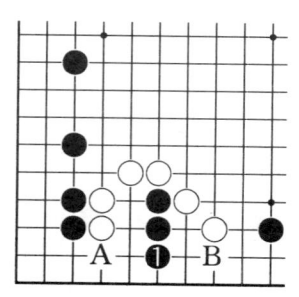

问题 12 解答 黑 1 后，A、B 两点黑必得其一。

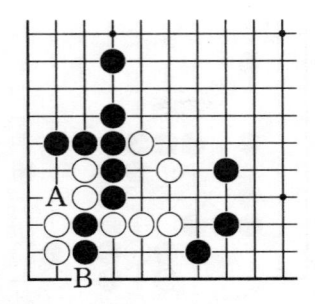

第二部分 手 筋

问题 13 黑先,黑若 A 位打,白可 B 位打渡过。那么,黑应如何阻止白棋联络?

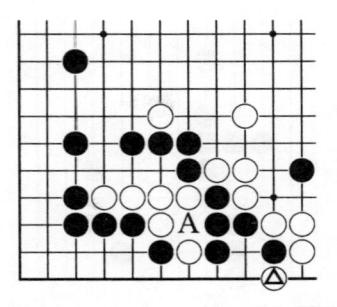

问题 14 黑先,由于白⊿子的存在,黑 A 打有问题。那么,黑应如何确保左右联络呢?

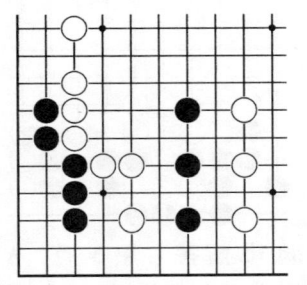

问题 15 黑先,左右黑棋应如何设法联络?

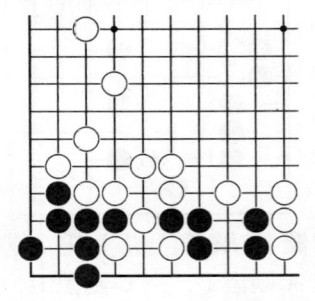

问题 16 黑先,左右黑棋能连为一体吗?

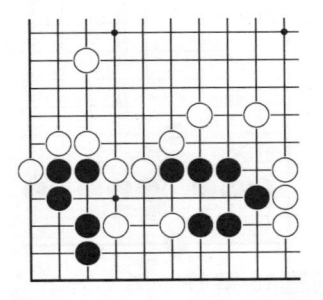

问题 17 黑先,左右黑棋能连为一体吗?

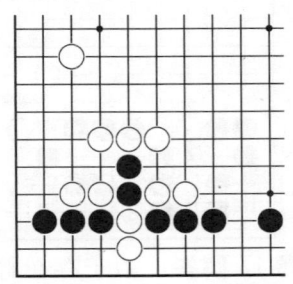

问题 18 黑先,左右黑棋能连为一体吗?

83

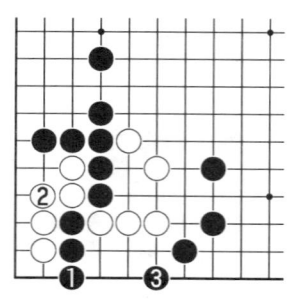

问题 13 解答 黑1后，2位和3位黑必得其一。

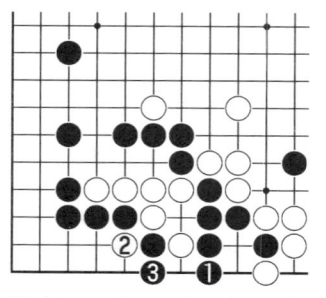

问题 14 解答 黑1是确保安全联络的好点。

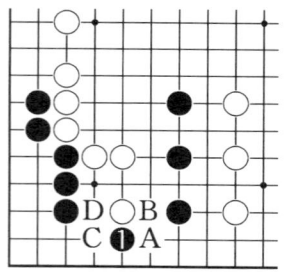

问题 15 解答 黑1托，以下白A则黑B，白C则黑D，黑总能联络。

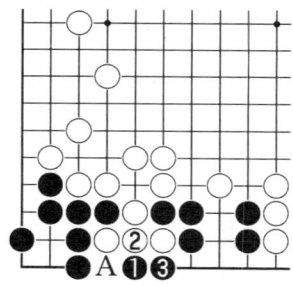

问题 16 解答 黑3后，A位白不入。白2若下3位，则黑下2位，黑可扑吃白接不归。

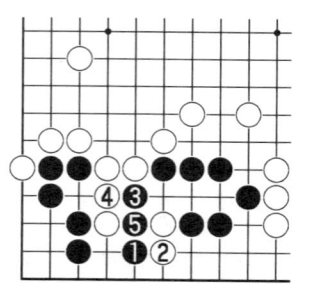

问题 17 解答 由于存在着本图的手段，看来白2只好下5位。

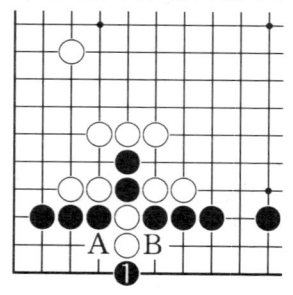

问题 18 解答 黑1若下A位或B位，则白下1位，黑无法联络。

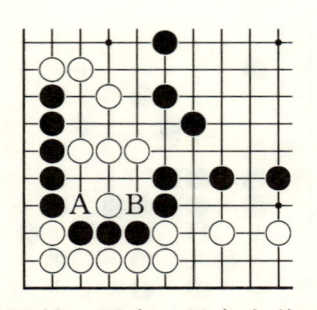

第二部分 手 筋

问题 19 黑先，黑存在着 A、B 两处断点，还能救出左边黑五子吗？

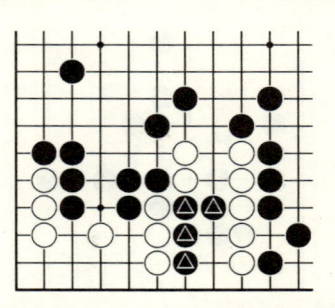

问题 20 黑先，能救出黑△四子吗？

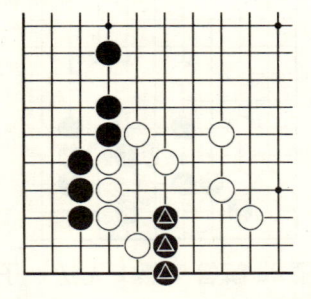

问题 21 黑先，能救出黑△三子吗？

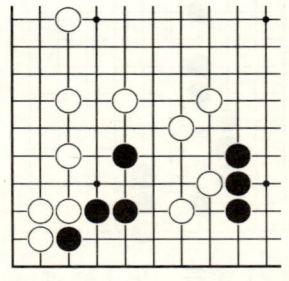

问题 22 黑先，左右黑棋能连为一体吗？

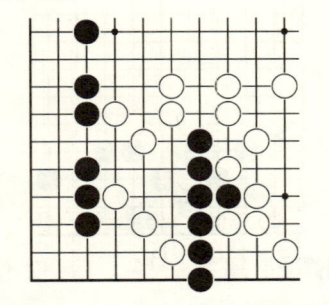

问题 23 黑先，左右黑棋能连为一体吗？

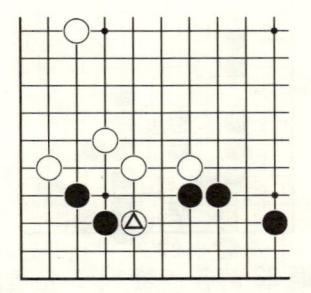

问题 24 黑先，白刚下了△子靠下，左右黑棋还能连为一体吗？

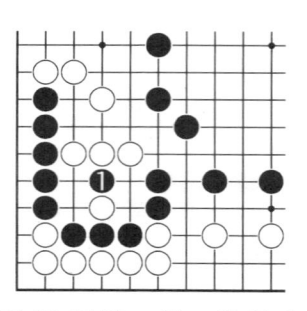

问题 19 解答 黑 1 挖是左右联络的妙手。

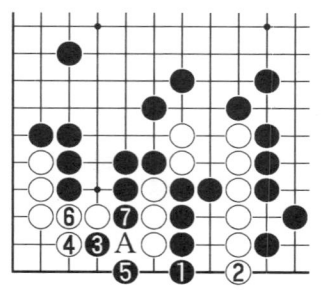

问题 20 解答 白 4 若下 A 位，则黑下 4 位，白也不行。

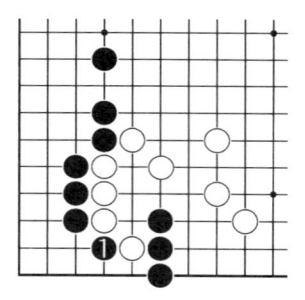

问题 21 解答 黑 1 挤过。

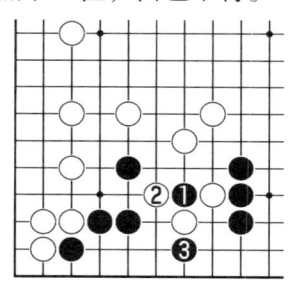

问题 22 解答 黑 1 先送一子，然后黑 3 托过。

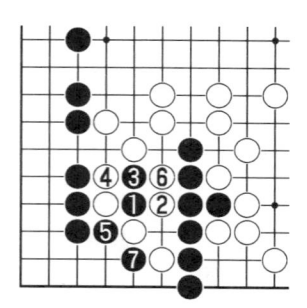

问题 23 解答 黑 1、3 先送两子，然后黑 7 挤过。

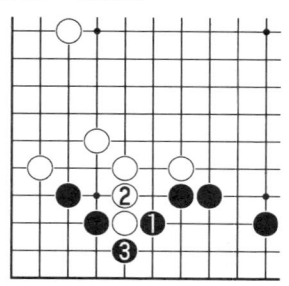

问题 24 解答 黑 1 后，2 位和 3 位黑必得其一。

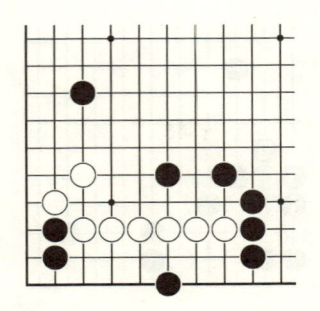

第二部分 手 筋

问题 25 黑先,左右黑棋如何确保联络?

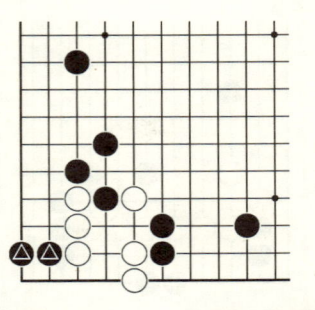

问题 26 黑先,能救出黑⚫二子吗?

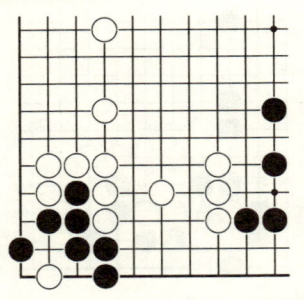

问题 27 黑先,左下角黑棋能活出吗?

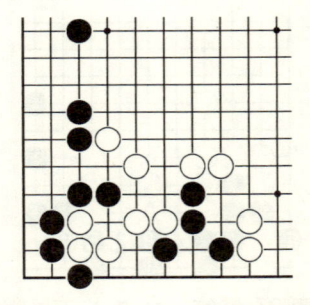

问题 28 黑先,左右黑棋能连为一体吗?

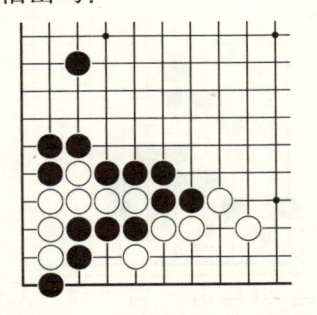

问题 29 黑先,能在对杀中获胜吗?

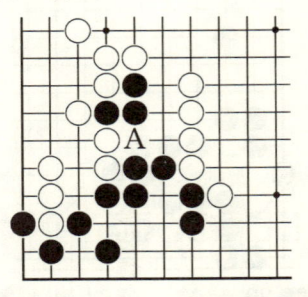

问题 30 黑先,能先手补去A位断点吗?

87

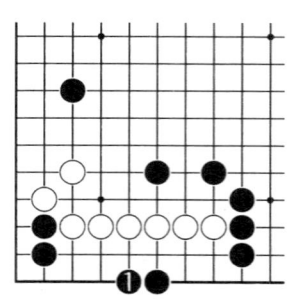

问题 25 解答 黑 1 是确保联络的唯一一点。

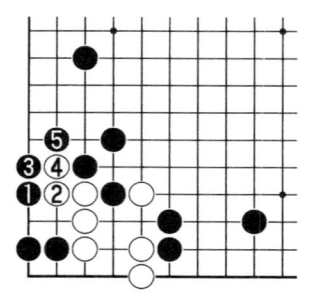

问题 26 解答 白 2 若下 4 位，则黑下 5 位。

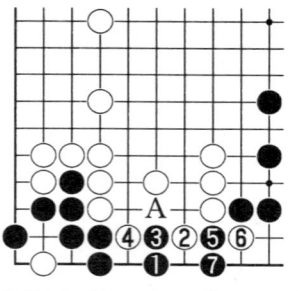

问题 27 解答 白 2 若下 5 位，则黑下 A 位可做活。

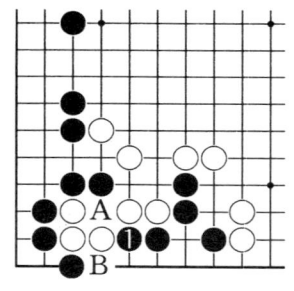

问题 28 解答 黑 1 后，A 位和 B 位黑必得其一。

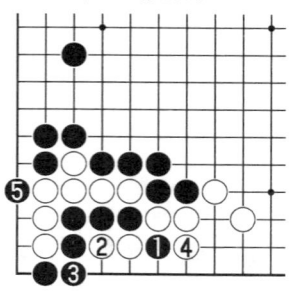

问题 29 解答 通过黑 1 断，黑可长一气杀白。

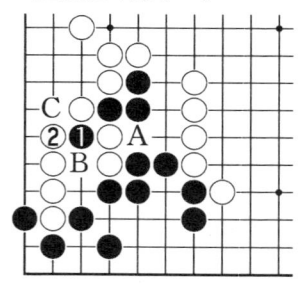

问题 30 解答 白 2 后，A 位断点已不用补。白 2 若下 B 位，则黑 A 位连是先手，以下有 C 位打的手段。

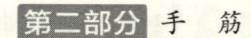

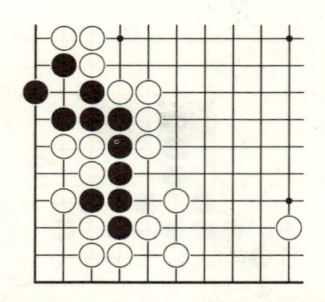

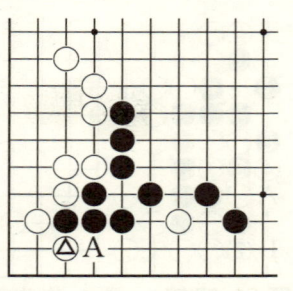

问题 31 黑先，黑大块棋还有救吗？

问题 32 黑先，白△扳，接着有 A 位爬的便宜。黑若 A 位挡，又怕白脱先不应。黑怎么办？

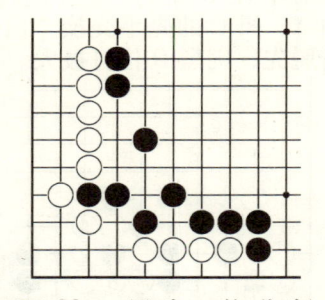

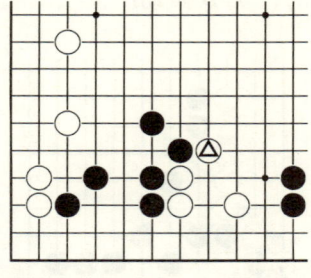

问题 33 黑先，能分断白棋吗？

问题 34 黑先，白△扳，黑怎么应？

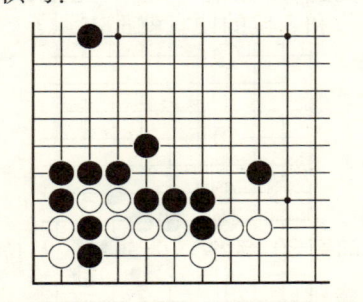

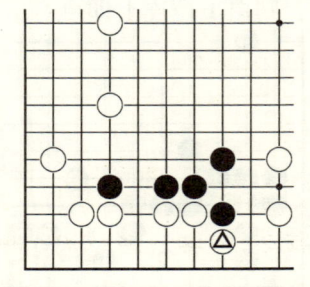

问题 35 黑先，黑有便宜占吗？

问题 36 黑先，白△扳，黑怎么应？

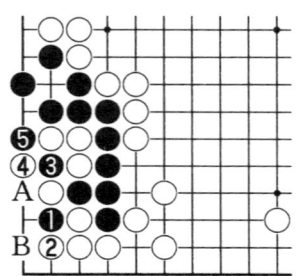

问题 31 解答　黑 1 若先在 3 位扑，白可下 5 位立，黑失败。现黑 1 先断，白 2 若下 3 位，黑可 A 位扳，白再 2 位打时，黑 B 做劫。

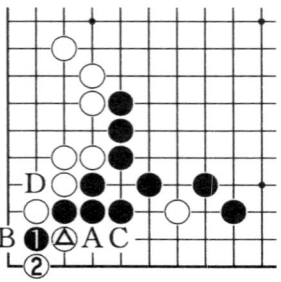

问题 32 解答　白 2 打吃，则黑 A 位打，接着白若脱先，黑 B 立下很大。白之所以 2 位打而不在 B 位打，是仍想做白 A、黑 C 的先手交换。白 2 若脱先，则黑 D 位打极大。

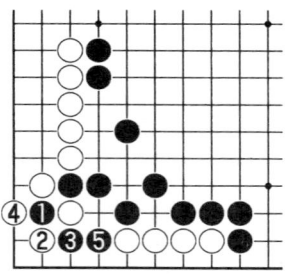

问题 33 解答　黑 1 若先下 3 位，则白 1 位连上即可。

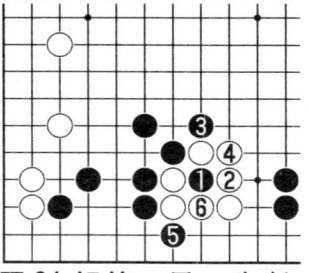

问题 34 解答　黑 1 先断，3 位和 5 位的便宜就都占到了。

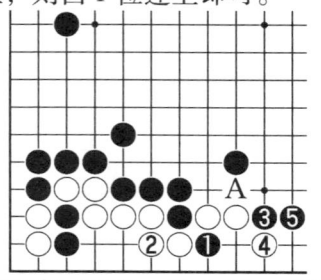

问题 35 解答　黑 1 断，得到了黑 3、5 的便宜，以后黑 A 仍是先手。

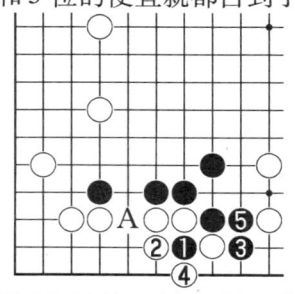

问题 36 解答　黑 1 断，为防黑 A 打，白 2 只得如此。

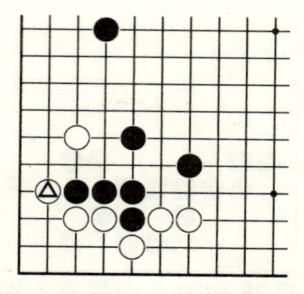

第二部分 手　筋

问题 37　黑先，白△扳，黑怎么应？

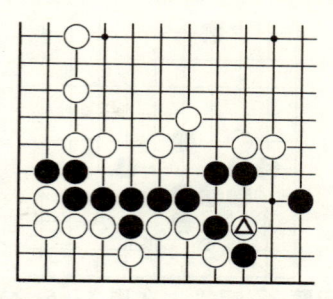

问题 38　黑先，白△打，黑怎么应？

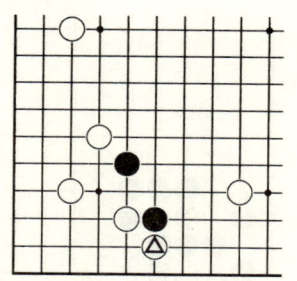

问题 39　黑先，白△扳，黑怎么应？

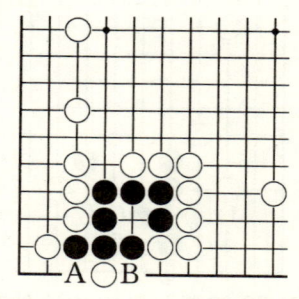

问题 40　黑先，黑 A 则白 B，黑 B 则白 A，黑怎么办？

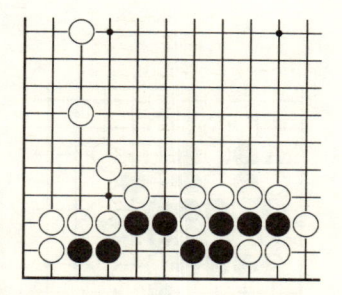

问题 41　黑先，如何做活？

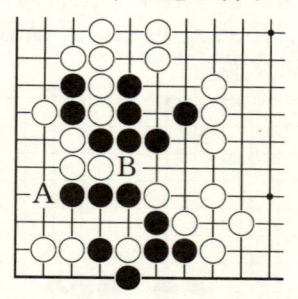

问题 42　黑先，如何既占到 A 位又不被白 B 位冲断？

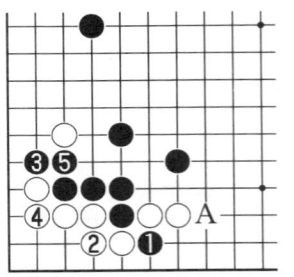

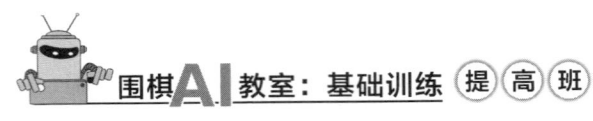

问题 37 解答　在黑 3、5 之前先做黑 1 与白 2 的交换，使以后有 A 位顶的便宜。

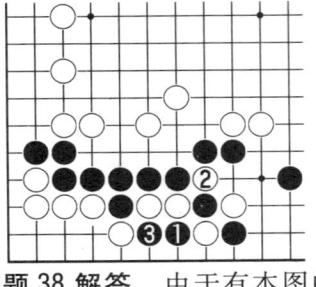

问题 38 解答　由于有本图的手段，白 2 只好在 3 位接。

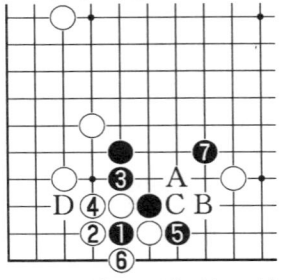

问题 39 解答　黑轻快地处理。黑 7 若下 A 位，白 B 位刺，黑重。白 4 若下 6 位，则黑 4 位打后再 C 位长，可瞄着 D 位的余味。

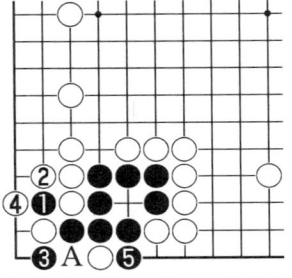

问题 40 解答　黑 1 若先下 3 位，则白在 A 位扑，黑不活。

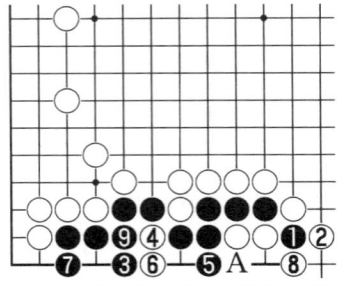

问题 41 解答　黑 1 断，利用以后白 A 位不入气做活。

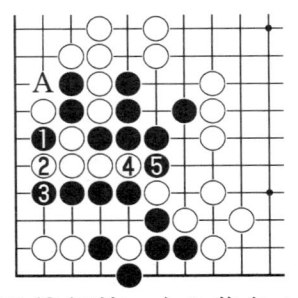

问题 42 解答　白 2 若在 A 位提，则黑下 2 位。

第二部分 手 筋

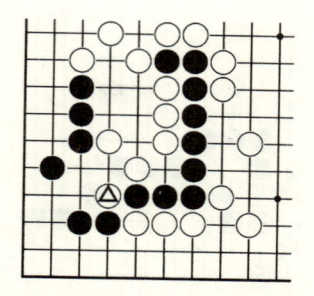

问题 43 黑先，白△断，黑怎么办？

问题 44 黑先，白△打，黑有手段吗？

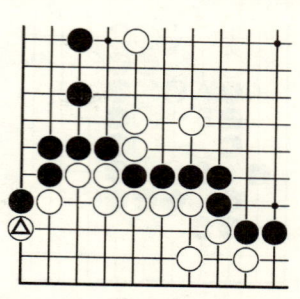

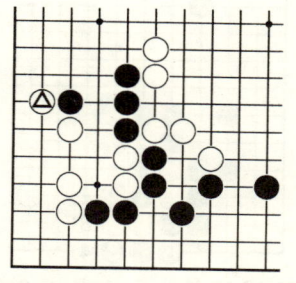

问题 45 黑先，白△扳，黑怎么下？

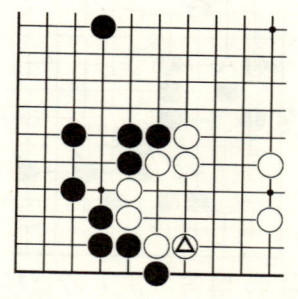

问题 46 黑先，白△退，黑如何收官？

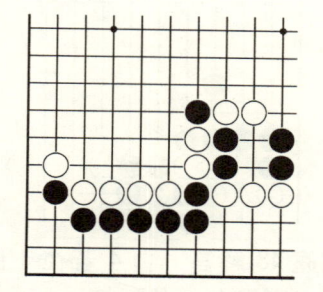

问题 47 黑先，黑有手段吗？

问题 48 黑先，黑有手段吗？

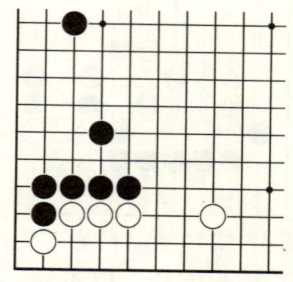

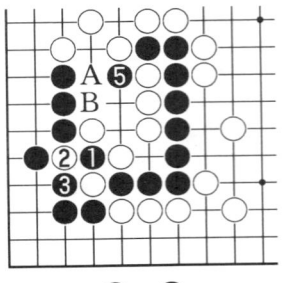

④=❶

问题43解答 至黑5断，以下白A、黑B，白五子已接不归。

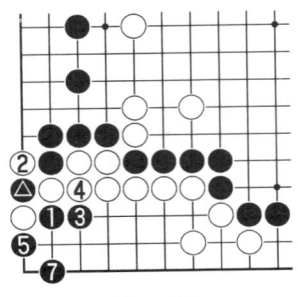

⑥=△

问题44解答 至黑7，黑在角里活出一块。

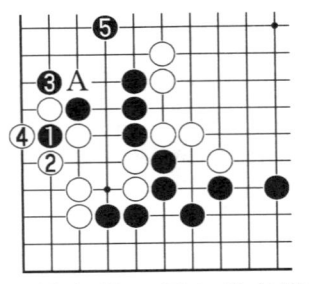

问题45解答 黑1若直接下3位，则白在A位打，黑不好。请自己检验一下。

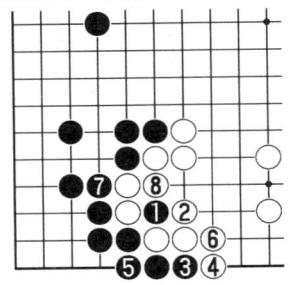

问题46解答 白2若下8位，则黑有6位顶的官子便宜。

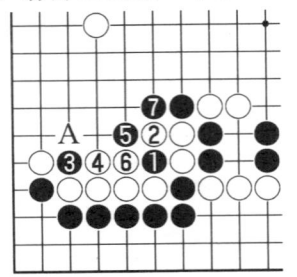

问题47解答 白6若下7位，则黑在A位长，白不行。请自己验证一下。

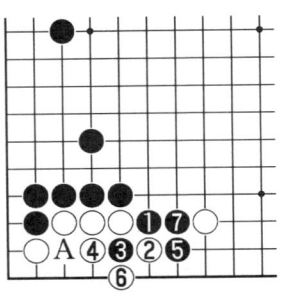

问题48解答 白4若在7位打，则黑在A位反打。

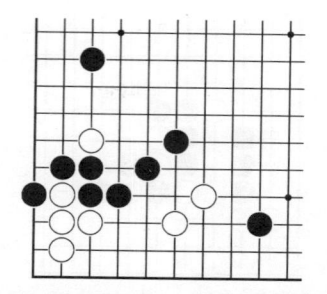

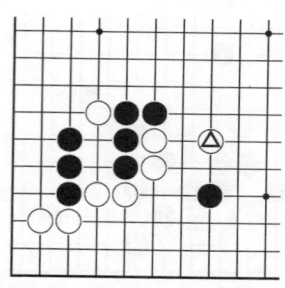

问题49 黑先,黑有手段吗?

问题50 黑先,白△跳,黑有手段吗?

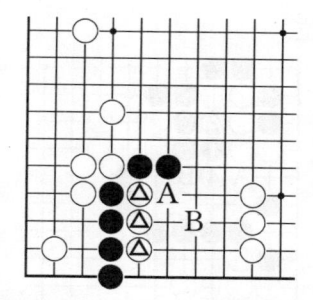

问题51 黑先,要想吃住白△三子,下A位或B位都不行。黑有好办法吗?

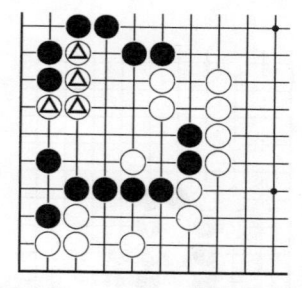

问题52 黑先,能分断白△四子吗?

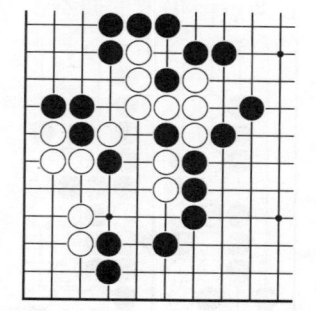

问题53 黑先,能将两块白棋分断吗?

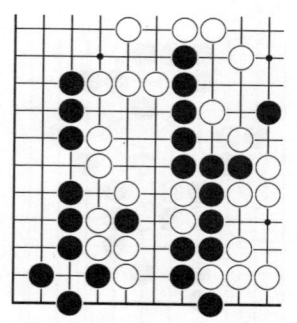

问题54 黑先,能将白棋分断吗?

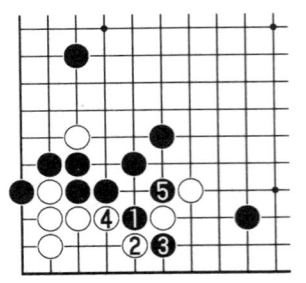

问题 49 解答 此劫白极重，黑相对轻多了。

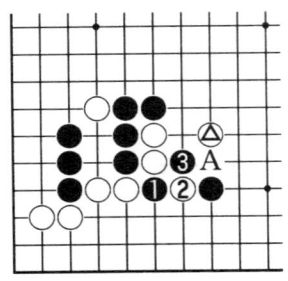

问题 50 解答 鉴于有黑 1、3 的手段，当初白△子应下在 A 位。

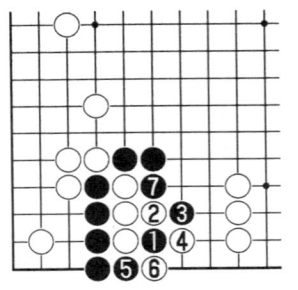

问题 51 解答 黑 1 是关键。

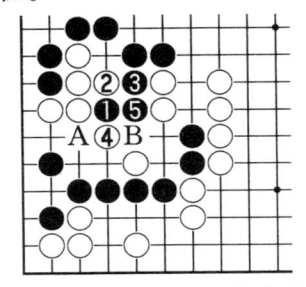

问题 52 解答 白 2 若直接在 4 位扳，则黑下 2 位，之后 A、B 两点白仍不能两全。

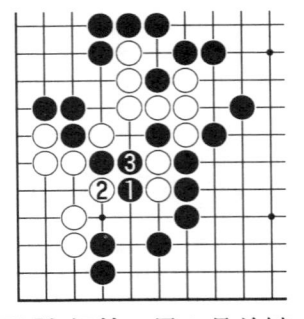

问题 53 解答 黑 1 是关键。

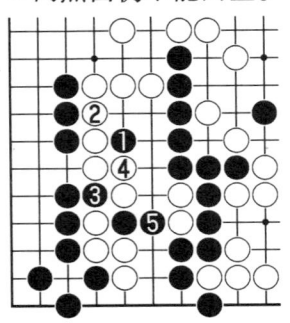

问题 54 解答 黑 1 是关键。

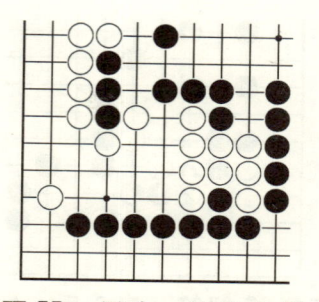

第二部分 手 筋

问题 55 黑先，能将白棋分断吗？

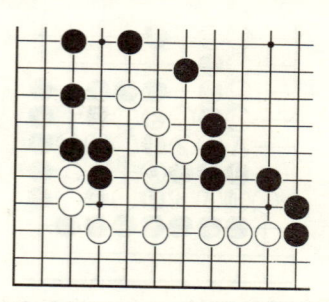

问题 56 黑先，能将白棋分断吗？

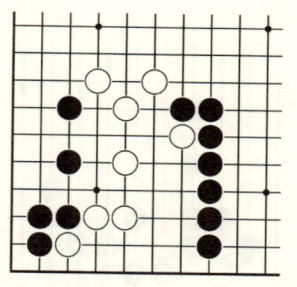

问题 57 黑先，能将白棋分断吗？

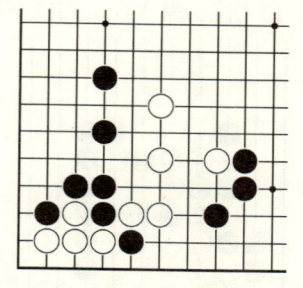

问题 58 黑先，能将白棋分断吗？

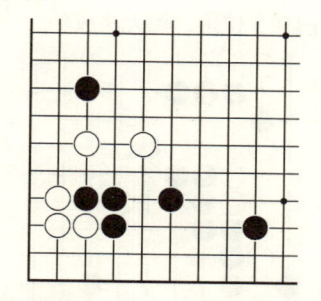

问题 59 黑先，能将白棋分断吗？

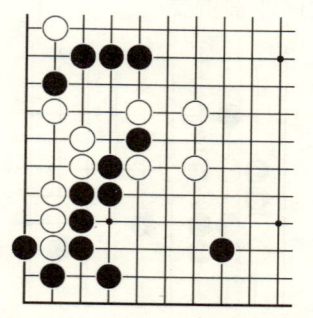

问题 60 黑先，能将白棋分断吗？

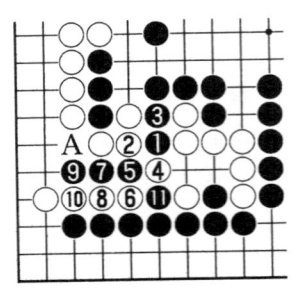

问题 55 解答　白2若下3位，则黑2位断，以下白5位、黑7位、白4位、黑A位，白也不行。

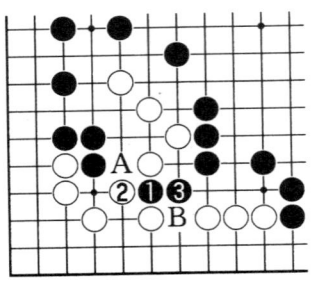

问题 56 解答　黑3后，A位和B位黑必得其一。

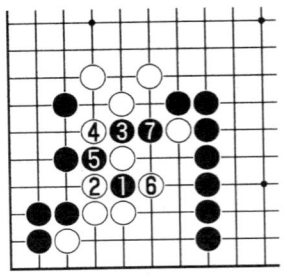

问题 57 解答　黑行棋的先后次序非常重要。

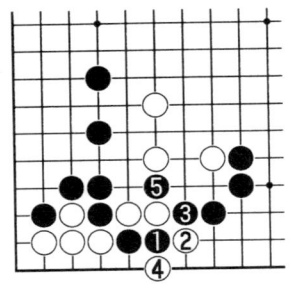

问题 58 解答　黑1若先下5位，则白在3位顶，黑无法成功。

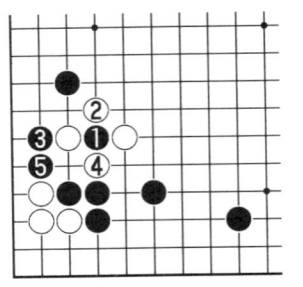

问题 59 解答　黑1或黑3若下5位，白可下3位。

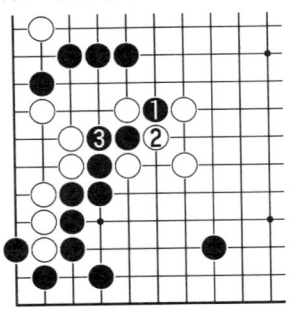

问题 60 解答　黑1妙！白已无计可施。

第二部分 手 筋

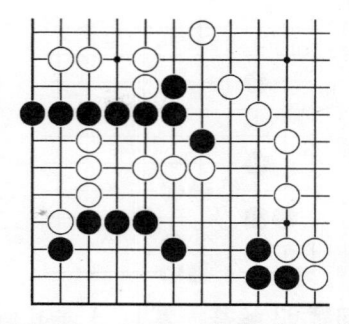

问题 61 黑先，能将白棋分断吗？

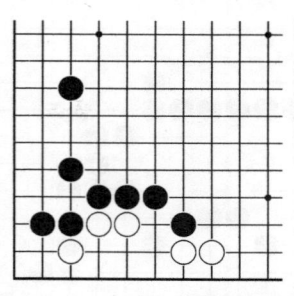

问题 62 黑先，能将白棋分断吗？

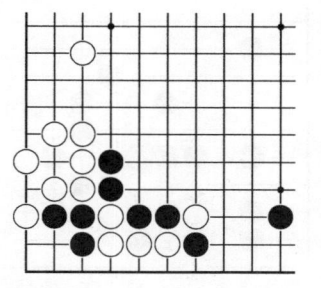

问题 63 黑先，能在对杀中获胜吗？

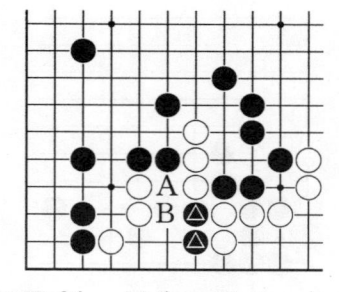

问题 64 黑先，黑A、白B显然不行，那么还能救出黑▲两子吗？

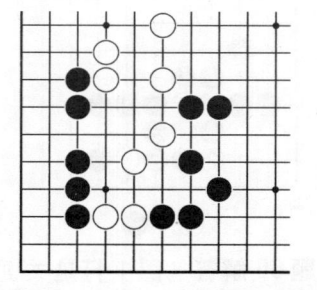

问题 65 黑先，能将白棋分断吗？

问题 66 黑先，黑有手段吗？

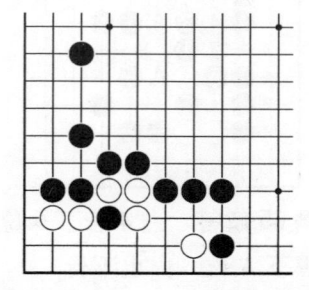

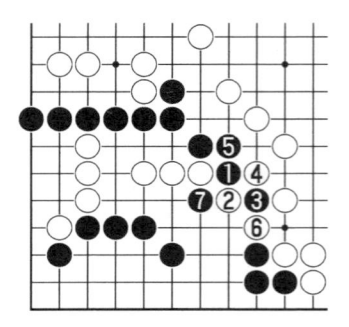

问题 61 解答　黑 1、3 连扳是关键。

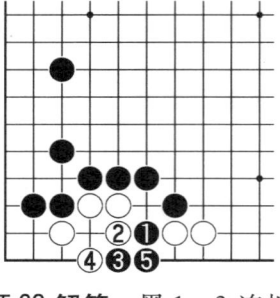

问题 62 解答　黑 1、3 连扳是关键。

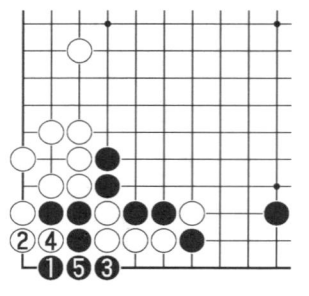

问题 63 解答　黑 1 是关键。

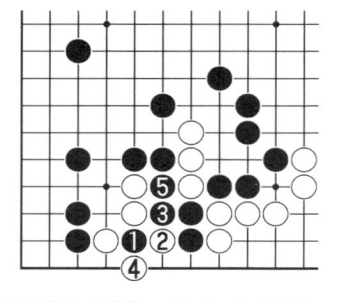

问题 64 解答　黑 1 是关键。

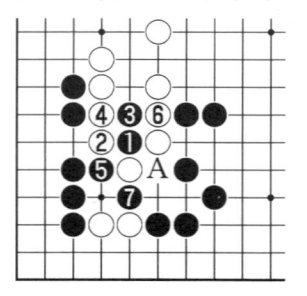

问题 65 解答　白 4 若下 6 位，则黑下 A 位，白也不行。

④ = ▲

问题 66 解答　黑 1 打是关键。

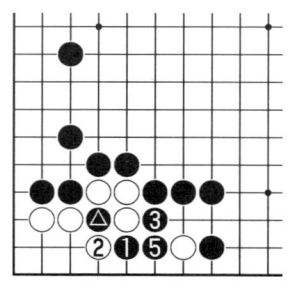

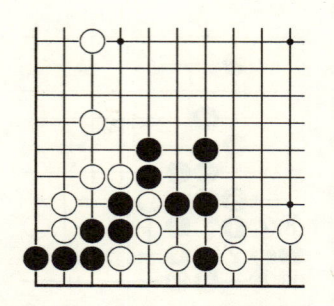

问题 67 黑先,能救出角上黑子吗?

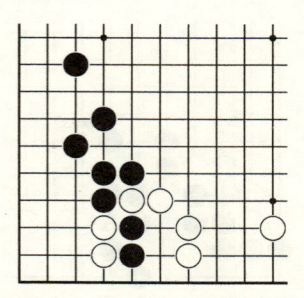

问题 68 黑先,能在对杀中获胜吗?

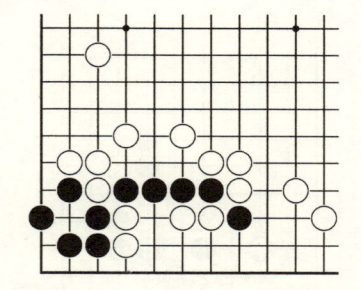

问题 69 黑先,能在对杀中获胜。

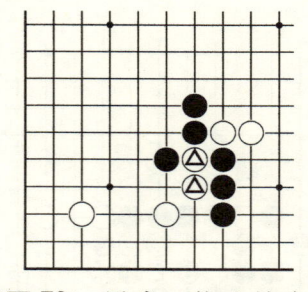

问题 70 黑先,能吃掉白△二子吗?

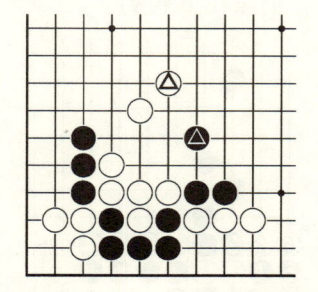

问题 71 黑先,黑△跳时,白居然下△位尖,黑有手段吗?

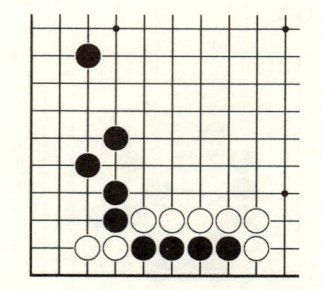

问题 72 黑先,能在对杀中获胜吗?

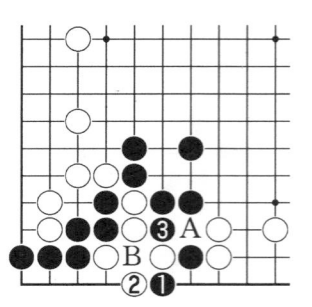

问题 67 解答　白 2 若下 A 位，则黑 B 位扑，黑角也死不了。

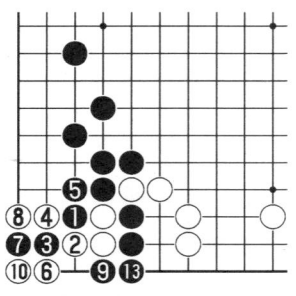

⑪ = ❸　⑫ = ❼

问题 68 解答　原来，黑可快一气杀白。

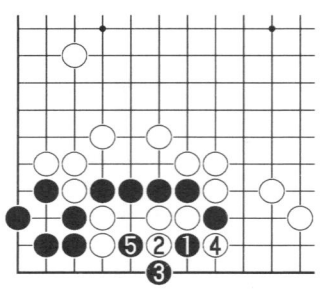

问题 69 解答　黑 1、3 连续空扳妙极！

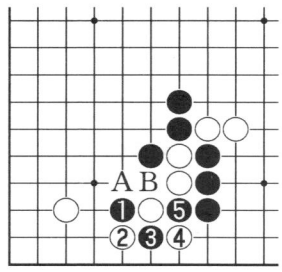

问题 70 解答　白 4 若在 A 位打，则黑在 B 位打。

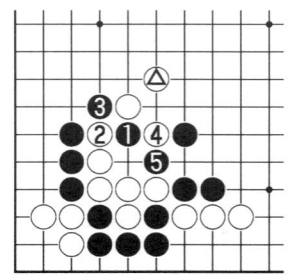

问题 71 解答　看来白△这个子并没发挥作用。

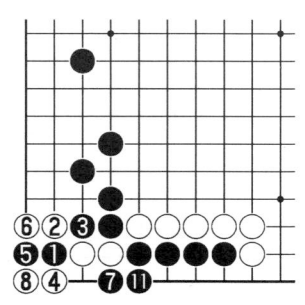

⑨ = ❶　⑩ = ❺

问题 72 解答　角里成了吃"大头鬼"。

第二部分 手 筋

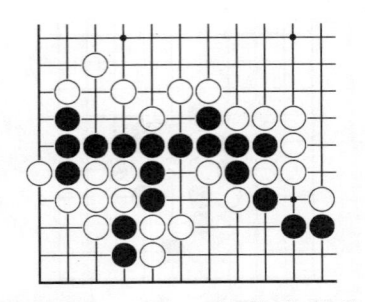

问题 73　黑先,能救出大块黑棋吗?

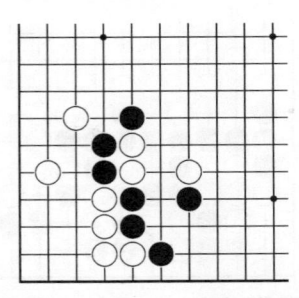

问题 74　黑先,能将黑棋连为一体吗?

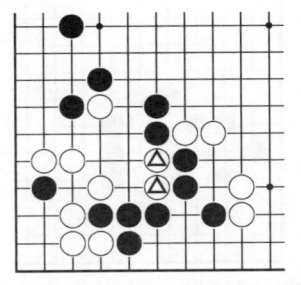

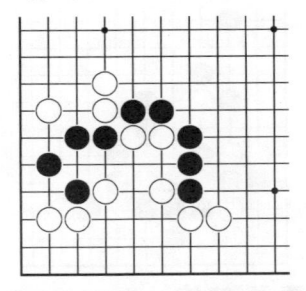

问题 75　黑先,能吃住白△二子吗?

问题 76　黑先,能将黑棋连为一体吗?

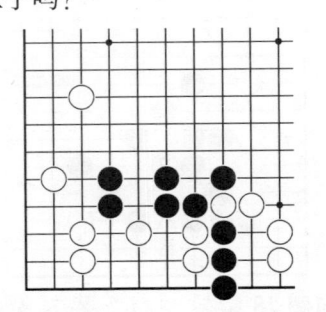

问题 77　黑先,能将黑棋连为一体吗?

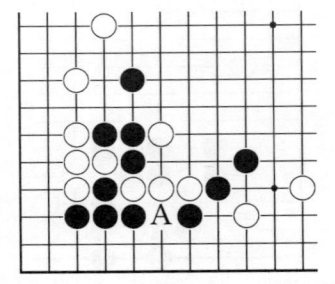

问题 78　黑先,黑该不该在A位接一手?

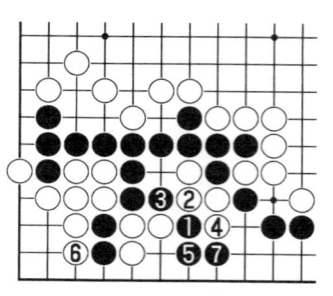

问题 73 解答 看来角里黑的两个死子还有利用价值。

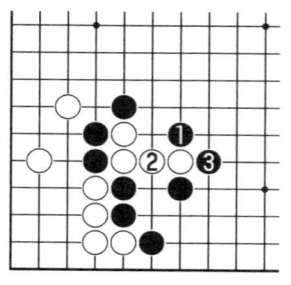

问题 74 解答 黑 1 后，2 位和 3 位黑必得其一。

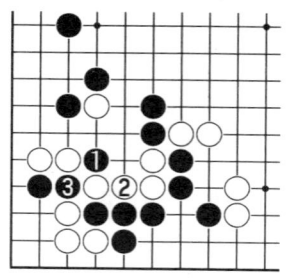

问题 75 解答 黑 1 后，2 位和 3 位黑必得其一。

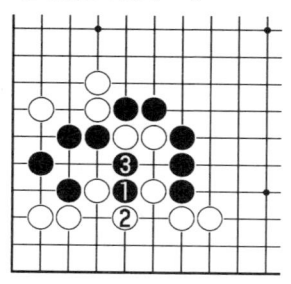

问题 76 解答 若白 2 下 3 位，黑下 2 位，白损失更大。

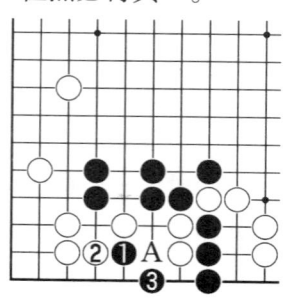

问题 77 解答 白 2 若下 A 位，黑也是下 3 位。

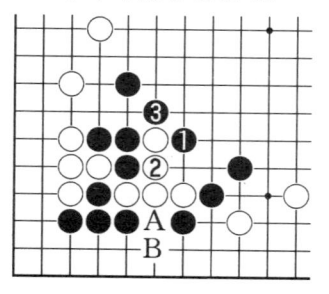

问题 78 解答 白 2 若下 A 位冲，黑当然 B 位挡，以下变化较复杂，但结果是白全死。请自己仔细摆一摆。

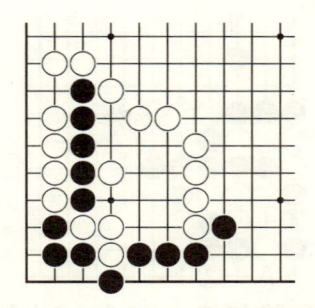

问题 79　黑先，能将黑棋连为一体吗？

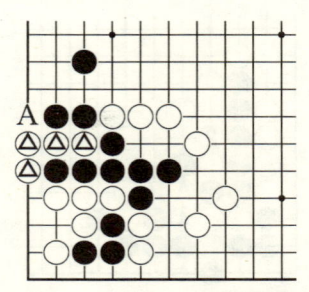

问题 80　黑先，能吃掉白△四子吗？在 A 位打吃显然不行。

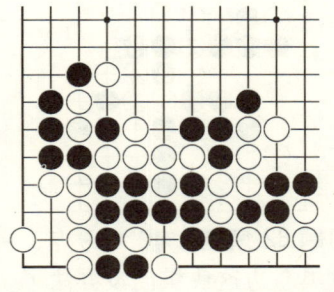

问题 81　黑先，下边这块黑棋还需要补一手吗？

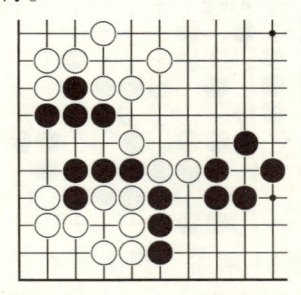

问题 82　黑先，能救出左边一块黑棋吗？

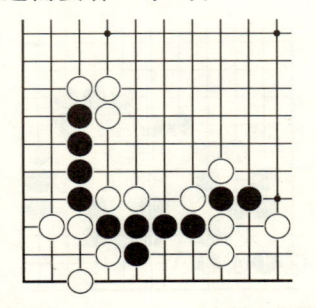

问题 83　黑先，能将左边和下边的黑棋连为一体吗？

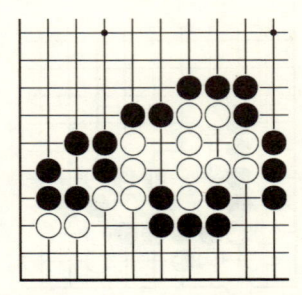

问题 84　黑先，能吃住大块白棋吗？

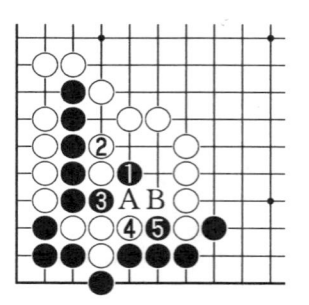

问题 79 解答 白 2 若下 A 位，则黑下 B 位，白也不行。

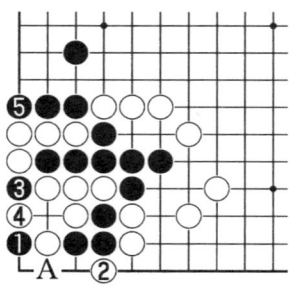

问题 80 解答 白 2 若在 3 位接，则黑在 A 位打，白 4 位打劫。

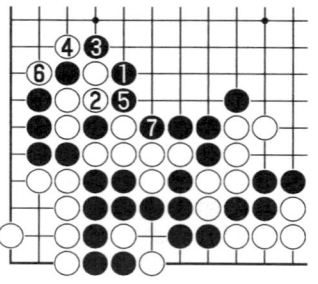

问题 81 解答 黑 1 若在 2 位提，则中腹一块白棋可安然逃出，下边这块黑棋就非补一手不可了。

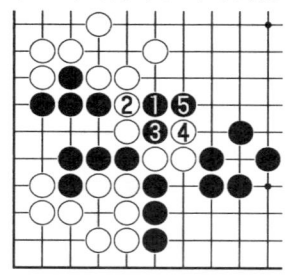

问题 82 解答 黑 1 透点，白拿黑左边这块棋已没办法了。

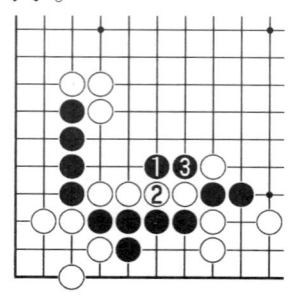

问题 83 解答 黑 1 后，2 位和 3 位黑必得其一。

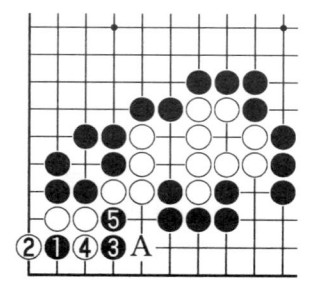

问题 84 解答 白 2 若下 4 位，则黑在 A 位尖。

第二部分 手 筋

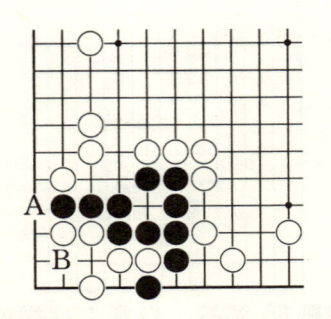

问题 85 黑先,好像 A、B 两点白必得其一,大块黑棋还有活路吗?

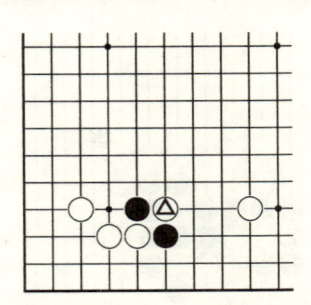

问题 86 黑先,白△断,黑怎么办?

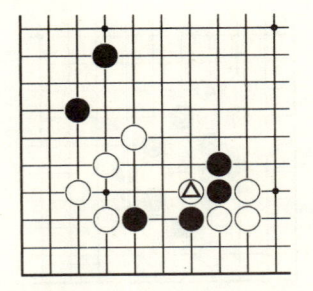

问题 87 黑先,白△断,黑怎么办?

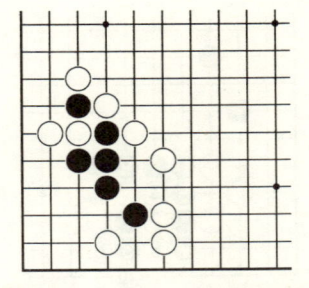

问题 88 黑先,这块黑棋还能冲出包围圈吗?

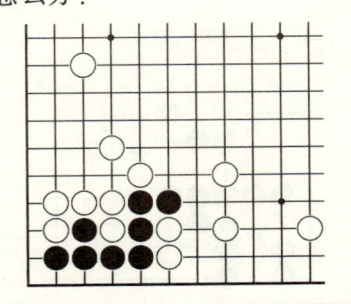

问题 89 黑先,角上黑棋还能冲出包围圈吗?

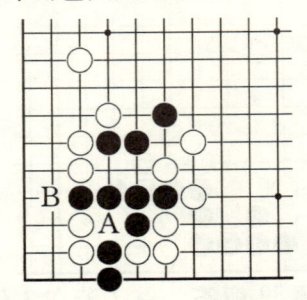

问题 90 黑先,好像 A、B 两点白必得其一,黑怎么办?

107

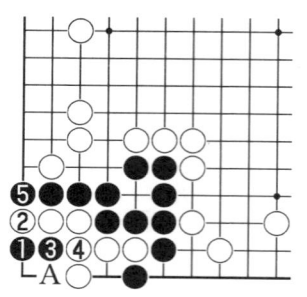

问题 85 解答 黑 3 后，4 位和 5 位黑必得其一。其中白 2 若下 5 位，则黑 2 位打后再下 A 位。

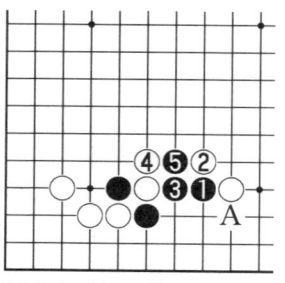

问题 86 解答 像黑 1 这样的靠，通常都是腾挪或治孤的好办法。其中白 2 若下 4 位，黑可考虑 A 位扳。

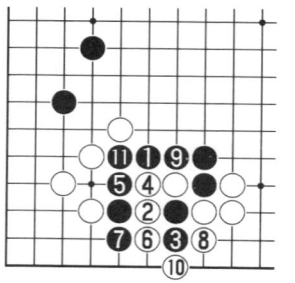

问题 87 解答 黑 1 后，黑 3 多弃一子是关键。

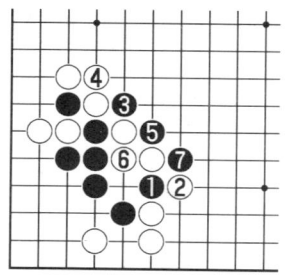

问题 88 解答 黑 5、7 时，你该看出当初黑 1 的作用了吧？

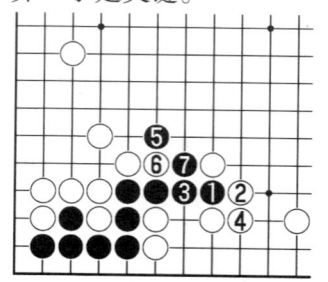

问题 89 解答 白 2 若在 3 位打，则黑 6 位冲。

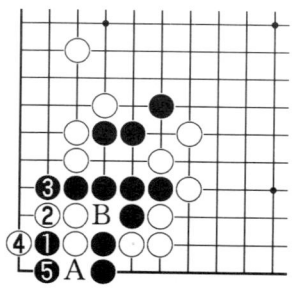

问题 90 解答 黑 1 巧渡危机。黑 5 后，白下 A 位或 B 位都不行。

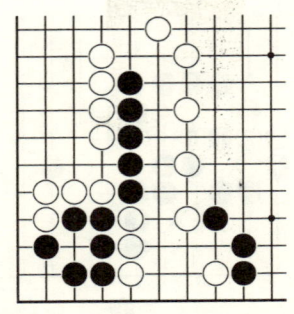

第二部分 手 筋

问题 91 黑先,能救出中间这串黑子吗?

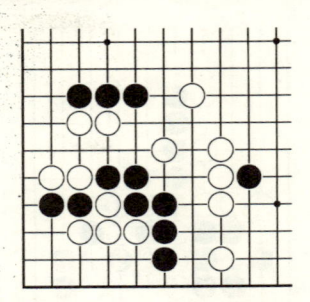

问题 92 黑先,上下黑棋能连为一体吗?

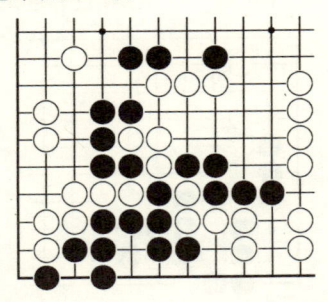

问题 93 黑先,中腹五个黑子能逃出去吗?

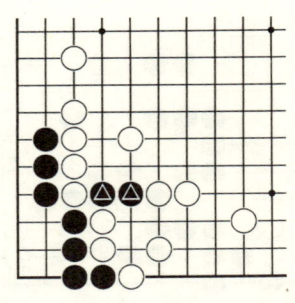

问题 94 黑先,能救出黑△二子吗?

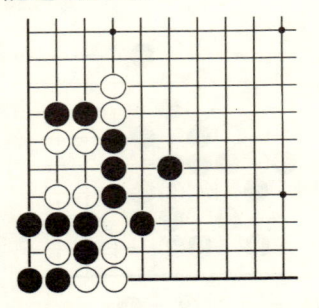

问题 95 黑先,应怎样寻求属于黑棋的战果?

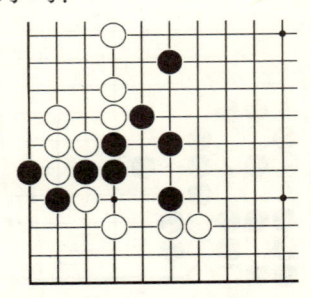

问题 96 黑先,应怎样寻求属于黑棋的战果?

109

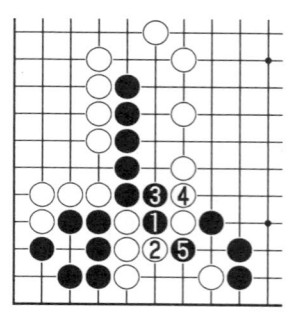

问题 91 解答 白 2 若下 3 位，则黑下 2 位吃白三子。

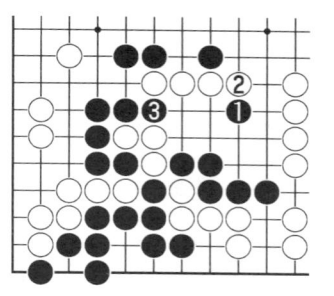

⑧ = ❶

问题 92 解答 看来白 4 只好 A 位打吃黑一子让黑上下连通。

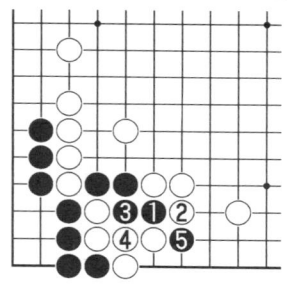

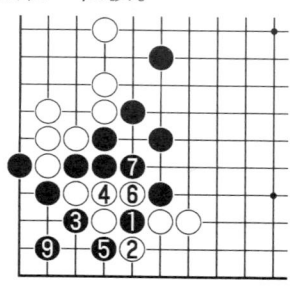

问题 93 解答 白 2 若下 3 位，则黑下 2 位，对杀白气不够。

问题 94 解答 白 2 若下 4 位，则黑在 5 位扳。

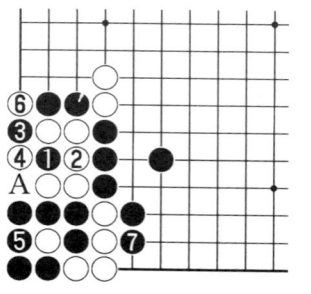

问题 95 解答 白 2 若下 A 位，则黑下 2 位吃白二子。

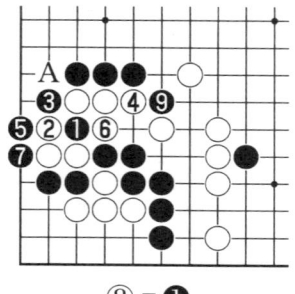

⑧ = ❶

问题 96 解答 至黑 9，黑在狭小的角部出了棋。

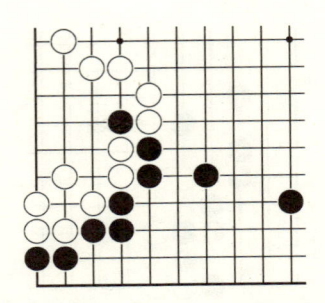

第二部分 手 筋

问题 97 黑先，黑还有手段吗？

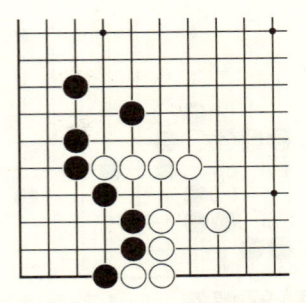

问题 98 黑先，黑应怎样在角上补棋？

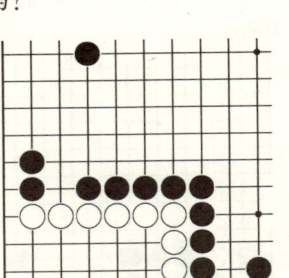

问题 99 黑先，黑应怎样收官？

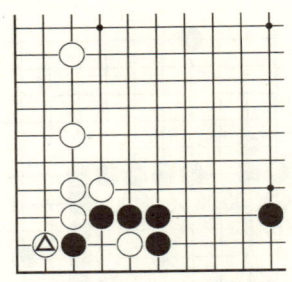

问题 100 黑先，白△扳，黑怎么应？

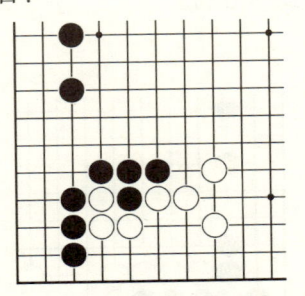

问题 101 黑先，黑应怎样收官？

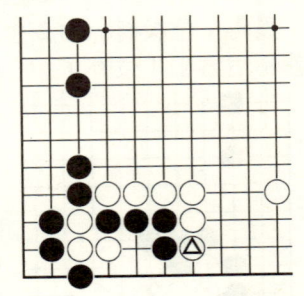

问题 102 黑先，白△挡，黑应怎么下？

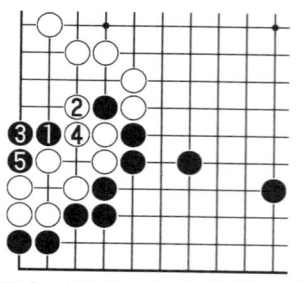

问题 97 解答 白4若下5位，则黑在4位打，白损失更大。

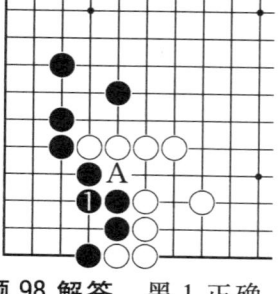

问题 98 解答 黑1正确，以后即使白占A位，角上也不用再补棋。

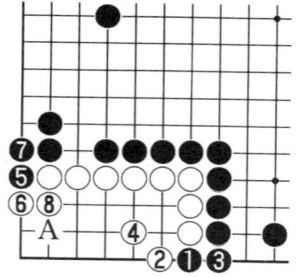

问题 99 解答 黑若先在5位扳，白6位打后可在A位虎补，黑再1位扳时，白2位打后就不用再于4位补了。

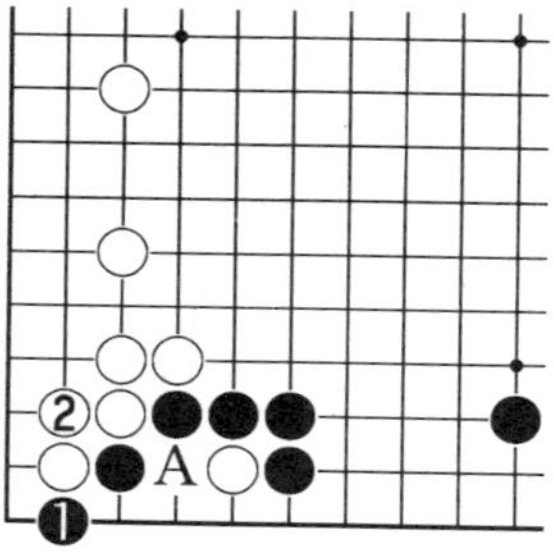

问题 100 解答 黑1可先手补A位的毛病。

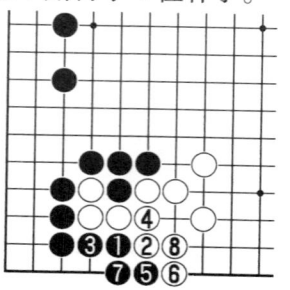

问题 101 解答 黑1在3位拐或5位大飞都损2目。

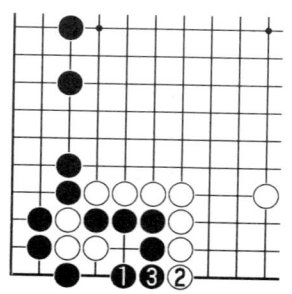

问题 102 解答 黑1最大限度地围空。

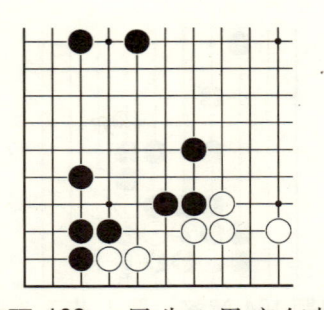

问题 103 黑先,黑应怎样收官?

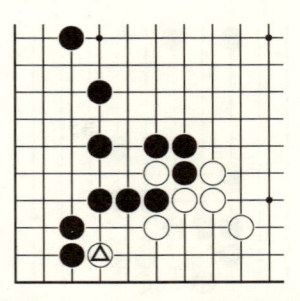

问题 104 黑先,应如何吃掉白△子?

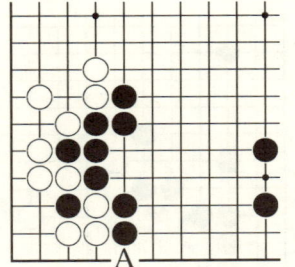

问题 105 黑先,白在 A 位扳是先手,如何阻止白棋的先手?

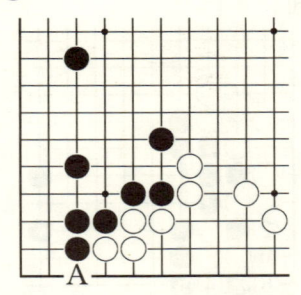

问题 106 黑先,白在 A 位扳是先手,如何逆收这个官子?

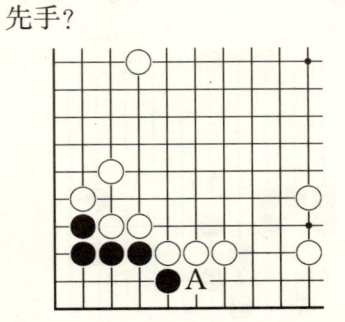

问题 107 黑先,白在 A 位挡是先手,黑怎样先在这里下手?

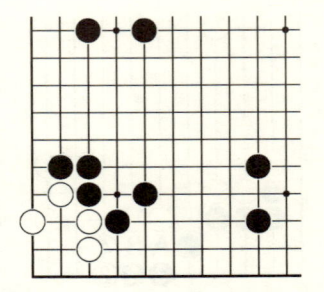

问题 108 黑先,黑应怎样收官?

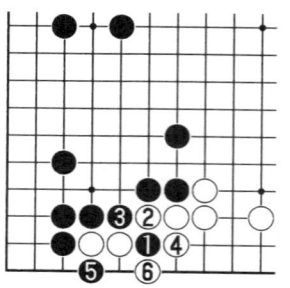

问题 103 解答 黑干净利落地剥夺了白在一路先手扳粘的权利。

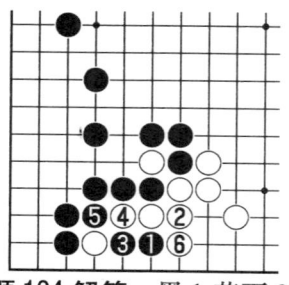

问题 104 解答 黑1若下3位就错了。

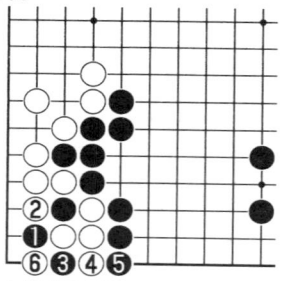

问题 105 解答 黑1、3、5是先手。

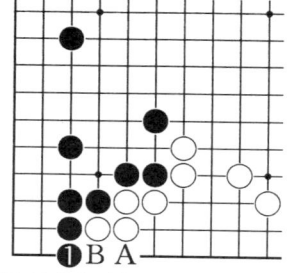

问题 106 解答 黑1空立，以后下A位时，白不敢在B位阻断。黑1若在B位扳，这个后续手段自然就不存在了。

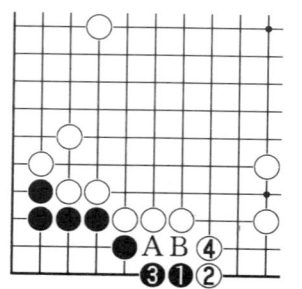

问题 107 解答 黑1下A位，白B位挡，那样下与本图比损2目。

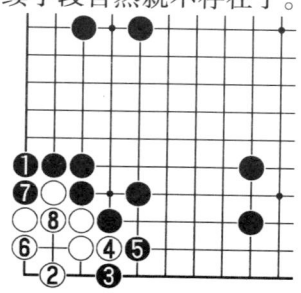

问题 108 解答 黑1或黑3在4位挡，都给白留下了以后在3位的先手扳。

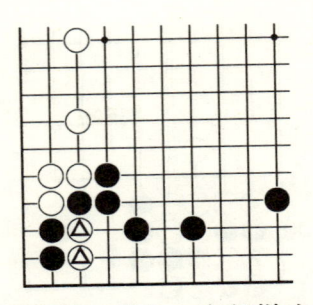

第二部分 手 筋

问题 109 黑先,应怎样吃住白△二子?

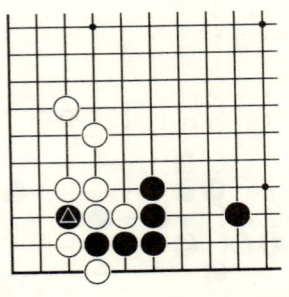

问题 110 黑先,应怎样借用黑❶一子?

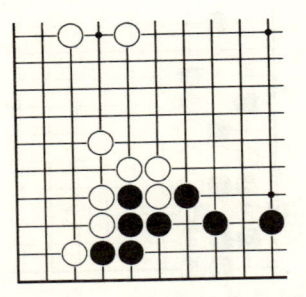

问题 111 黑先,黑应怎样收官?

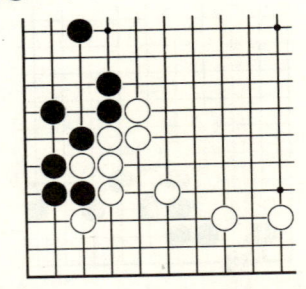

问题 112 黑先,黑应怎样收官?

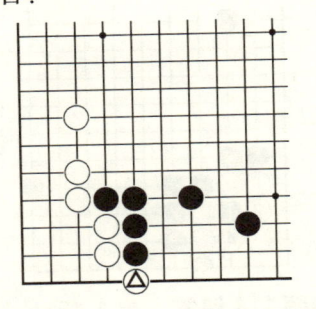

问题 113 黑先,白△扳,黑怎么应?

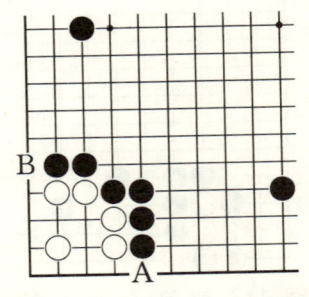

问题 114 黑先,A、B 都是白的先手,黑能阻止吗?

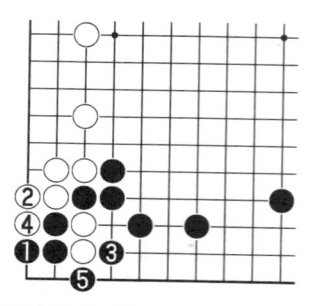

问题 109 解答　1 位是要点。

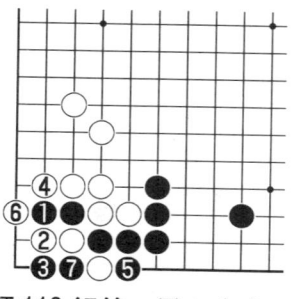

问题 110 解答　黑 1 多弃一子是关键。

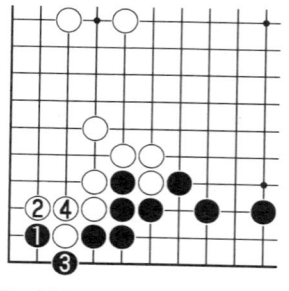

问题 111 解答　黑 1 夹是常法。

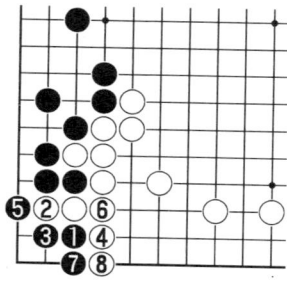

问题 112 解答　黑 3 后，5 位和 6 位黑必得其一。

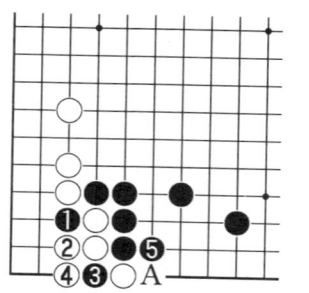

问题 113 解答　黑 1 断、3 扑、5 退是正确次序，白已无法在 A 位行棋，而且早晚要在角上自补一手。

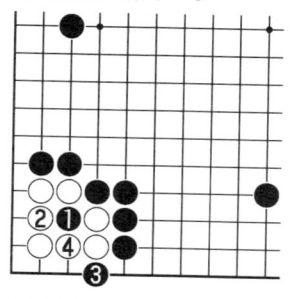

问题 114 解答　黑 1 断妙，使黑总能在一路先手打到一处。

第二部分 手 筋

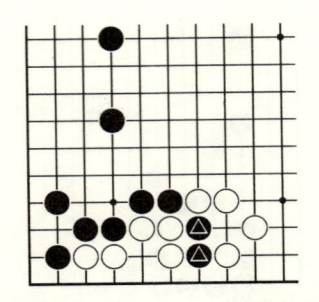

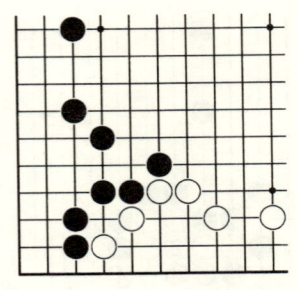

问题 115 黑先,怎样利用黑▲二子?

问题 116 黑先,黑应怎样收官。

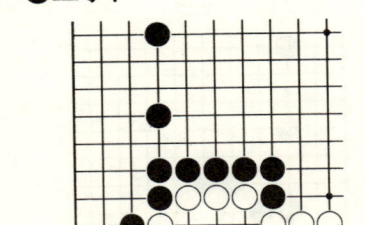

问题 117 黑先,黑应怎样收官?

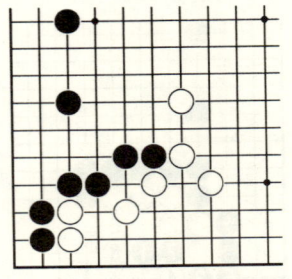

问题 118 黑先,黑应怎样收官?

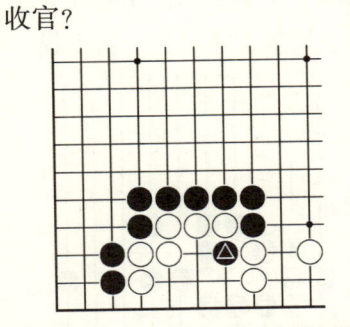

问题 119 黑先,怎样利用黑▲一子?

问题 120 黑先,怎样利用黑▲一子?

117

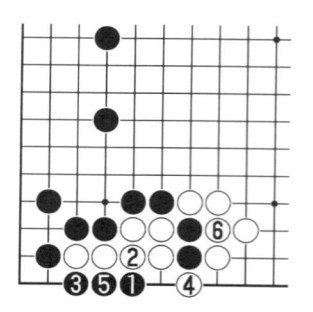

问题 115 解答　黑 1 若在 3 位扳，则白下 1 位。

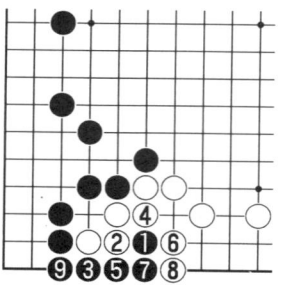

问题 116 解答　黑 1 若为争先手，可改在 3 位扳。

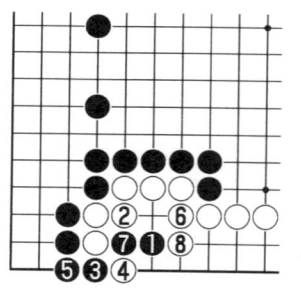

问题 117 解答　白 6 若在 7 位接，则黑在 6 位断，白大损。

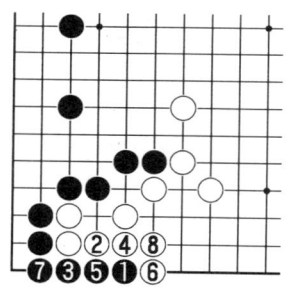

问题 118 解答　白 4 若在 5 位断，则黑在 4 位打，白大损。

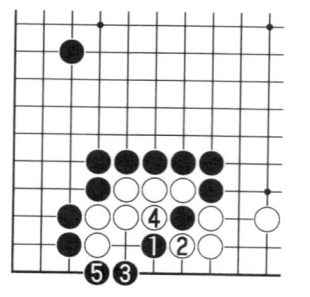

问题 119 解答　黑 3 不可在 5 位扳。

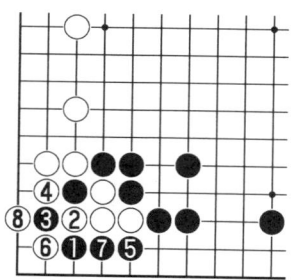

问题 120 解答　白 6 改在 7 位冲，白可争得先手，但白实地损。

第二部分 手 筋

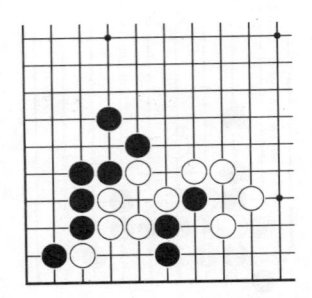

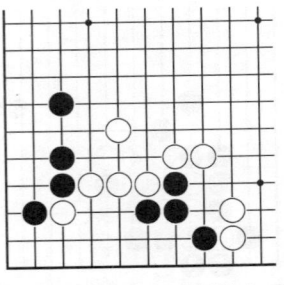

问题121 黑先，黑棋左右能连为一体吗？

问题122 黑先，黑棋左右能连为一体吗？

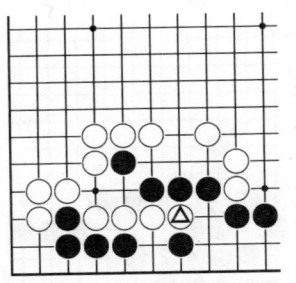

问题123 黑先，白△冲，黑怎么办？

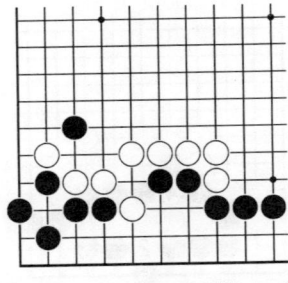

问题124 黑先，黑棋左右能连为一体吗？

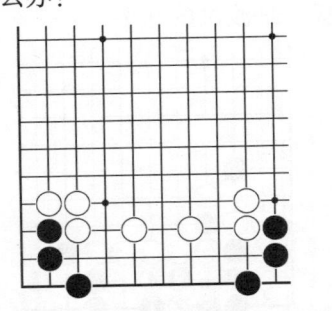

问题125 黑先，黑棋左右能连为一体吗？

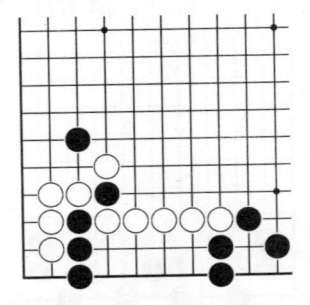

问题126 黑先，黑棋左右能连为一体吗？

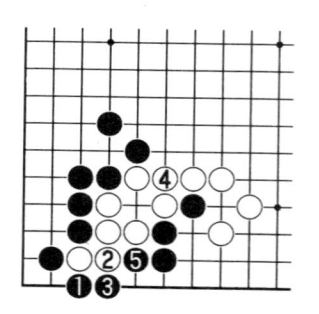

问题 121 解答　黑 1 从一路打是关键。

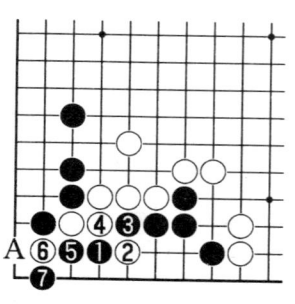

问题 122 解答　黑 7 可千万不能在 A 位打。

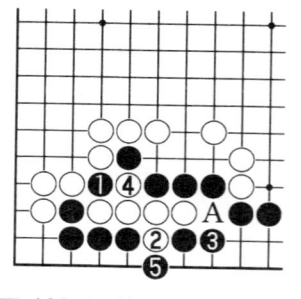

问题 123 解答　黑 1 在 A 位挡，则白 2 位冲，黑不行。

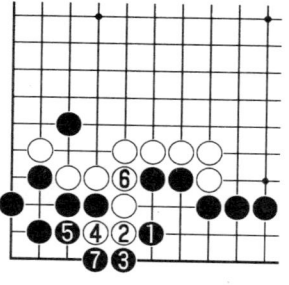

问题 124 解答　黑 1 跳后黑 3 扳，是渡过的好手。

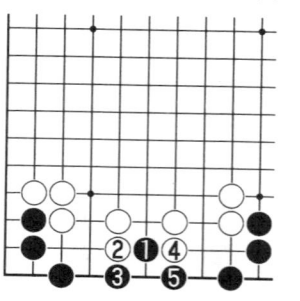

问题 125 解答　黑 1 高一路在二路大飞，可确保联络。

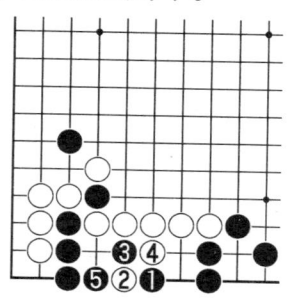

问题 126 解答　黑 1 若下 2 位，则白在 1 位搭。

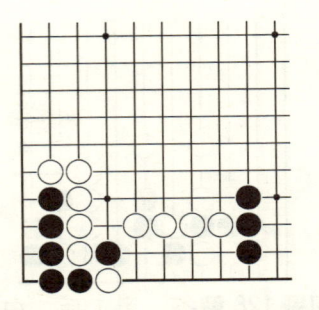

问题127 黑先，黑棋左右能连为一体吗？

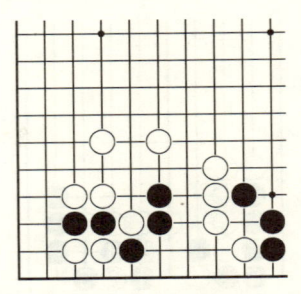

问题128 黑先，黑棋左右能连为一体吗？

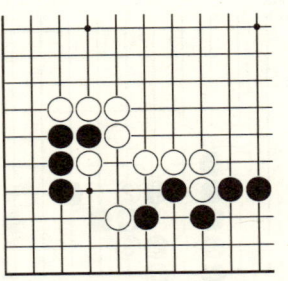

问题129 黑先，黑棋左右能连为一体吗？

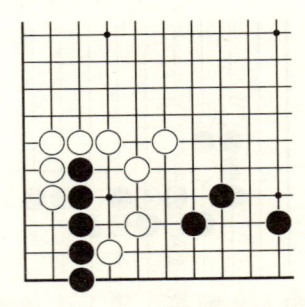

问题130 黑先，黑棋左右能连为一体吗？

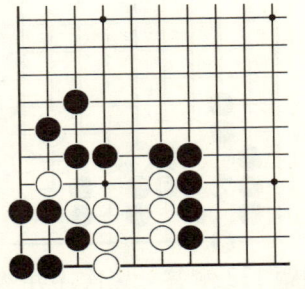

问题131 黑先，如何既确保上下黑棋的联络，又不给白任何可乘之机？

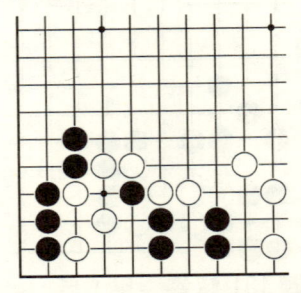

问题132 黑先，黑棋左右能连为一体吗？

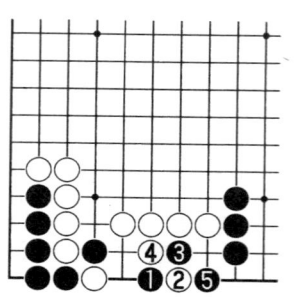

问题 127 解答 黑 1 在 2 位飞不行。

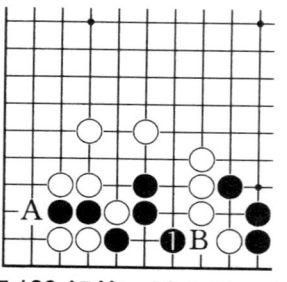

问题 128 解答 黑 1 后,白总要在 A 位提,故黑得以 B 位挤过。

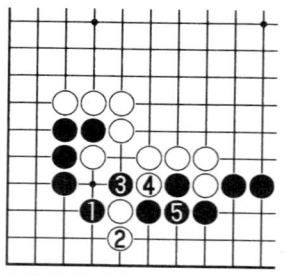

问题 129 解答 黑 1 尖顶后,2 位和 3 位黑必得其一。

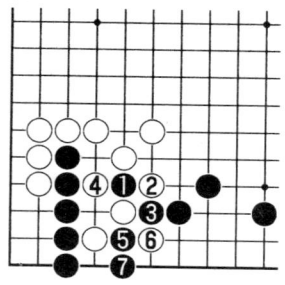

问题 130 解答 黑 1、3、5 次序井然。

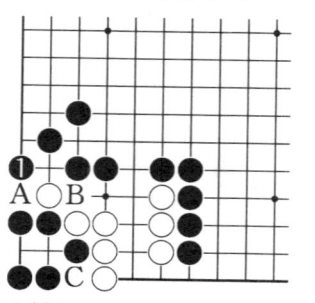

问题 131 解答 黑 1 后,A、B 两点黑必得其一。黑 1 若下 A 位,则白下 1 位,接着黑 B 位打时,白 C 位打,白棋可活。

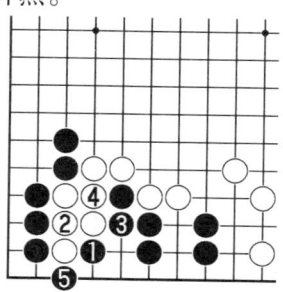

问题 132 解答 黑次序井然。

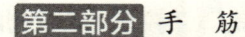

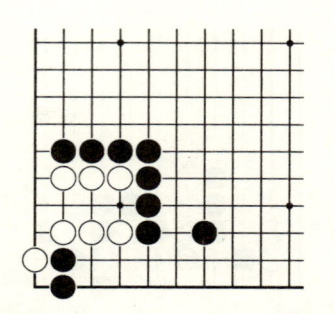

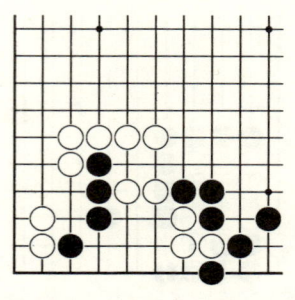

问题 133 黑先,能连回角里黑二子吗?

问题 134 黑先,黑棋左右能连为一体吗?

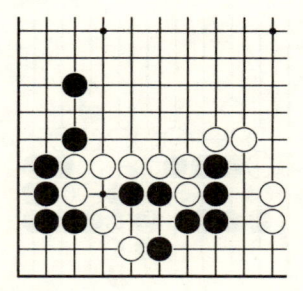

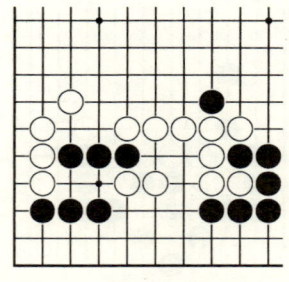

问题 135 黑先,黑棋左右能连为一体吗?

问题 136 黑先,黑棋左右能连为一体吗?

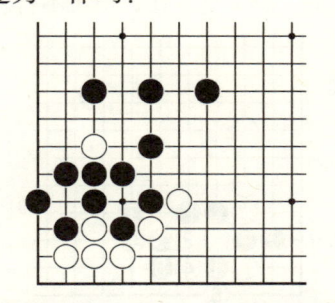

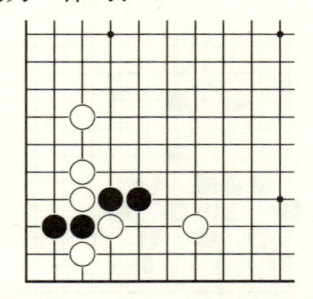

问题 137 黑先,黑棋应如何整形?

问题 138 黑先,黑棋应如何整形?

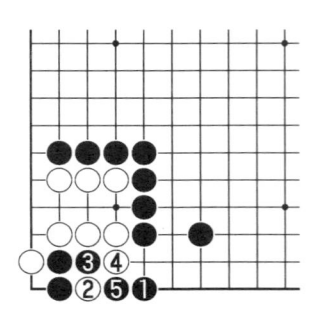

问题 133 解答　黑 1 不能下 5 位，道理请自己想一想。

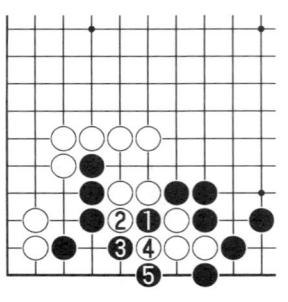

问题 134 解答　黑 1 弃一子甚妙。

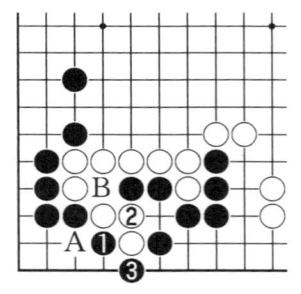

问题 135 解答　白 2 若下 A 位或 3 位，黑均 B 位打断。

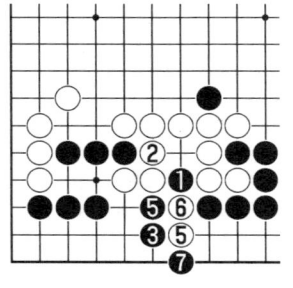

问题 136 解答　黑 1 妙，迫白 2 粘。黑 1 直接在 3 位飞不行。

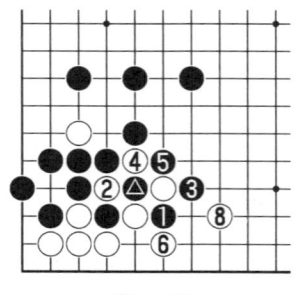

⑦ = △

问题 137 解答　黑 1 若在 2 位连，就太软弱了。

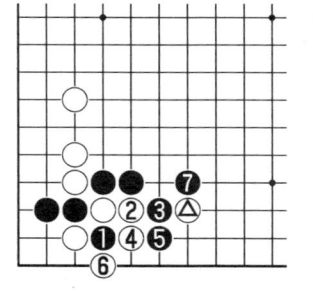

问题 138 解答　至黑 7，控制住白△一子，完全可以补偿角上的损失。

第二部分 手 筋

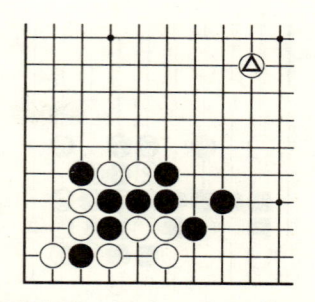

问题 139 黑先，由于△子的存在，黑无法征吃白二子。黑棋应如何整形？

问题 140 黑先，黑棋应如何整形？

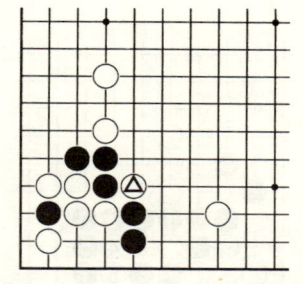

问题 141 黑先，白△断，黑怎么办？

问题 142 黑先，白△断，黑怎么办？

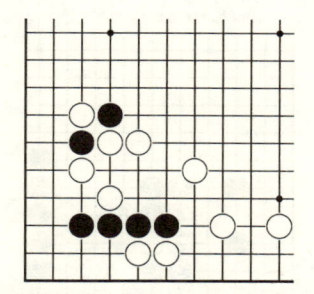

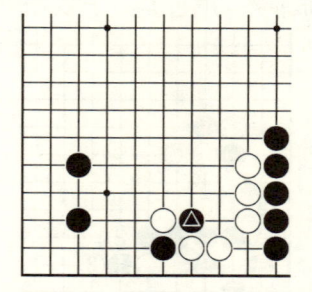

问题 143 黑先，黑棋如何做活？

问题 144 黑先，怎样处理黑△子并对白棋予以攻击？

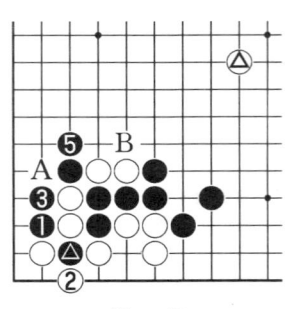

④ = ▲

问题 139 解答　白 2 若下 3 位，则黑 A 位打后可 B 位征吃白二子。

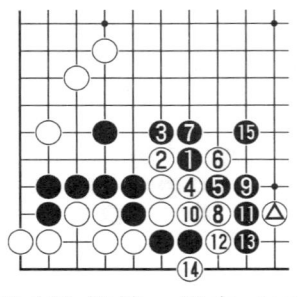

问题 140 解答　黑弃二子整形，构筑坚强外势，并使白△子的作用消失。

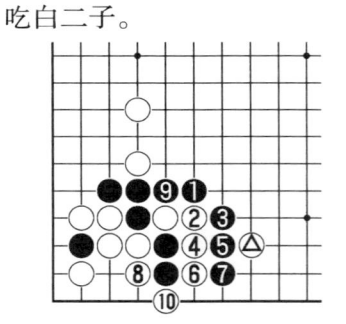

问题 141 解答　黑把自己的棋子连成厚势，并使白△一子形同虚设。

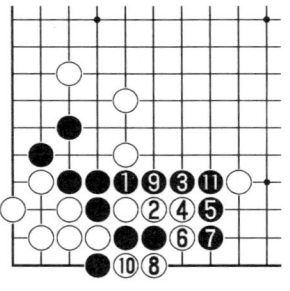

问题 142 解答　黑 3 要是下在 9 位，情况可就大不一样了。

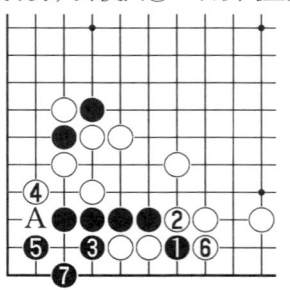

问题 143 解答　黑 5 可不能在 A 位挡。

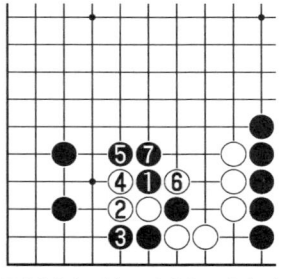

问题 144 解答　黑仍对白保持着攻击态势。

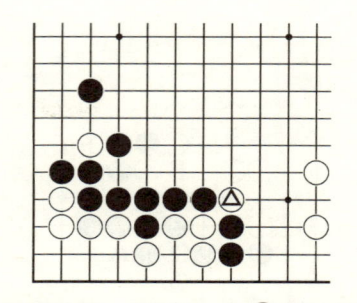

第二部分 手 筋

问题145 黑先，白⊙断，黑怎么办？

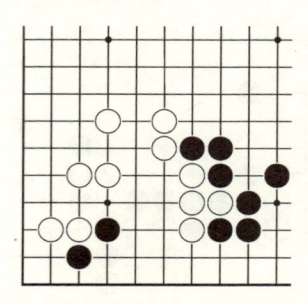

问题146 黑先，角里的两个黑子还有利用价值吗

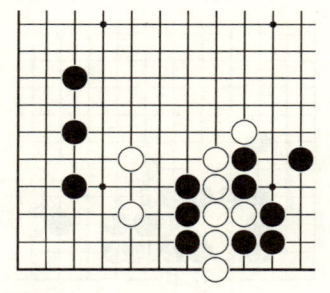

问题147 黑先，中间三个黑子怎样出逃？

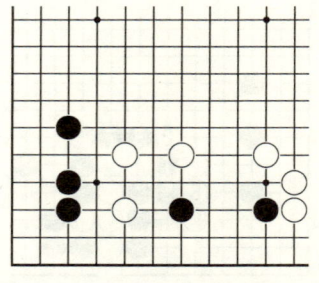

问题148 黑先，怎样处理白包围圈中的两个黑子？

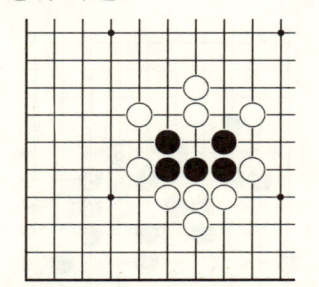

问题149 黑先，黑子怎样出逃？棋诀说："左右同形走中央。"

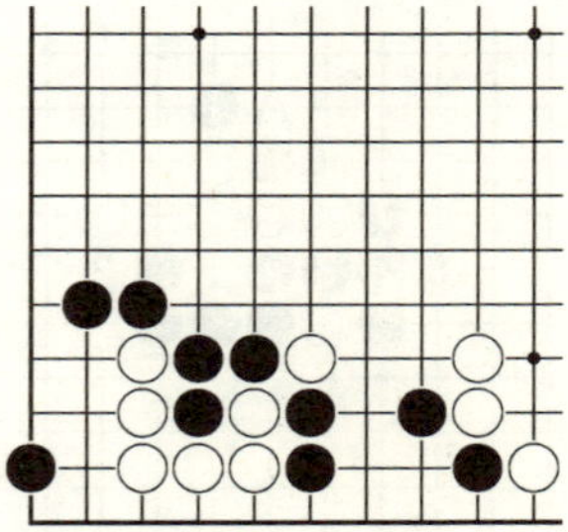

问题150 黑先，下边黑四子如何出逃？

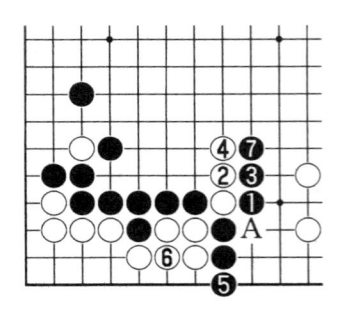

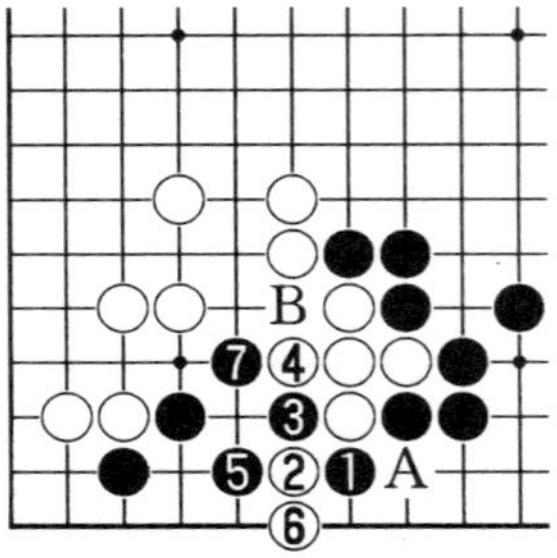

问题145解答　黑5后，瞄着在6位扑，先手补去了A位断点。

问题146解答　白4若在A位打，则黑在B位打，白不行。

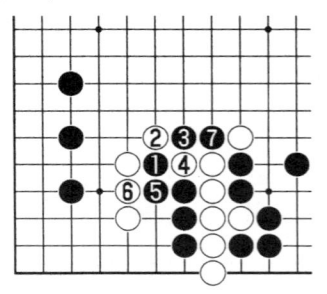

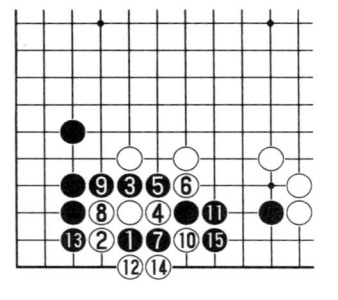

问题147解答　黑5后，6位和7位黑必得其一。

问题148解答　黑3不可在8位断。

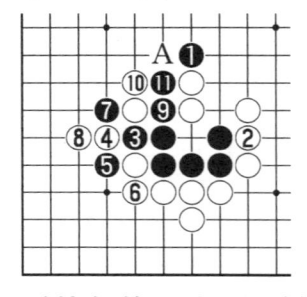

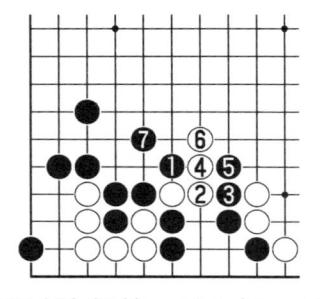

问题149解答　黑1是关键，白2选择一侧接。黑11后，白已不能在A位断。

问题150解答　黑1打、3冲是关键。

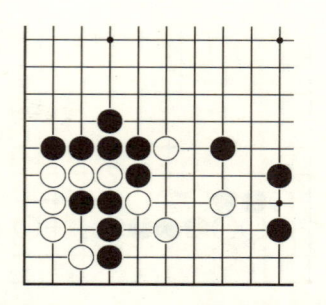

问题151 黑先,能逃出下边黑四子吗?

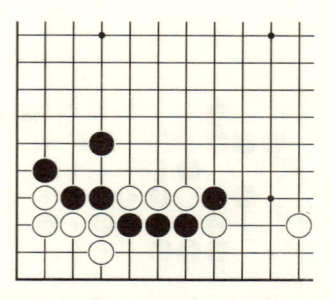

问题152 黑先,黑该怎么下?

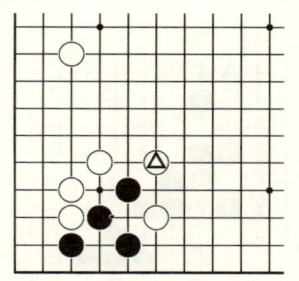

问题153 黑先,白△封,黑怎么办?

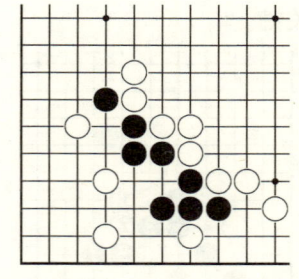

问题154 黑先,黑大龙如何冲出?

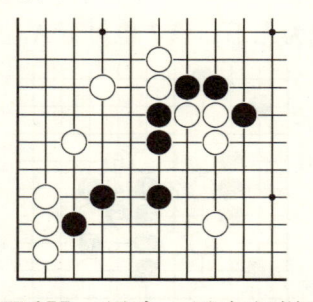

问题155 黑先,黑应怎样通过攻击来占便宜?

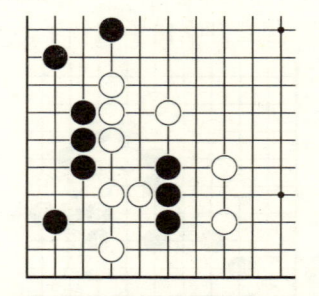

问题156 黑先,黑三子怎样出头为好?

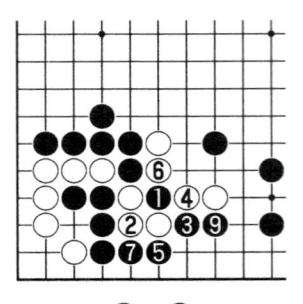

⑧=❶

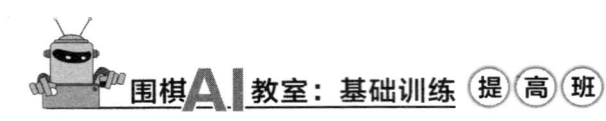

问题151解答 黑1打、3扳是关键。

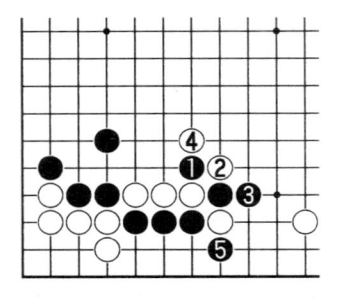

问题152解答 黑1迫白2打，黑5征吃白一子。

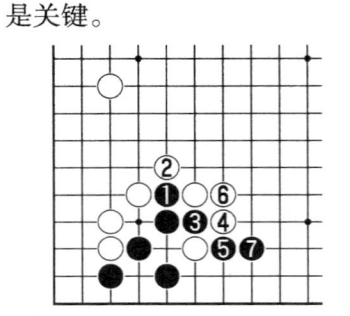

问题153解答 黑5空断是好棋，若去打吃白子就错了。

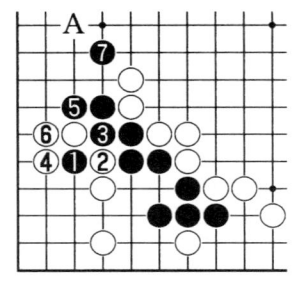

问题154解答 黑1、3使黑5成为先手，黑7也可下A位。

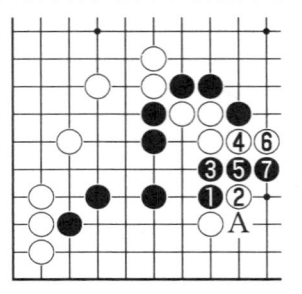

问题155解答 白2若下4位，则黑在A位扳住白一子。

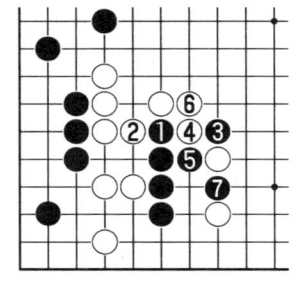

问题156解答 黑1在4位尖出显得愚笨。

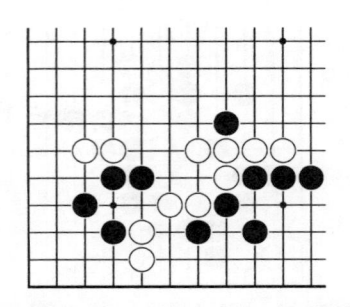

问题 157 黑先,角上的黑棋怎样出头?

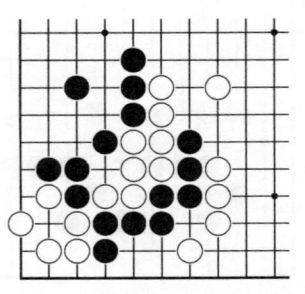

问题 158 黑先,黑大龙怎样出头?

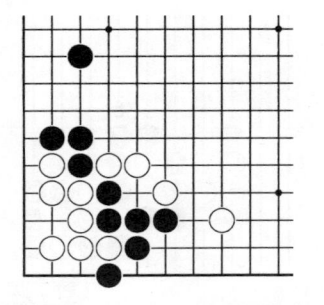

问题 159 黑先,怎样处理下边黑棋?

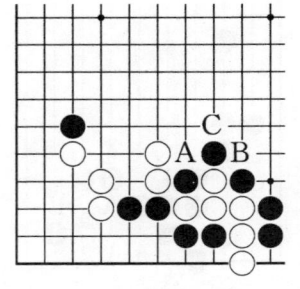

问题 160 黑先,黑若 A 位连一子,则白 B 位打后可 C 位征吃黑三子。黑怎么办?

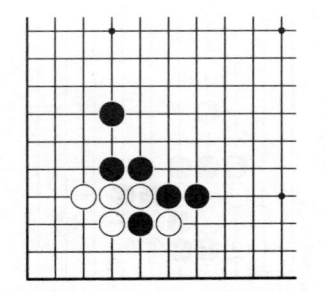

问题 161 黑先,下边被吃住的一个黑子还有利用价值吗?

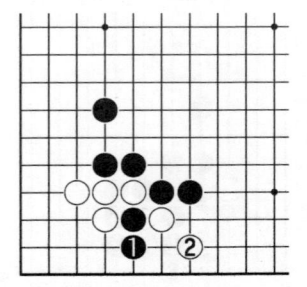

问题 162 黑先,黑 1、白 2 后,黑应怎么下?

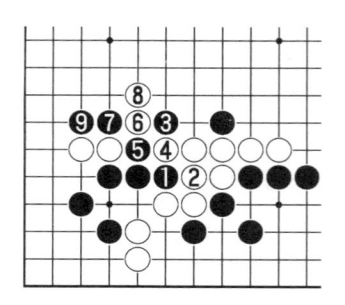

问题 157 解答　黑 1 与白 2 的交换是以下施展手段的前提。

问题 158 解答　黑 1 挖是手筋。

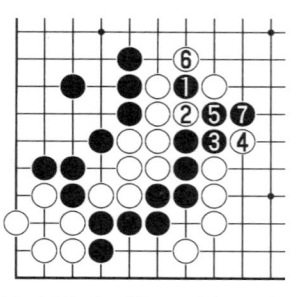

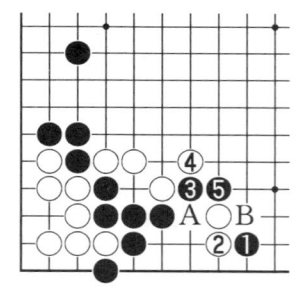

问题 159 解答　黑 1 这一点不易被人想到。黑 5 后，白 A 则黑 B，显然白不行。

问题 160 解答　黑 1 妙！有了黑 1 与白 2 的交换，白 6 就征吃不到黑子了。

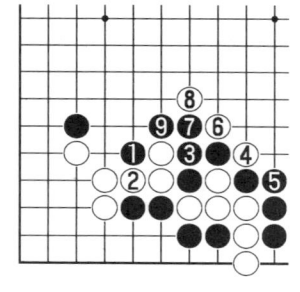

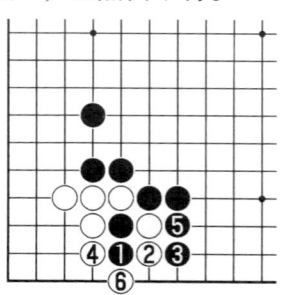

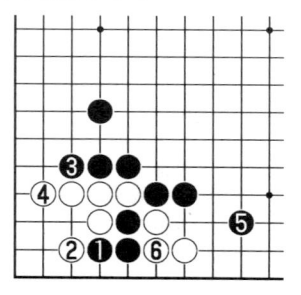

问题 161 解答　黑 1 多弃一子是关键。

问题 162 解答　黑 1、3、5 次序井然，且步步先手。

第二部分 手 筋

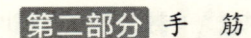

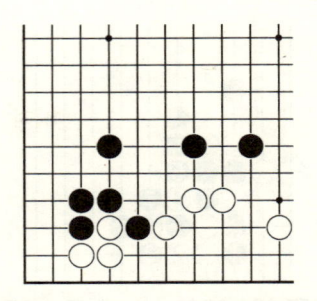

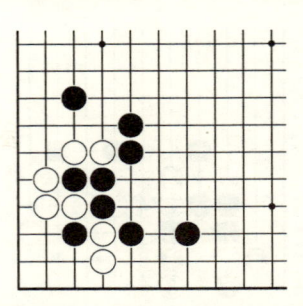

问题163 黑先,黑还能运用弃子战术吗?

问题164 黑先,黑应怎样把棋形走厚?

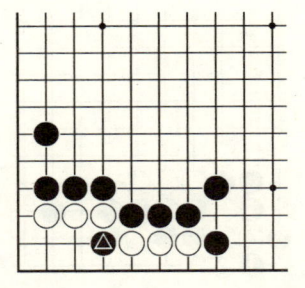

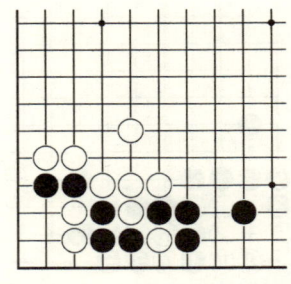

问题165 黑先,怎样利用黑△一子?

问题166 黑先,黑在角部应怎样收官?

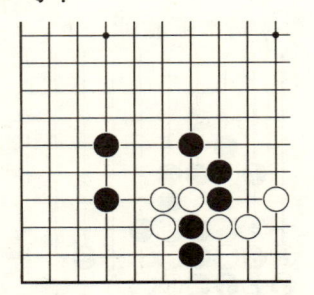

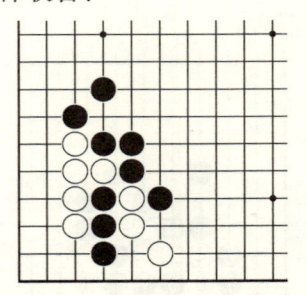

问题167 黑先,黑应怎样将外围走厚?

问题168 黑先,黑怎样利用下边的三个死子?

133

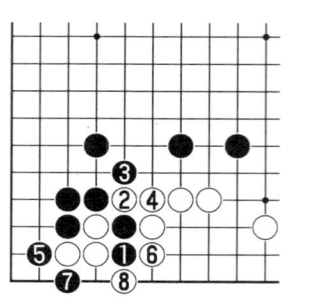

问题 163 解答 黑利用弃子先手整形。

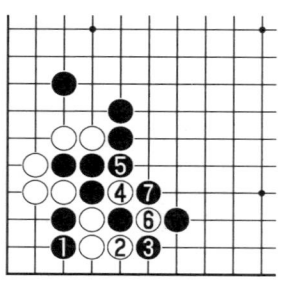

问题 164 解答 黑 7 后，可先手提白二子，黑形极厚。

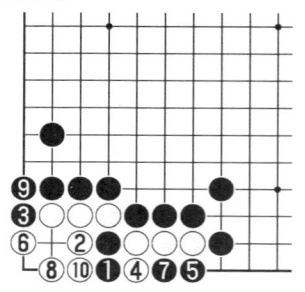

问题 165 解答 白 4 若在 6 位档，则黑在 10 位打，整块白棋不活。

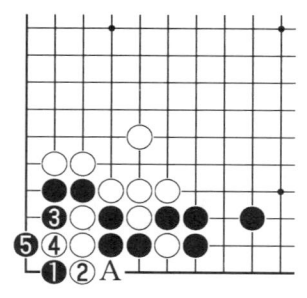

问题 166 解答 看来只能让黑 1 子连回。白 2 在 A 位先打也不行，请大家验证一下。

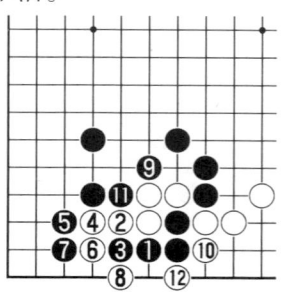

问题 167 解答 黑 3 若在 4 位挡，白当然在 3 位拐，那样黑是后手。

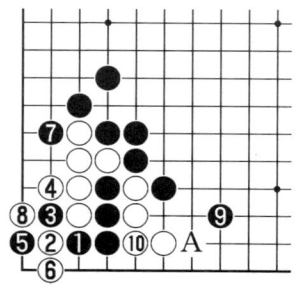

问题 168 解答 为避免打劫，白 6 只好下立，白 8 只好提。黑 9 也可视情况下 A 位。

第二部分 手 筋

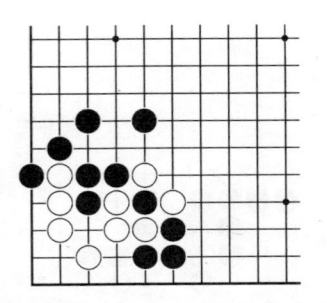

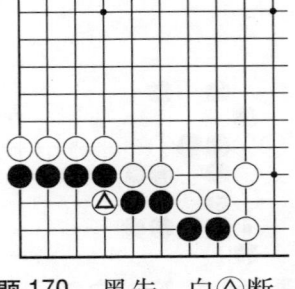

问题 169 黑先,黑在角上有便宜可占吗?

问题 170 黑先,白△断,黑怎么办?

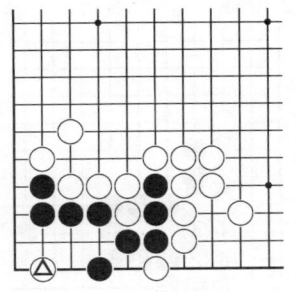

问题 171 黑先,白△点进来,黑怎么应?

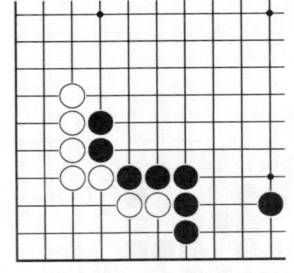

问题 172 黑先,黑应怎样收官?

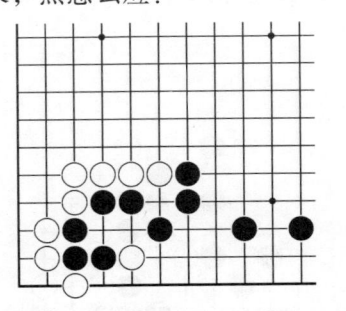

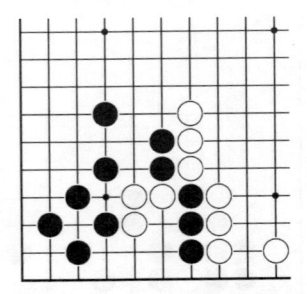

问题 173 黑先,黑应怎样收官?

问题 174 黑先,黑三子必须补一手,怎么补?

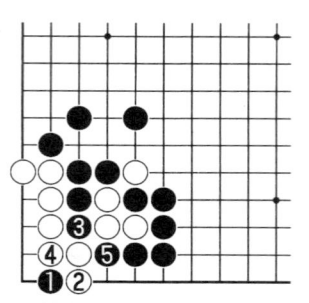

问题 169 解答　白 2 若下 5 位，角里将成劫杀。不妨认真地把角里的变化摆一摆。

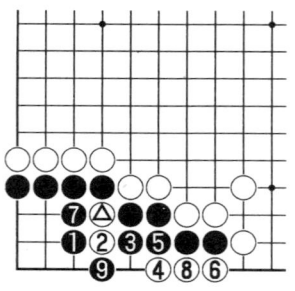

问题 170 解答　黑 1 是不使白△子发挥作用的唯一下法，改下 2 位或 7 位都不行。

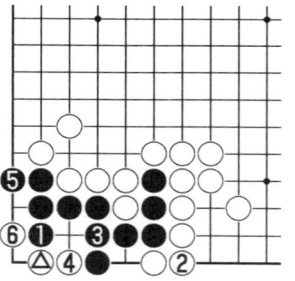

问题 171 解答　黑 3 普通在 4 位顶，但被白在 3 位扑，黑五子被吃。

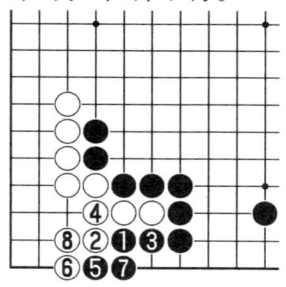

问题 172 解答　黑 1 若在 5 位大飞，黑损 2 目。

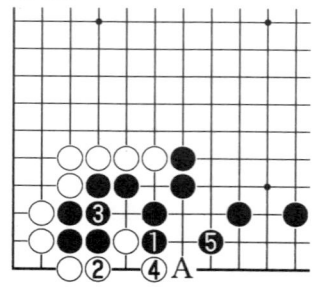

问题 173 解答　黑 1、黑 5 简单地应就很好，以后黑占 A 位的可能性很大。

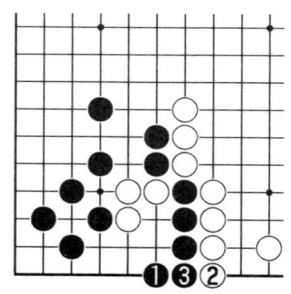

问题 174 解答　黑 1 是官子的手筋，黑 3 后黑已不需再补棋。

136

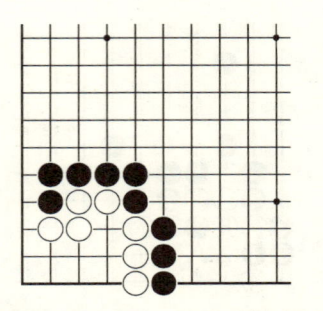

问题 175 黑先,黑在白角里有手段吗?

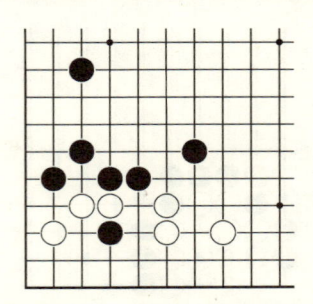

问题 176 黑先,黑应怎样收官?

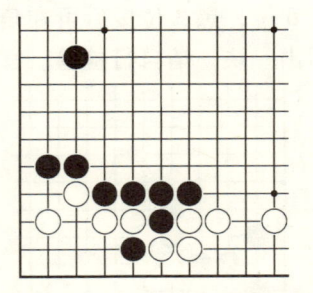

问题 177 黑先,黑应怎样收官?

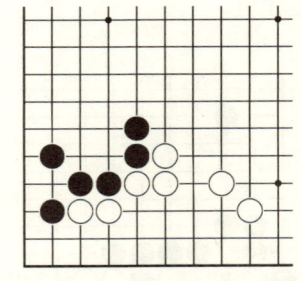

问题 178 黑先,黑应怎样收官?

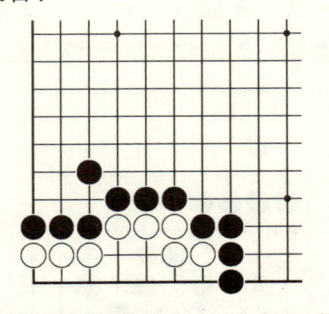

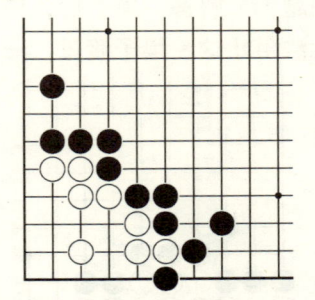

问题 179 黑先,黑应怎样收官?

问题 180 黑先,黑应怎样收官?

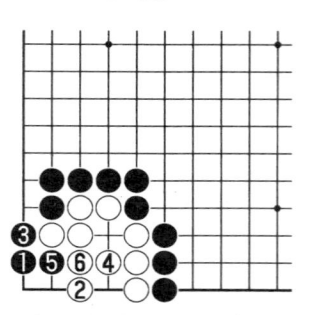

问题 175 解答 白 2 若在 3 位切断，角里成劫活。黑 1 下在 5 位亦可。

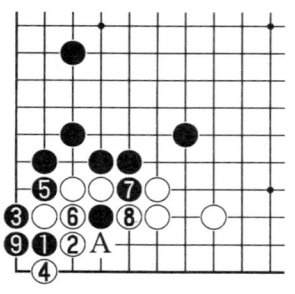

问题 176 解答 黑 9 后，白早晚还要 A 位提一手。白 2 若下 6 位，黑 3 位扳后可在角里活出一块，请自行检验。

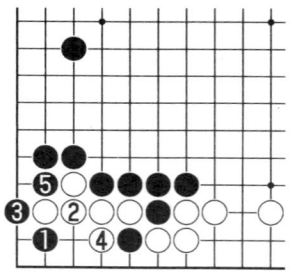

问题 177 解答 黑 1 后，白已无法阻止这一黑子渡过。

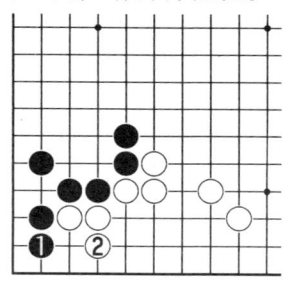

问题 178 解答 白 2 若脱先，黑有下 2 位收官的后续手段。

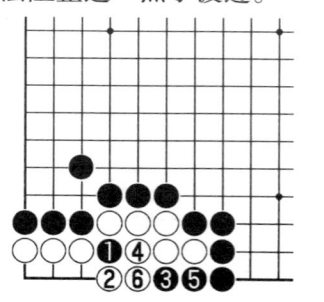

问题 179 解答 黑 1 先下 3 位不行。

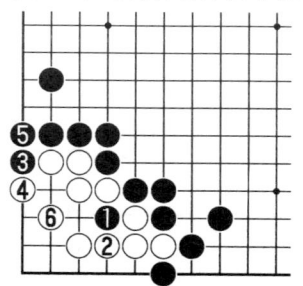

问题 180 解答 黑 1 断后，在边线上黑总能占到一处便宜。

第二部分 手 筋

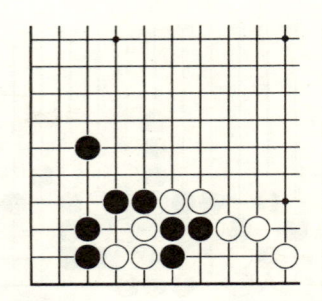

问题 181　黑先,黑应如何收官?

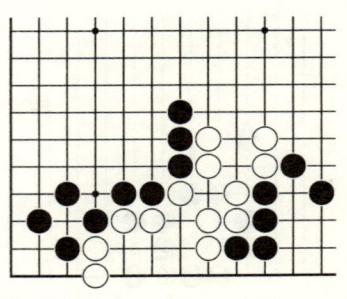

问题 182　黑先,黑应如何收官?

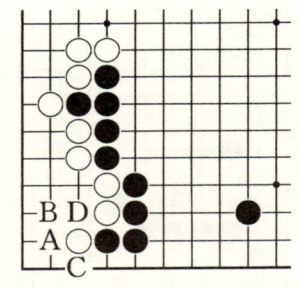

问题 183　黑先,你满足于黑A、白B、黑C、白D这样的收官吗?

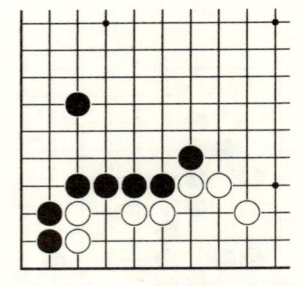

问题 184　黑先,黑应如何收官?

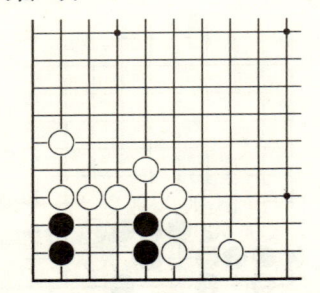

问题 185　黑先,黑能做活吗?

问题 186　黑先,黑能做活吗?

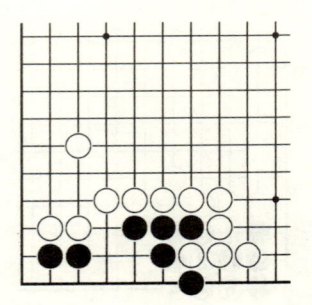

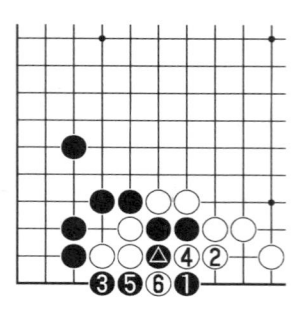

❼=△

问题 181 解答　黑 1 是关键。

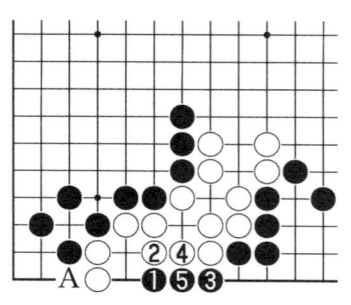

问题 182 解答　黑 5 后，A 位是黑的先手。其中，白 2 不能下 5 位。

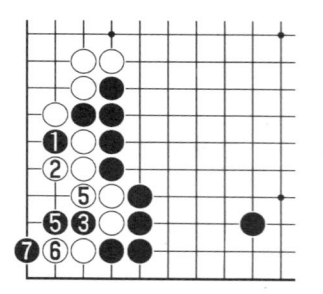

问题 183 解答　黑 7 后，角里白二子已被吃。

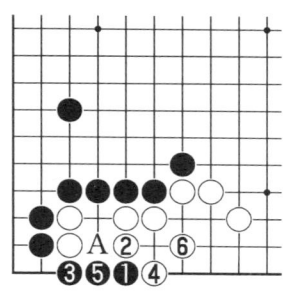

问题 184 解答　白 2 若下 A 位，黑仍在 3 位扳。

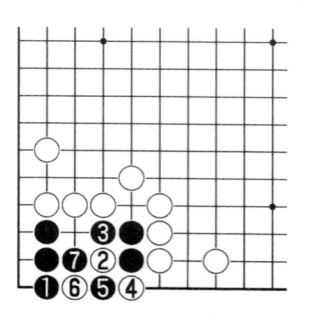

问题 185 解答　黑 1 是做活要点，下别的地方不行。

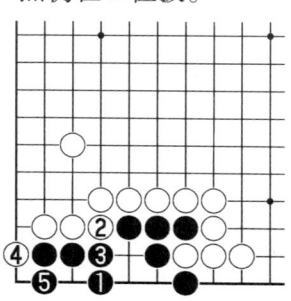

问题 186 解答　黑 1 是做活要点，下别的地方不行。

第二部分 手 筋

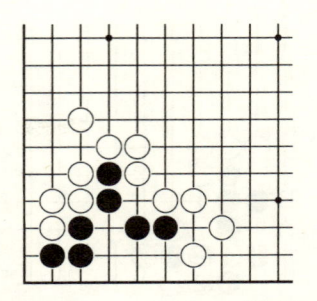

问题 187 黑先,黑能做活吗?

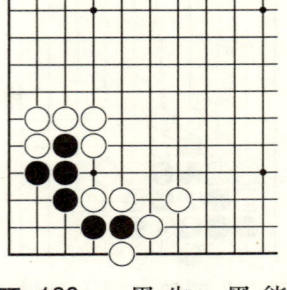

问题 188 黑先,黑能做活吗?

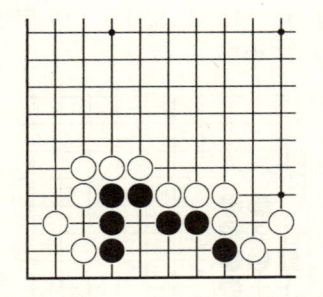

问题 189 黑先,黑能做活吗?

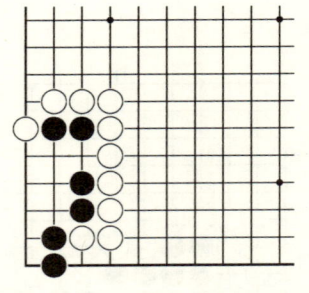

问题 190 黑先,黑能做活吗?

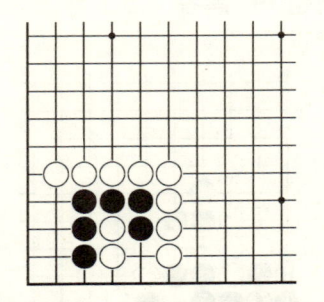

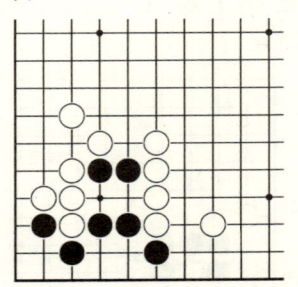

问题 191 黑先,黑应如何做活?

问题 192 黑先,黑应如何做活?

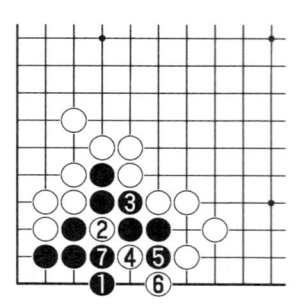

问题 187 解答　黑 1 是做活要点，下别的地方不行。

问题 188 解答　接下来白若 A 位点，黑 B 位挡，角里成"胀死牛"。

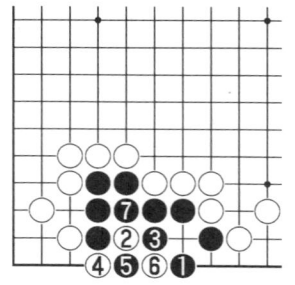

❺ = △

问题 189 解答　黑 1 倒虎关键。

问题 190 解答　黑 1 是做活的要点。

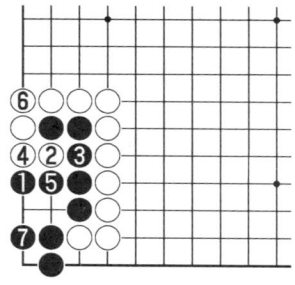

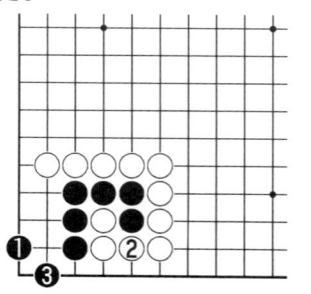

问题 191 解答　黑 1 若下 2 位，则白下 1 位。

问题 192 解答　黑 1 下 6 位亦可。

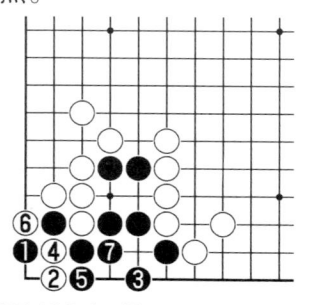

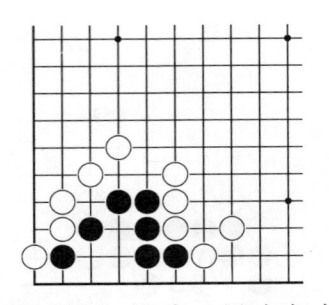

第二部分 手 筋

问题 193 黑先，黑应如何做活？

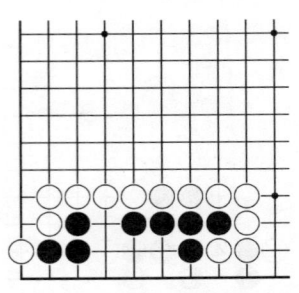

问题 194 黑先，黑应如何做活？

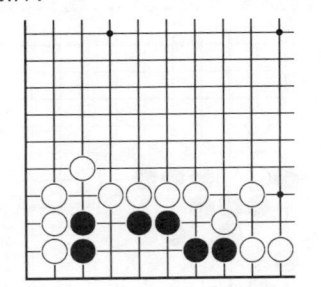

问题 195 黑先，黑应如何做活？

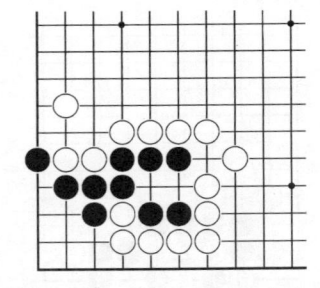

问题 196 黑先，黑应如何做活？

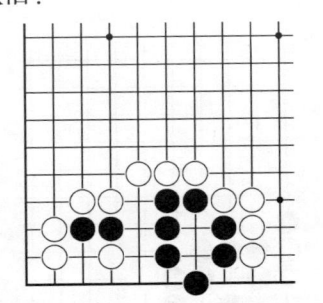

问题 197 黑先，黑应如何做活？

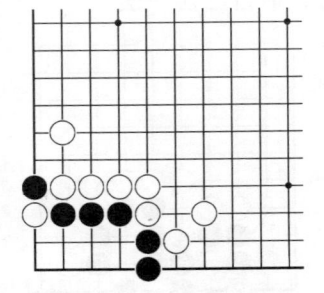

问题 198 黑先，黑应如何做活？

143

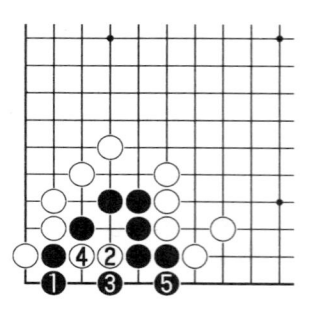

问题 193 解答 黑 1 下 2 位将成劫活。

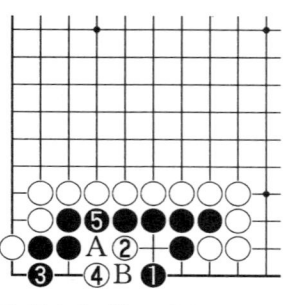

问题 194 解答 黑 5 后，A、B 两点黑必得其一，成双活。

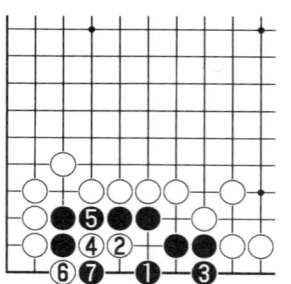

问题 195 解答 黑 1 下 2 位不行，请自己摆一摆。

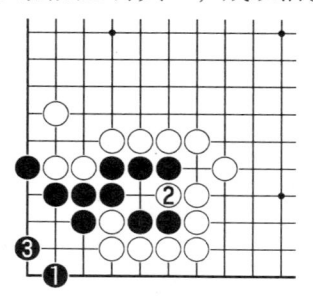

问题 196 解答 黑 1 是做活的要点。

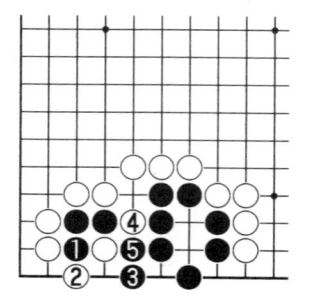

问题 197 解答 黑 1 若下 5 位，成打劫活。

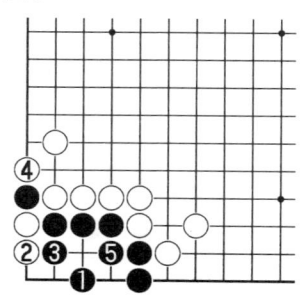

问题 198 解答 黑 1 是做活的要点。

第二部分 手 筋

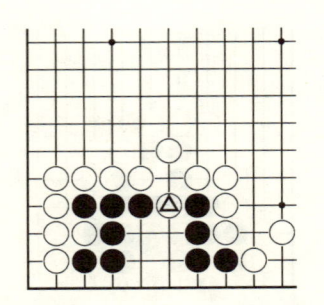

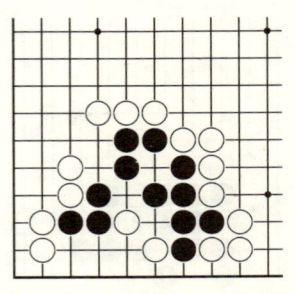

问题199 黑先,白刚子下△子,黑怎么应?

问题200 黑先,黑能做活吗?

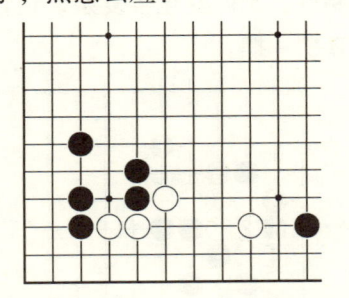

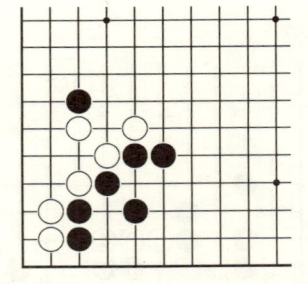

问题201 黑先,怎样攻击白棋?

问题202 黑先,怎样攻击白棋?

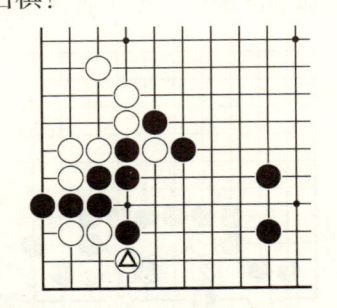

问题203 黑先,黑△扳,黑怎么应?

问题204 黑先,怎样杀白?

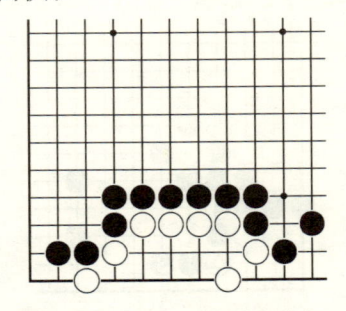

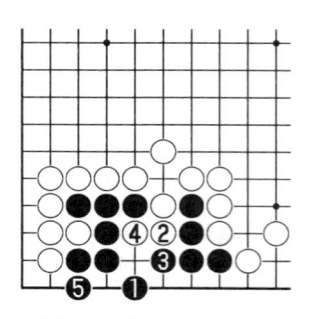

问题 199 解答　黑 1 是做活的要点。

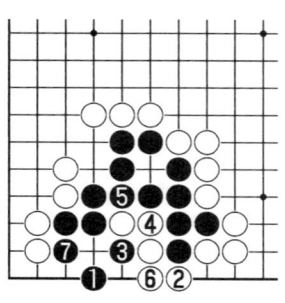

问题 200 解答　黑 1 是做活的要点。此处变化较复杂，请认真摆一摆。

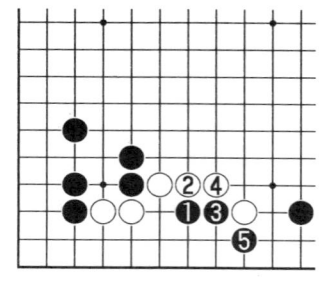

问题 201 解答　黑 1 点严厉。

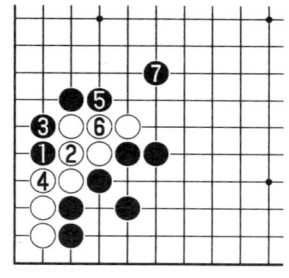

问题 202 解答　黑 1 点严厉。

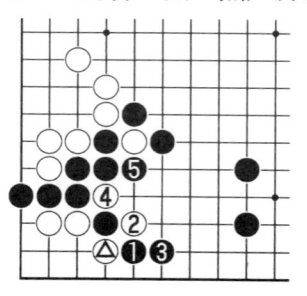

问题 203 解答　白角里做不出两只眼。

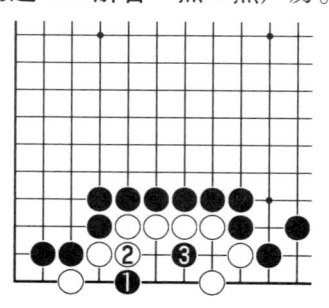

问题 204 解答　黑 1 若下 2 位打吃，白可 1 位劫。

第二部分 手 筋

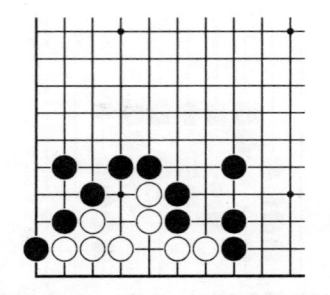

问题 205　黑先，怎样杀白？

问题 206　黑先，怎样杀白？

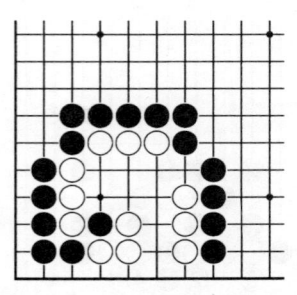

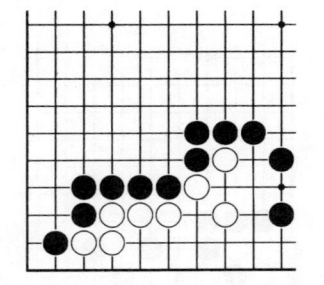

问题 207　黑先，怎样杀白？

问题 208　黑先，怎样杀白？

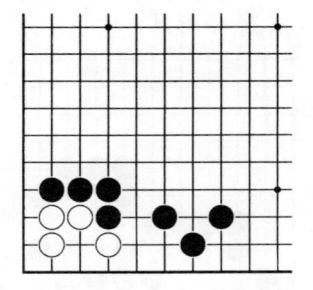

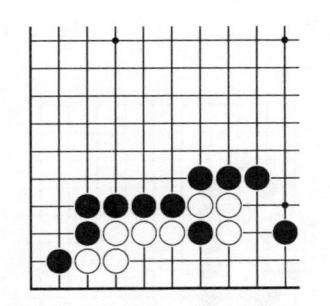

问题 209　黑先，怎样杀白？

问题 210　黑先，怎样杀白？

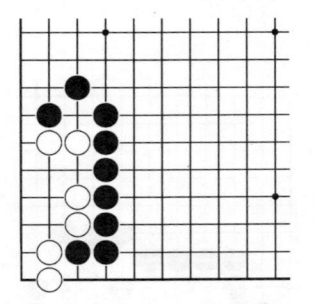

147

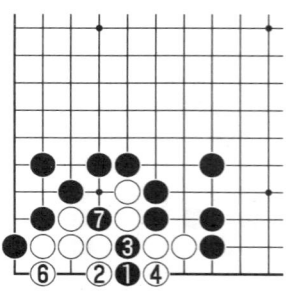

❺=❸

问题 205 解答 黑 5 后，6 位和 7 位黑必得其一。

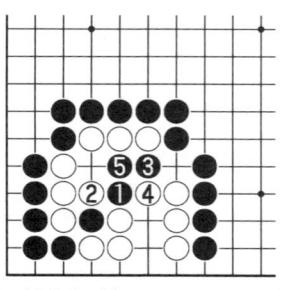

问题 206 解答 黑 1 是杀白的要点。

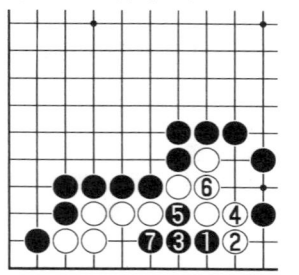

问题 207 解答 黑 1 若 3 位点，被白在 1 位挡，白活。

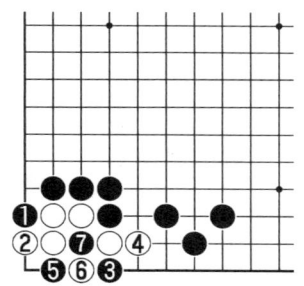

问题 208 解答 黑 1 或黑 3 若在 6 位点，被白在 5 位挡，白净活。

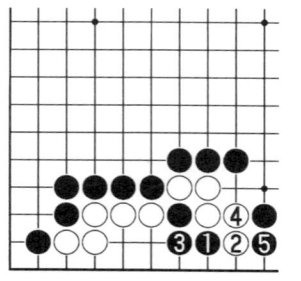

问题 209 解答 黑 1 是杀白的关键。

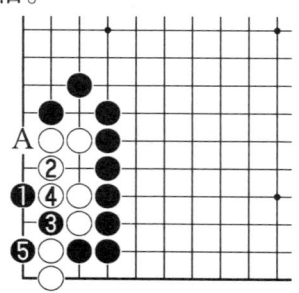

问题 210 解答 白 4 若下 5 位，则黑在 A 位扳，白净死。

第二部分 手 筋

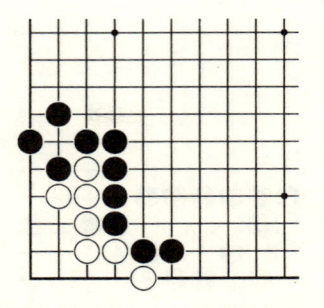

问题 211 黑先，怎样杀白？

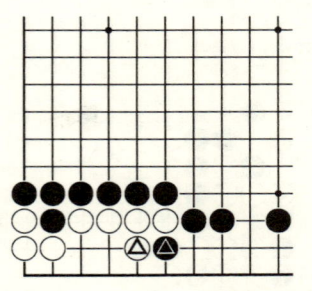

问题 212 黑先，黑△扳时，白△挡，能杀白吗？

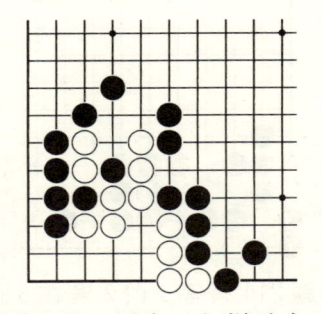

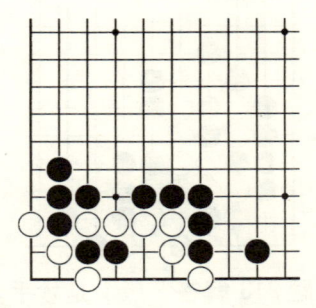

问题 213 黑先，怎样杀白？

问题 214 黑先，怎样杀白？

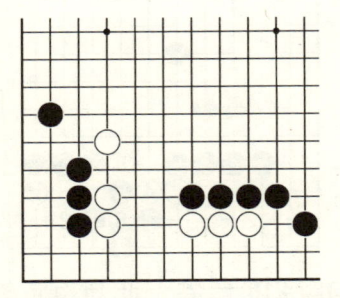

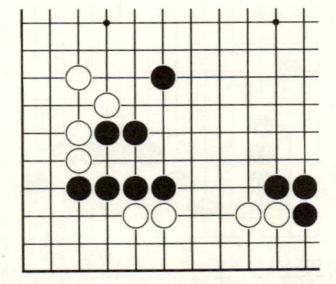

问题 215 黑先，怎样攻击白棋？

问题 216 黑先，怎样攻击白棋？

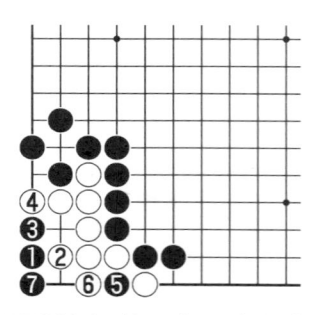

问题211解答　角里成盘角曲四，白死。

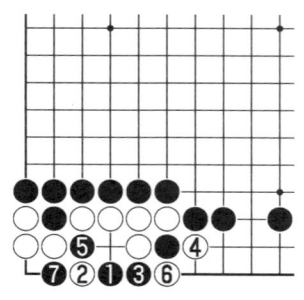

问题212解答　白2若在3位挡，则黑5位断，白也不行。

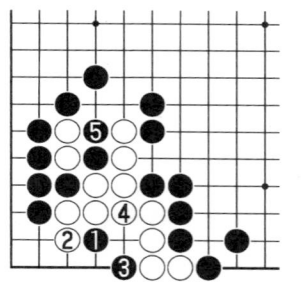

问题213解答　黑1是妙手。

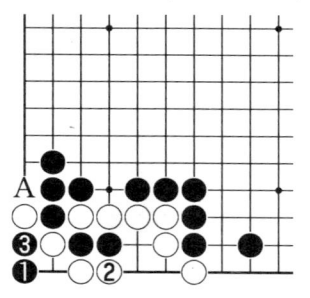

问题214解答　白2若在3位连，则黑下A位打。

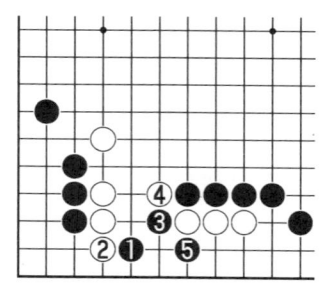

问题215解答　黑1点后，眼见有2位和3位两个好点。

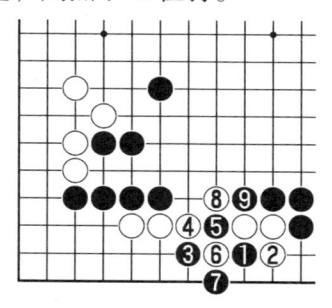

问题216解答　此劫白重黑轻。黑1若下2位，则白在1位挡，白很容易生根。

第二部分 手 筋

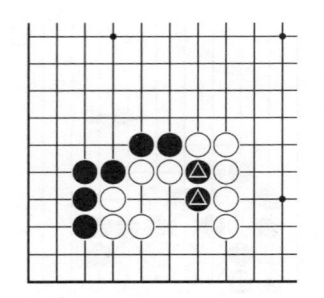

问题 217 黑先，黑△二子还能有作为吗？

问题 218 黑先，怎样杀白？

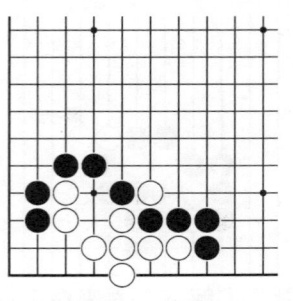

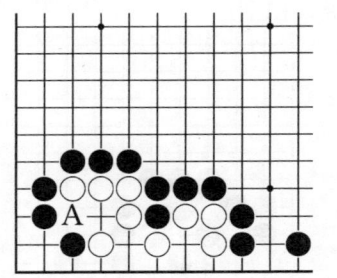

问题 219 黑先，黑当然不能允许白走到 A 位，黑应怎样下？

问题 220 黑先，怎样杀白？

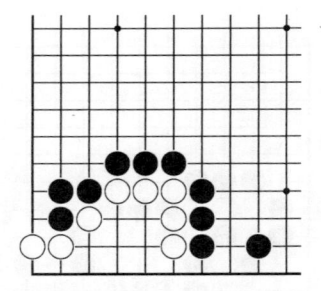

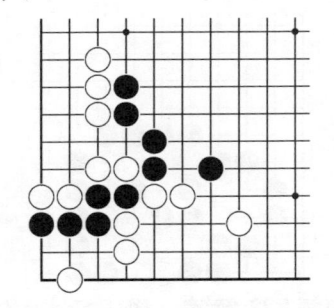

问题 221 黑先，能救出角上黑五子吗？

问题 222 黑先，怎样发挥黑△子的作用？

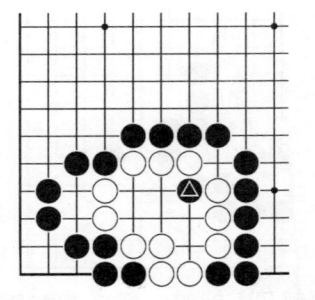

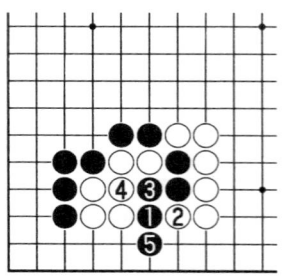

问题217解答　看来白2或白4只能下5位。

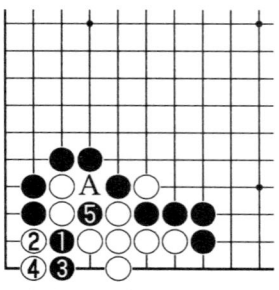

问题218解答　黑1若下2位，则白A位打后在1位圆眼，白活。

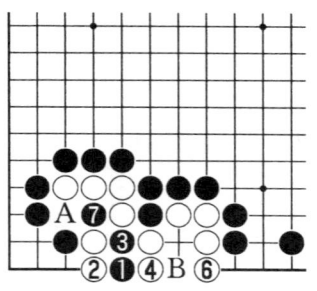

❺=❸

问题219解答　黑1若下A位，则白下B位，白活。

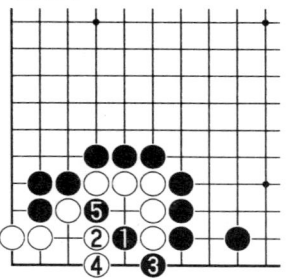

问题220解答　黑1若在5位打，变化的结果是白在角里能活出一小块。

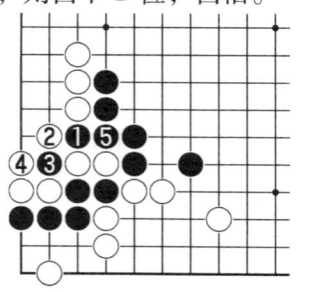

问题221解答　黑1若在3位打吃，则白在1位连，黑死。

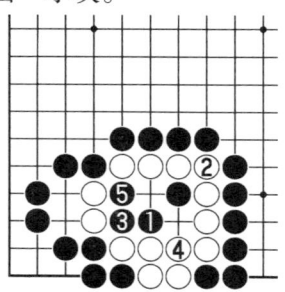

问题222解答　黑1后，2位和3位黑必得其一。

第二部分 手 筋

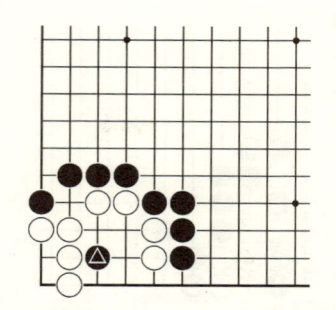

问题 223 黑先，怎样发挥黑⚫子的作用？

问题 224 黑先，怎样杀白？

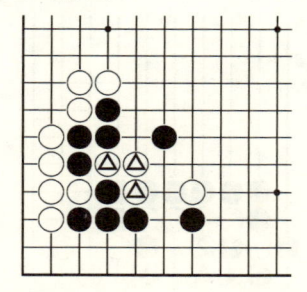

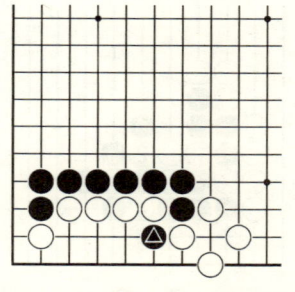

问题 225 黑先，能吃住白△三子吗？

问题 226 黑先，收官时怎样发挥⚫子的作用？

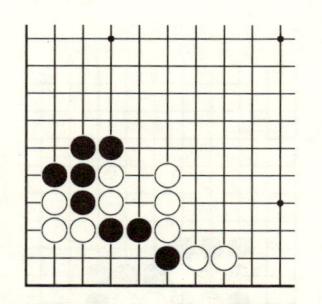

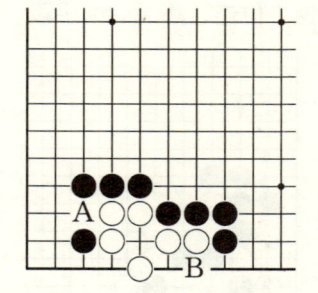

问题 227 黑先，有救出下边黑三子的可能吗？

问题 228 黑先，看来 A、B 两点白必得其一，有杀白的手段吗？

153

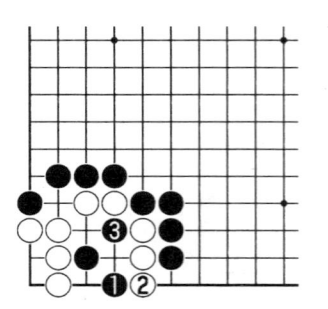

问题 223 解答　黑 1 后，2 位和 3 位黑必得其一。

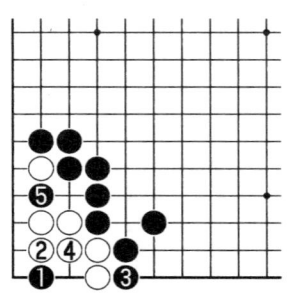

问题 224 解答　黑 1 若下 5 位打吃，则白下 1 位，白活。

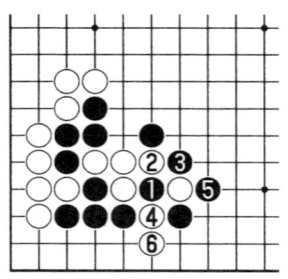

❼ = ❶

问题 225 解答　黑 1 若下 3 位，则白 1 位连，黑无后续手段。

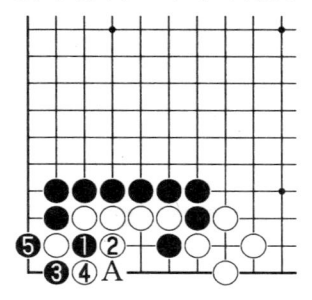

问题 226 解答　白 4 若下 5 位，则黑 A 位做劫，白受不了。

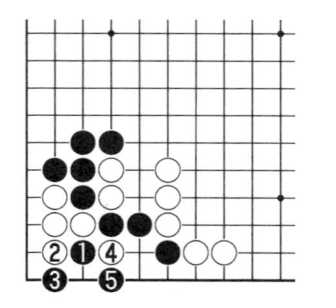

问题 227 解答　黑能做劫杀白，已是最好的结果。

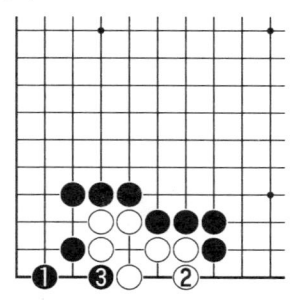

问题 228 解答　黑 1 一举两得，黑 3 得以抛劫。

第二部分 手 筋

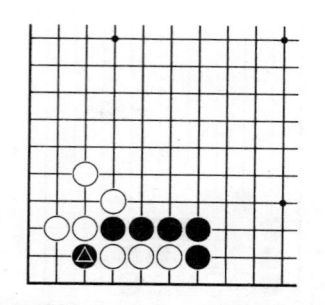

问题229 黑先，黑△子还有价值吗？

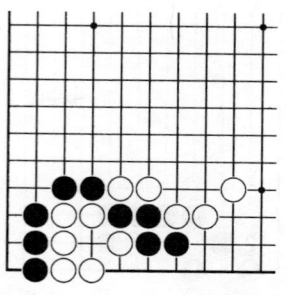

问题230 黑先，下边黑四子还有价值吗？

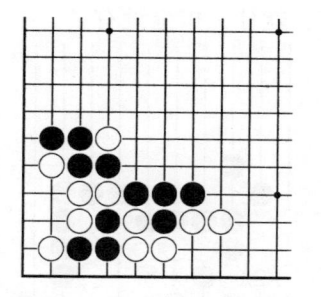

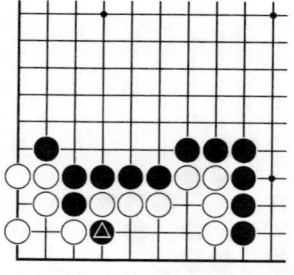

问题231 黑先，下边黑三子还有利用价值吗？

问题232 黑先，黑△子还有利用价值吗？

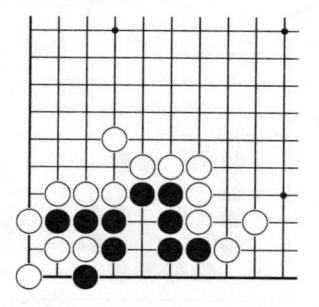

问题233 黑先，黑如何做活？

问题234 黑先，能将三块黑棋连为一体吗？

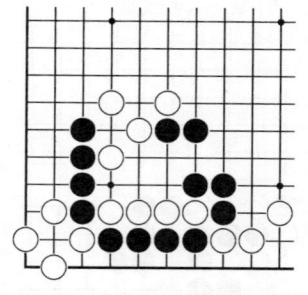

155

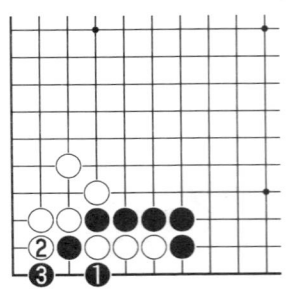

问题 229 解答　黑 1、3 巧妙做劫。

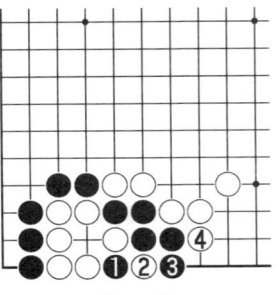

❺ = ❶

问题 230 解答　黑 1 若在 4 位爬，就什么棋也没有了。

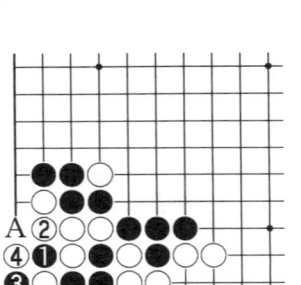

问题 231 解答　白 4 若在 5 位立，则黑 A 位做劫。

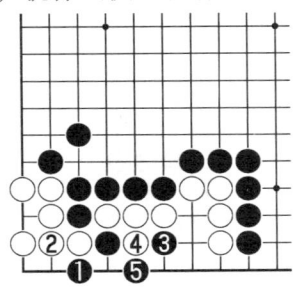

问题 232 解答　黑 1 打不可省略。

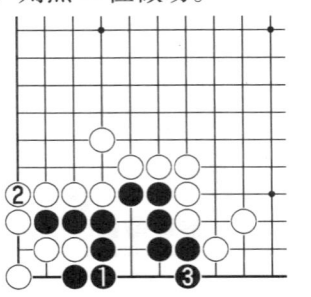

问题 233 解答　黑 1 先下 3 位不行。

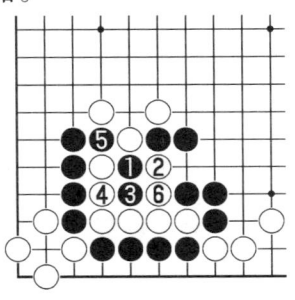

❼ = ❶

问题 234 解答　黑 3 长出一子妙。

第二部分 手 筋

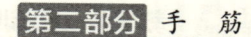

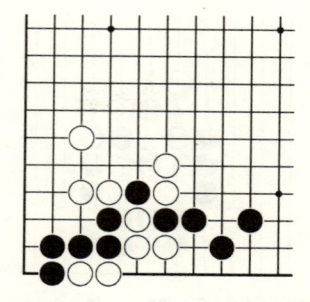

问题 235 黑先，能救出角上黑五子吗？

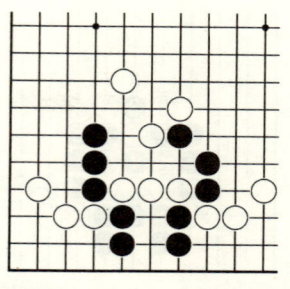

问题 236 黑先，能将三块黑棋连为一体吗？

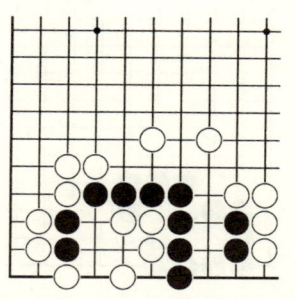

问题 237 黑先，黑能做活吗？

问题 238 黑先，能救出角上黑四子吗？

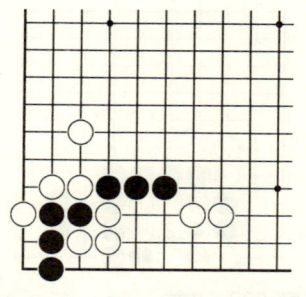

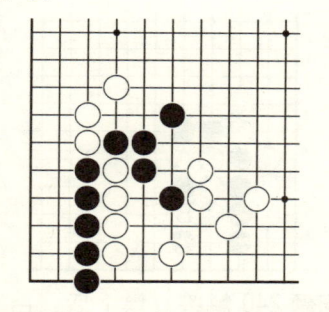

问题 239 黑先，有吃白子的手段吗？

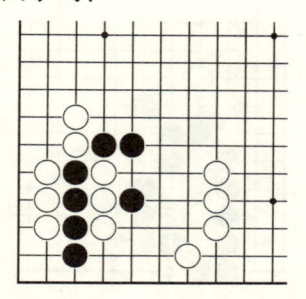

问题 240 黑先，有吃白子的手段吗？

157

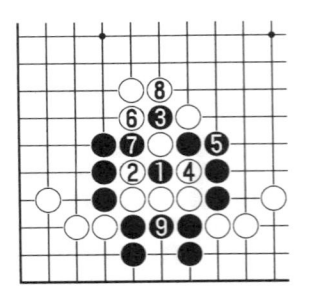

问题 235 解答　黑1是渡过的手筋。

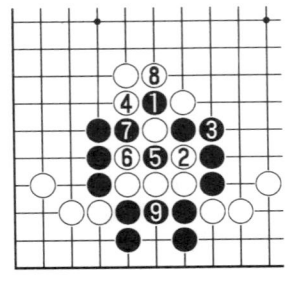

问题 236 解答　黑1挖是关键。

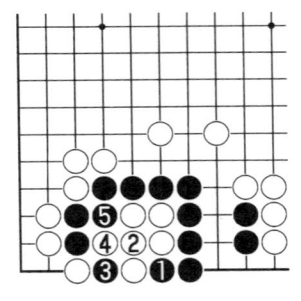

问题 237 解答　黑1后，2位和3位黑必能扑到一处。

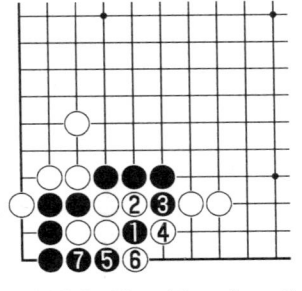

问题 238 解答　黑5在7位打也一样。

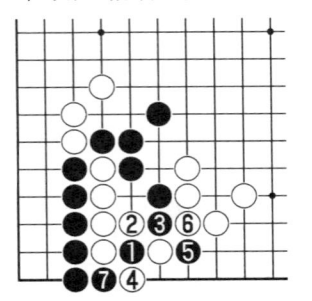

问题 239 解答　黑3后，4位和5位黑必得其一。

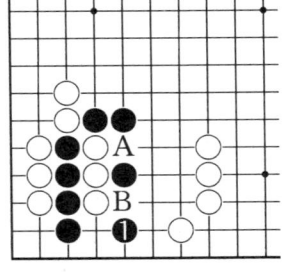

问题 240 解答　黑1后，白不论在A位冲还是在B位冲都逃不出去。

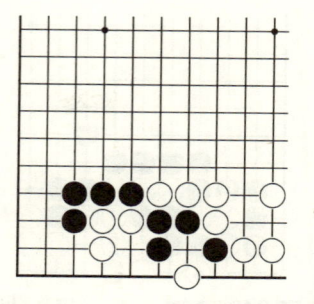

第二部分 手 筋

问题241 黑先，能在对杀中获胜吗？

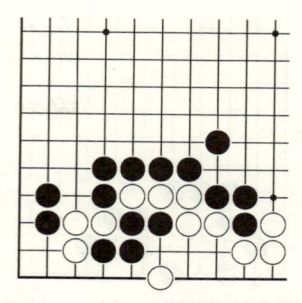

问题242 黑先，能在对杀中获胜吗？

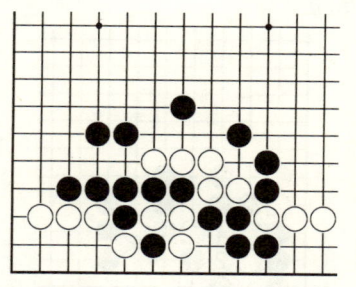

问题243 黑先，能在对杀中获胜吗？

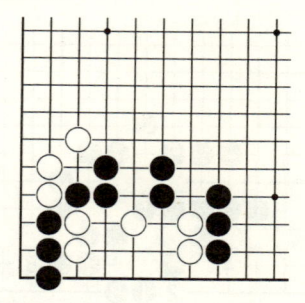

问题244 黑先，能在对杀中获胜吗？

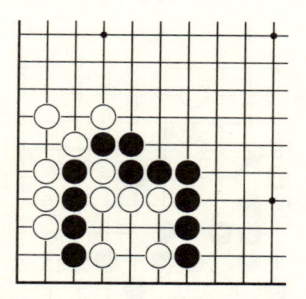

问题245 黑先，能在对杀中获胜吗？

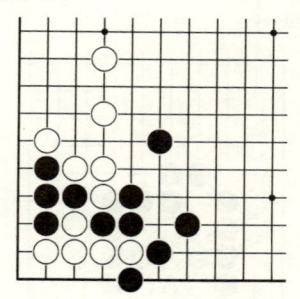

问题246 黑先，能在对杀中获胜吗？

159

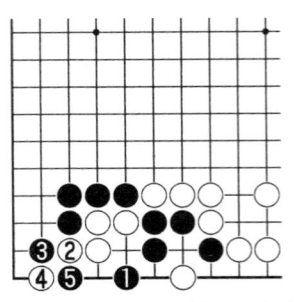

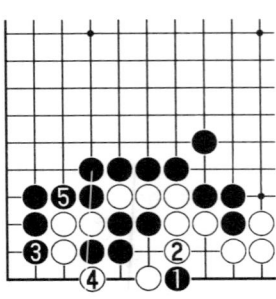

问题 241 解答 1 位是对杀的要点。

问题 242 解答 有了黑 1 与白 2 的交换，黑 3、5 再紧气就成立了。

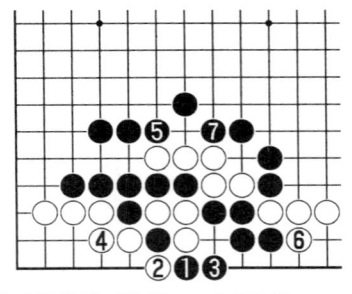

问题 243 解答 有了黑 1、3 与白 2、4 的交换，白已差一气被杀。

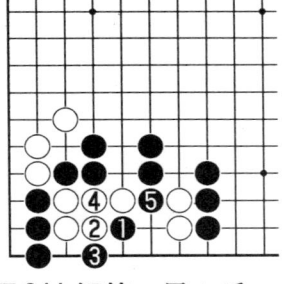

问题 244 解答 黑 1 后，4 位和 5 位黑必得其一。

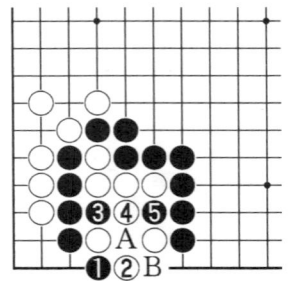

问题 245 解答 白 2 若在 A 位接，则黑在 B 位扳，白也不行。

问题 246 解答 黑 1 后黑 3 再扳，黑可延出一气。

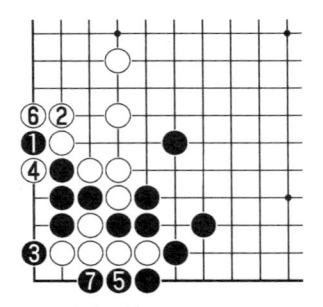

第二部分 手 筋

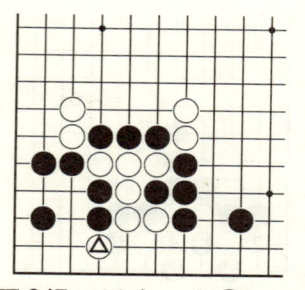

问题247 黑先，白△扳，黑怎么应？

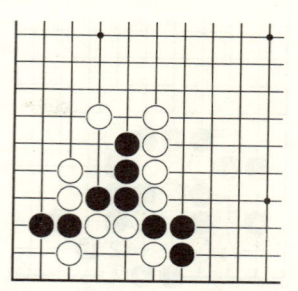

问题248 黑先，能在对杀中获胜吗？

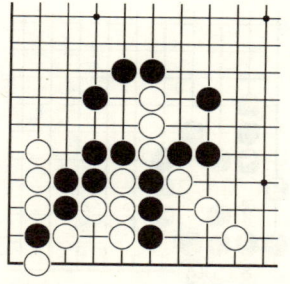

问题249 黑先，能在对杀中获胜吗？

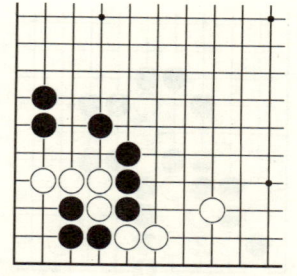

问题250 黑先，能在对杀中获胜吗？

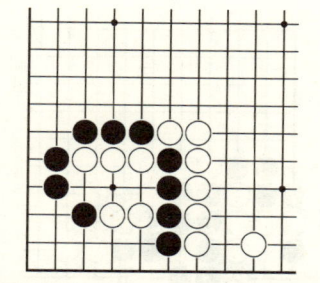

问题251 黑先，能在对杀中获胜吗？

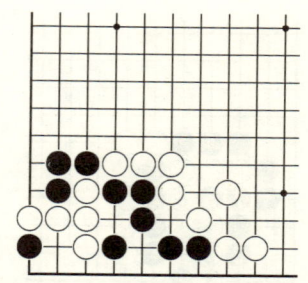

问题252 黑先，能在对杀中获胜吗？

161

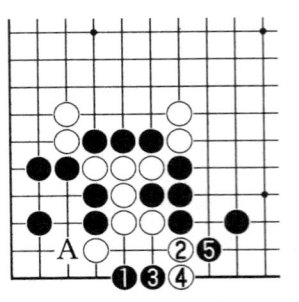

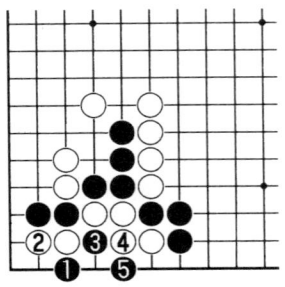

问题247解答　黑1若在A位扳，黑就不够气了。

问题248解答　黑1若在2位拐，上侧黑四子就净死了。

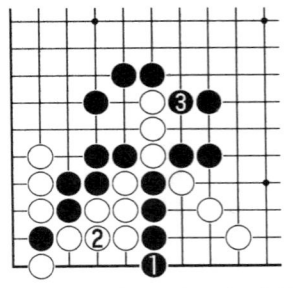

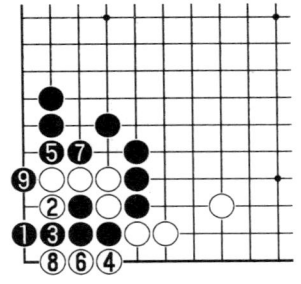

问题249解答　黑1先手长出一气。

问题250解答　黑1是长气的关键。

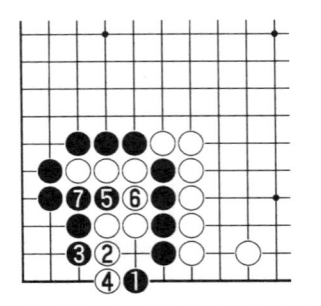

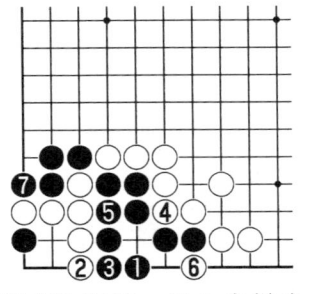

问题251解答　1位是对杀的要点。

问题252解答　黑1先做出一只眼是关键。

第二部分 手 筋

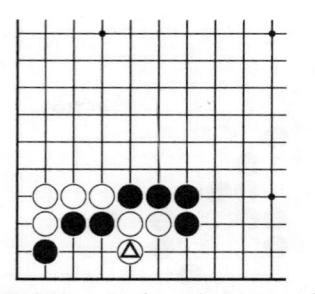

问题 253 黑先,白刚下了△子,黑怎么应?

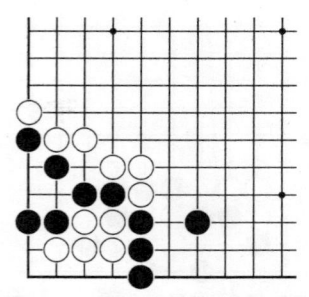

问题 254 黑先,能在对杀中获胜吗?

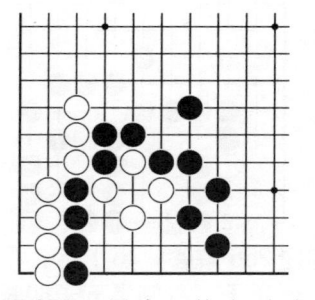

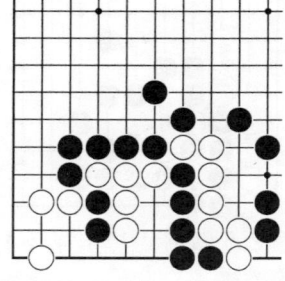

问题 255 黑先,能在对杀中获胜吗?

问题 256 黑先,能杀掉白大块吗?

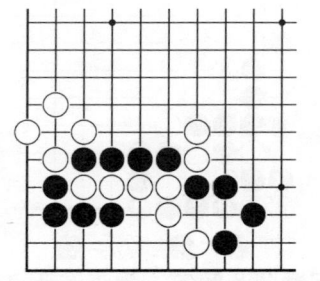

问题 257 黑先,能在对杀中获胜吗?

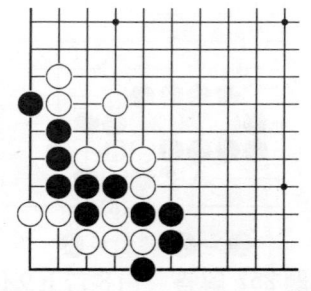

问题 258 黑先,能在对杀中获胜吗?

163

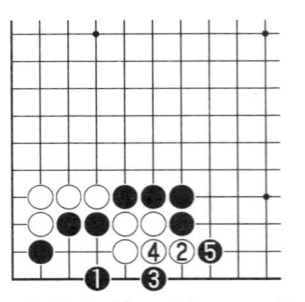

问题253 解答 黑1、3是相关联的好手。

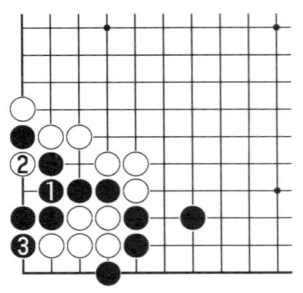

问题254 解答 黑1是长气的最好办法。

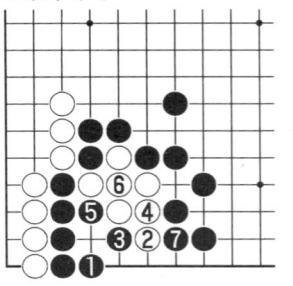

问题255 解答 黑1是不易发觉的妙手。

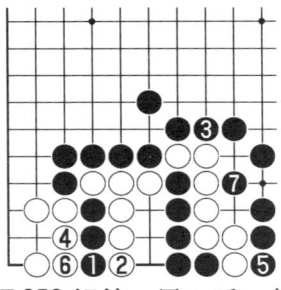

问题256 解答 黑1后，借用三个死子，右侧黑五子能长出很多气。

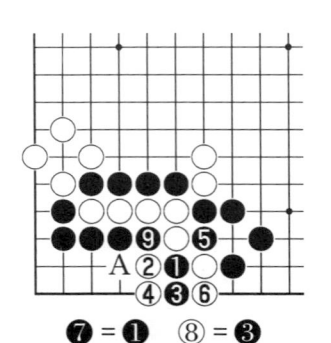

❼=❶　⑧=❸

问题257 解答 白8若下9位，则黑下A位，白也差一气。

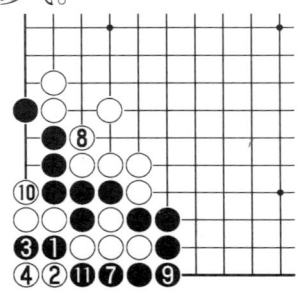

❼=❶　⑥=❸

问题258 解答 黑1若下7位直接紧气，白当然下1位，黑气不够。

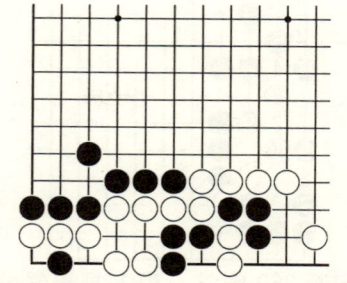

第二部分 手 筋

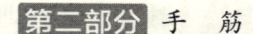

问题 259 黑先，能在对杀中获胜吗？

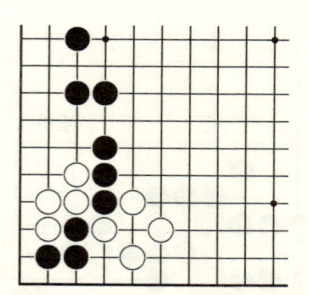

问题 260 黑先，能在对杀中获胜吗？

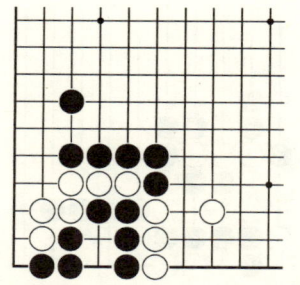

问题 261 黑先，能在对杀中获胜吗？

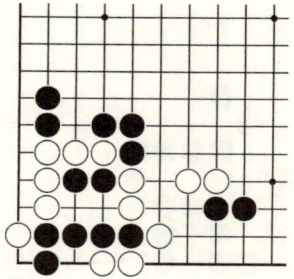

问题 262 黑先，能在对杀中获胜吗？

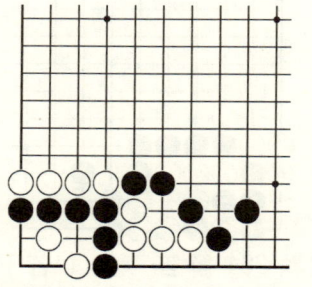

问题 263 黑先，能在对杀中获胜吗？

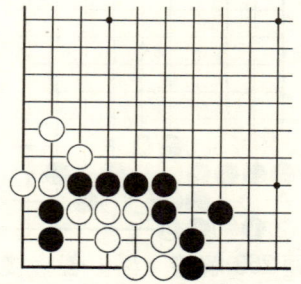

问题 264 黑先，能在对杀中获胜吗？

165

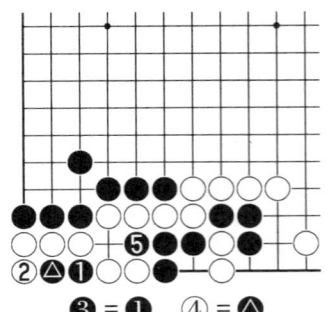

❸ = ❶ ④ = △

问题 259 解答 白四子已接不归。

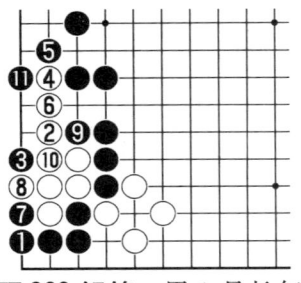

问题 260 解答 黑 1 是长气的关键，也是杀气的要点。

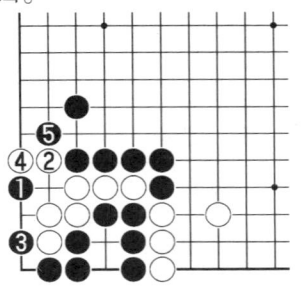

问题 261 解答 黑 1 是关键。

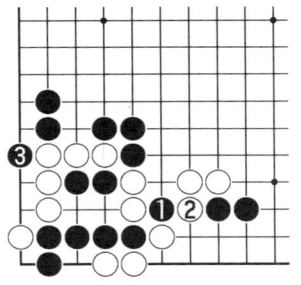

问题 262 解答 黑 1 可使黑气长出一口。

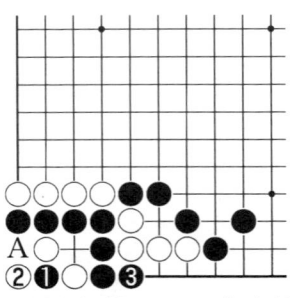

问题 263 解答 黑 1 若直接下 3 位，则白下 A 位，黑死。

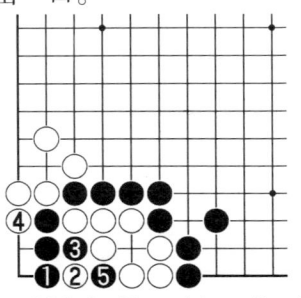

问题 264 解答 黑 1 若下 2 位，则白在 1 位扑，结果是双活。

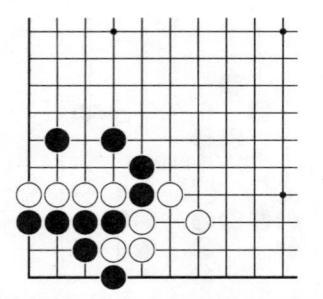

问题 265 黑先，能在对杀中获胜吗？

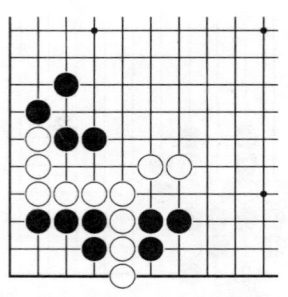

问题 266 黑先，能在对杀中获胜吗？

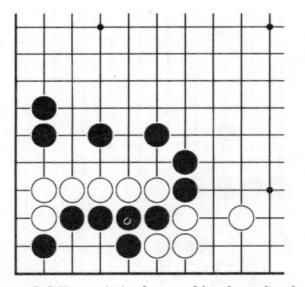

问题 267 黑先，能在对杀中获胜吗？

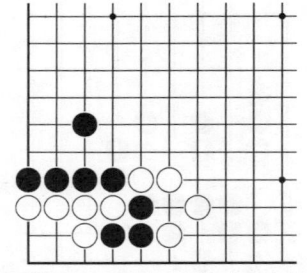

问题 268 黑先，能在对杀中获胜吗？

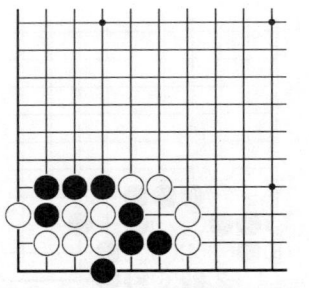

问题 269 黑先，能在对杀中获胜吗？

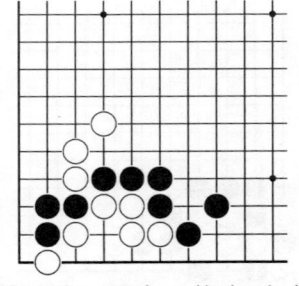

问题 270 黑先，能在对杀中获胜吗？

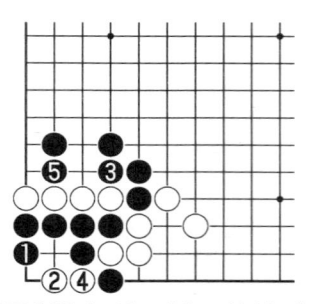

问题 265 解答　黑 1 是妙手。

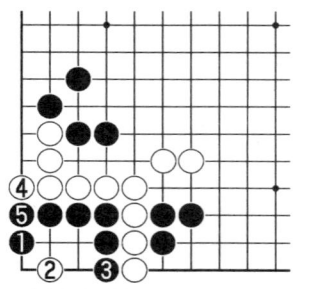

问题 266 解答　黑 5 后，黑气七口，白气六口。

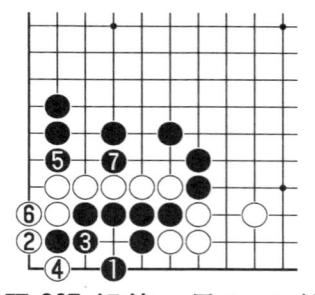

问题 267 解答　黑 1、3 妙。至黑 7，黑快一气杀白。

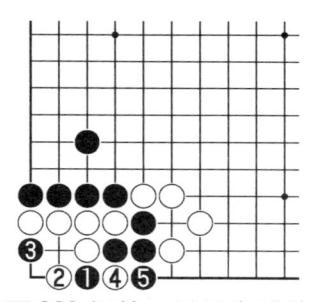

问题 268 解答　黑是先手劫。

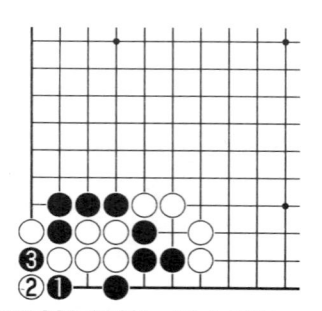

问题 269 解答　黑 1 得法，白 2 只得抛劫。

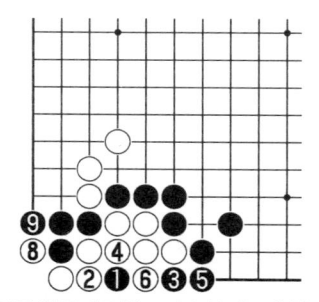

问题 270 解答　黑是先手劫。

第二部分 手 筋

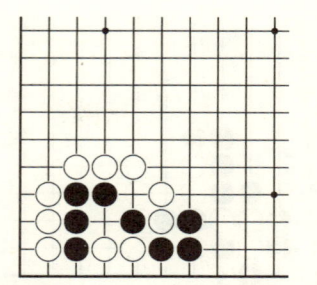

问题 271 黑先，怎样杀白二子？

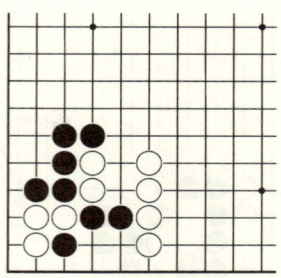

问题 272 黑先，能在对杀中获胜吗？

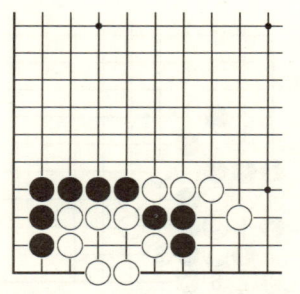

问题 273 黑先，能在对杀中获胜吗？

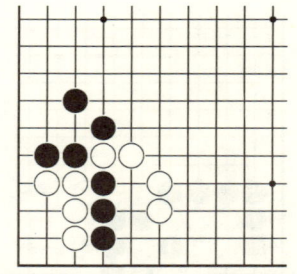

问题 274 黑先，能在对杀中获胜吗？

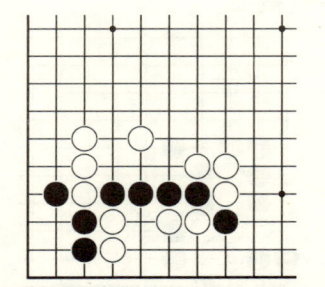

问题 275 黑先，能在对杀中获胜吗？

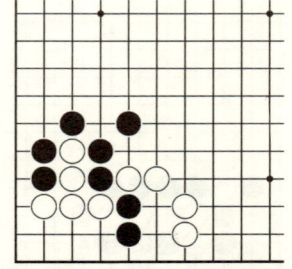

问题 276 黑先，能在对杀中获胜吗？

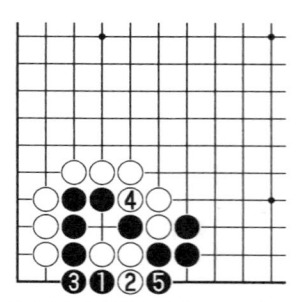

问题 271 解答 黑 1 若在 3 位立，则白 4 位打吃能救回二子。

问题 272 解答 能打上劫，已是黑的最佳结果。

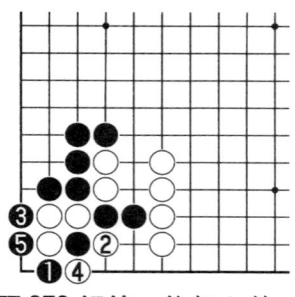

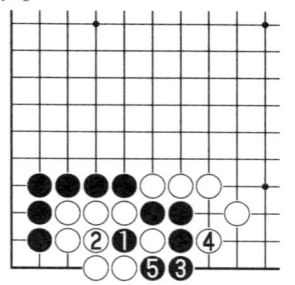

问题 273 解答 黑是先手劫。

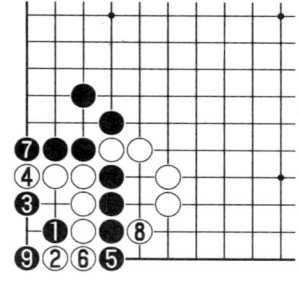

问题 274 解答 黑 1 若在 2 位点，则白下 1 位，结果是黑差一气被杀。

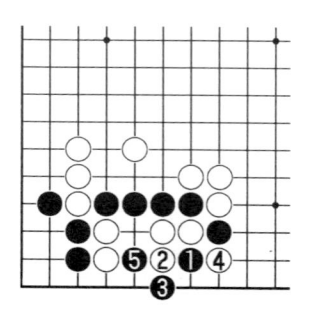

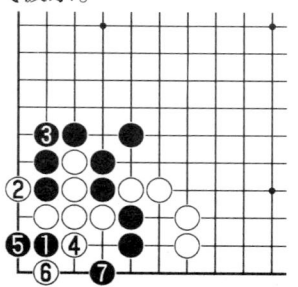

问题 275 解答 黑 1、3 连续空扳妙极。

问题 276 解答 黑 1 在 6 位大飞的话，不可能净杀白。

第二部分 手 筋

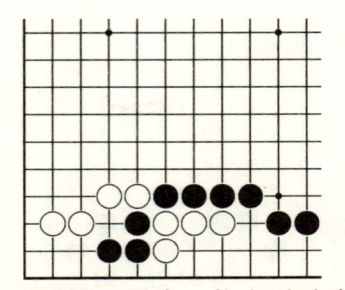

问题277 黑先,能在对杀中获胜吗?

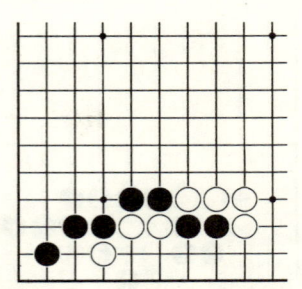

问题278 黑先,能在对杀中获胜吗?

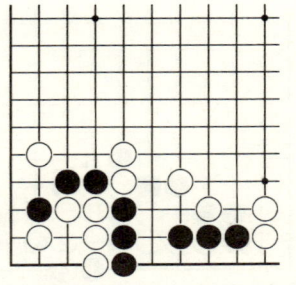

问题279 黑先,能在对杀中获胜吗?

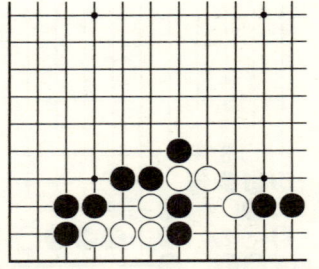

问题280 黑先,能在对杀中获胜吗?

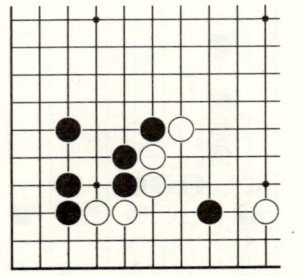

问题281 黑先,应怎样攻击白棋?

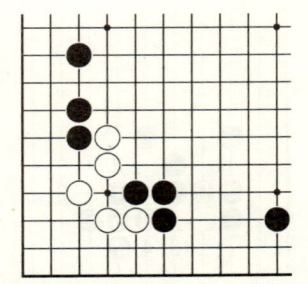

问题282 黑先,应怎样攻击白棋?

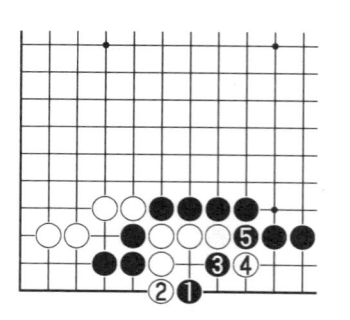

问题277 解答 黑1、3得法。

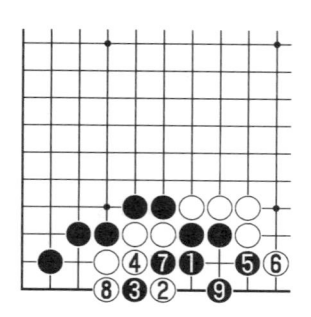

问题278 解答 黑巧妙地下成有眼杀无眼。

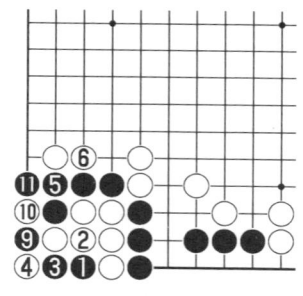

⑦=❸ ⑧=❶

问题279 解答 黑是先手劫。

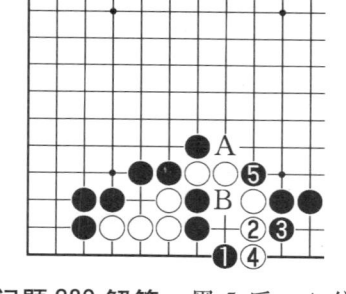

问题280 解答 黑5后，A位和B位黑必得其一。

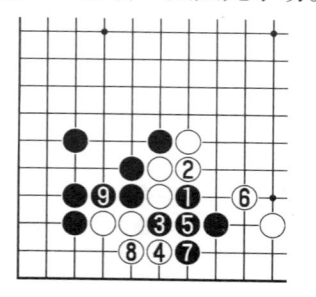

问题281 解答 黑1后，2位和3位黑必得其一。

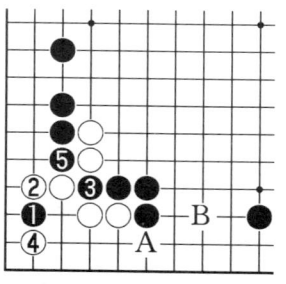

问题282 解答 白2最顽强的下法是在5位顶，则黑先手A位立，可补去B位弱点。

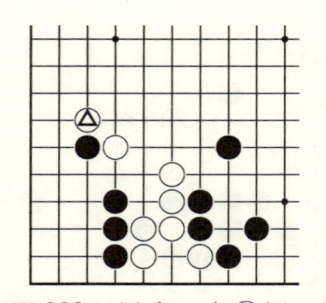

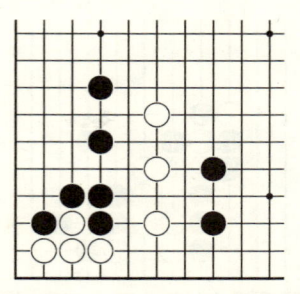

问题 283 黑先，白△扳，黑怎么应？

问题 284 黑先，怎样攻击白棋？

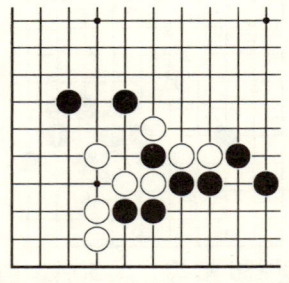

问题 285 黑先，怎样攻击白棋？

问题 286 黑先，白△打吃黑一子，黑怎么应？

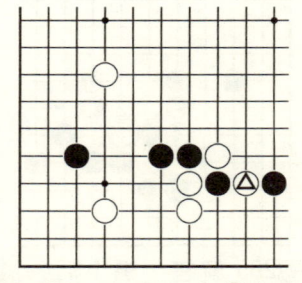

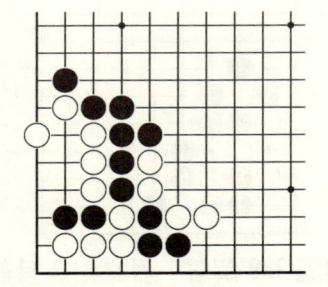

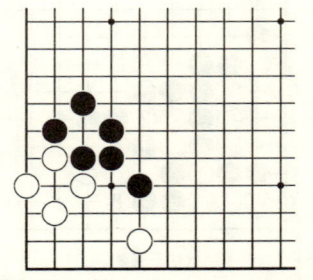

问题 287 黑先，怎样攻击外围的白棋？

问题 288 黑先，怎样攻击白棋？

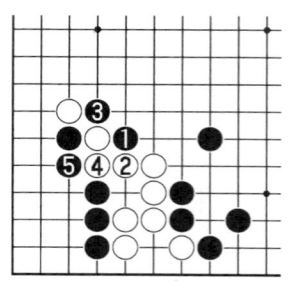

问题283解答 黑1跨,将白一分为二。黑1在5位退就太软弱了。

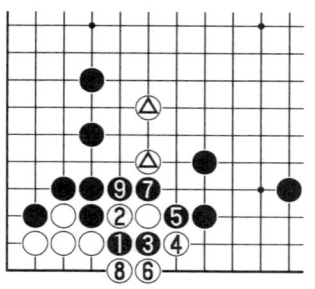

问题284解答 至黑9,将白△二子分断。

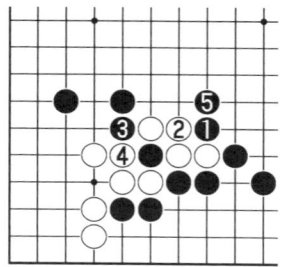

问题285解答 黑1后,黑3与白4交换非常重要。

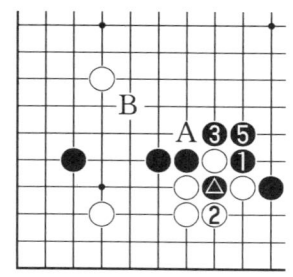

问题286解答 黑5后,白若A位断,黑可B位应。

④=△

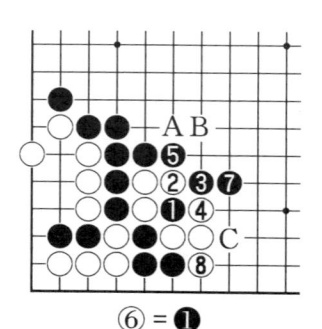

⑥=❶

问题287解答 白4若下5位,则黑4位接,接下来有A位、B位和C位的好点。

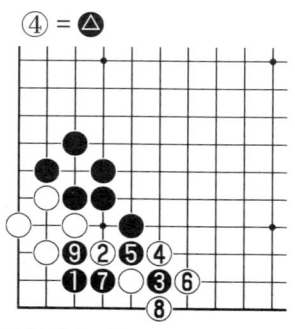

问题288解答 看来白2只能在7位顶,结果是黑利用弃子把白角封住。

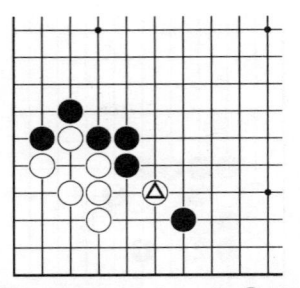

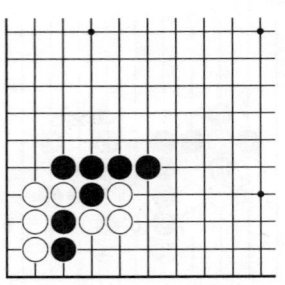

问题 289 黑先,白△穿象眼,黑怎么应?

问题 290 黑先,被吃住的黑二子还有利用价值吗?

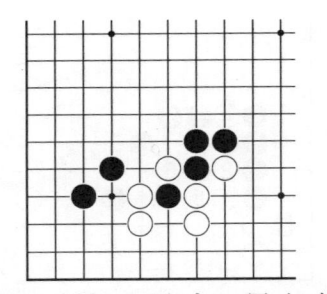

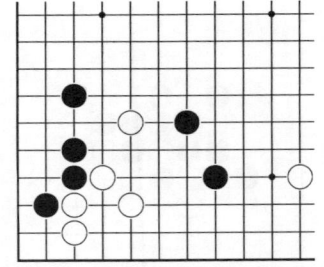

问题 291 黑先,黑怎样整形?

问题 292 黑先,黑有封锁白棋的手段吗?

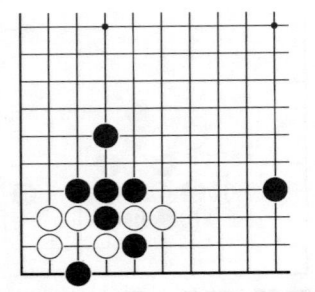

问题 293 黑先,黑有封锁白棋的手段吗?

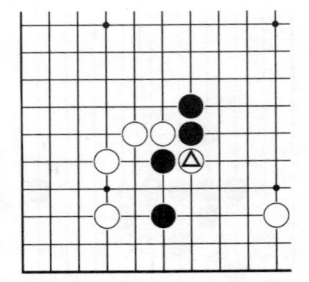

问题 294 黑先,白△断,黑怎么应?

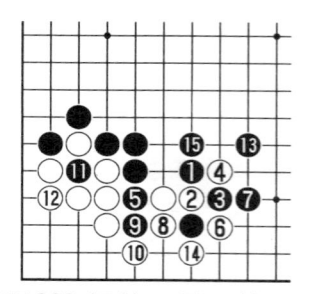

问题289 解答 黑巧妙整形，构筑外势。

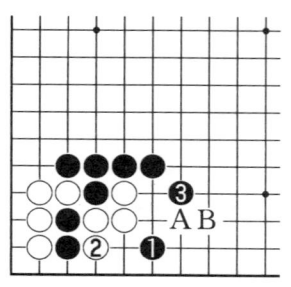

问题290 解答 黑3后，若白A搭，黑B扳即可。

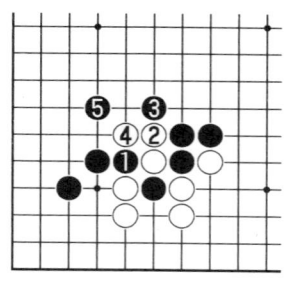

问题291 解答 黑1在2位打不好。

问题292 解答 黑3后，7位和8位黑必得其一。

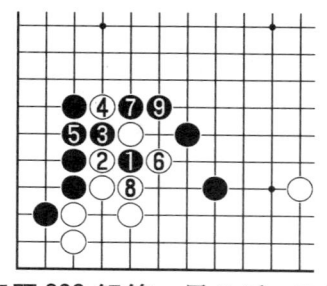

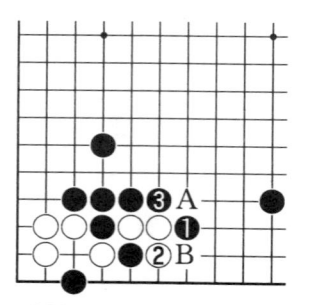

问题293 解答 黑3后，黑不怕白A断位，因为黑B位打是先手。

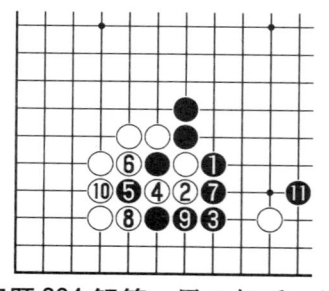

问题294 解答 黑1打后，黑3虚枷是关键。

第二部分 手 筋

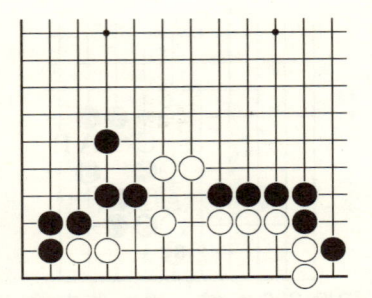

问题 295 黑先，怎样攻击白棋？

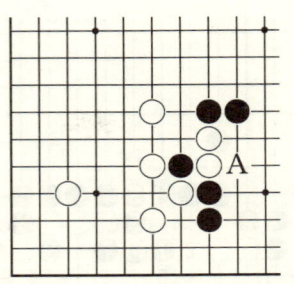

问题 296 黑先，黑下 A 位之前一个先手交换是不能省略的。你看出来吗？

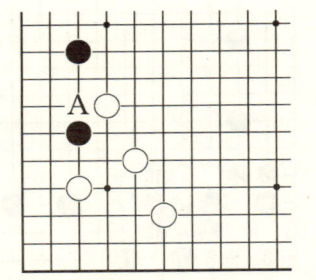

问题 297 黑先，黑下 A 位之前有先手交换的便宜吗？

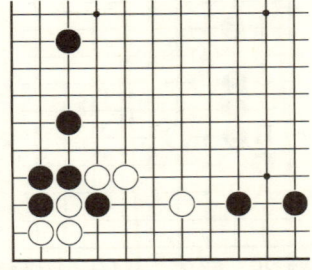

问题 298 黑先，怎样攻击白棋？

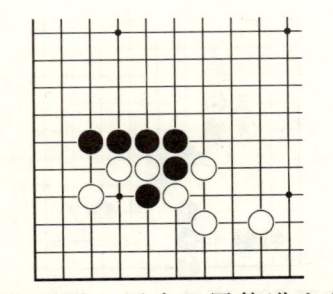

问题 299 黑先，黑能进入角地吗？

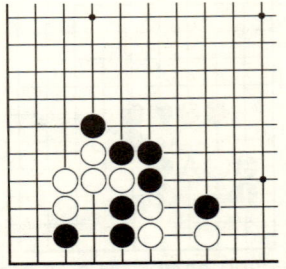

问题 300 黑先，黑应如何处理角上几子？

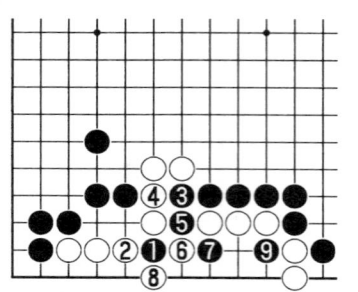

问题 295 解答 白 2 若在 6 位扳，则黑 4 位冲。

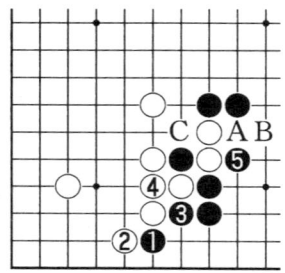

问题 296 解答 黑 1 若直接下 5 位，经白 A、黑 B、白 C 后，黑 1、3 与白 2、4 的先手交换就不存在了。

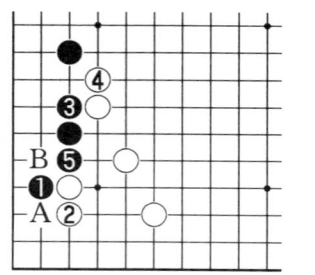

问题 297 解答 黑 1 托机敏。白 2 若 A 位扳，黑就 B 位退。

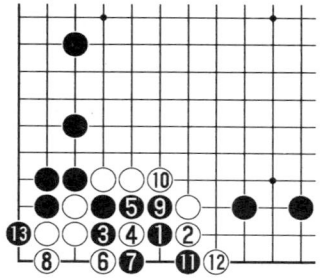

问题 298 解答 白 2 若下 4 位，则黑 9 位冲，割断白右侧一子。

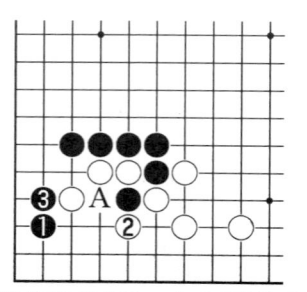

问题 299 解答 白 2 不能在 3 位挡，那样的话黑要在 A 位叫吃。

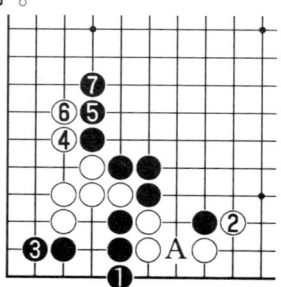

问题 300 解答 黑 1 是先手，接下来有 A 位挖的手段。

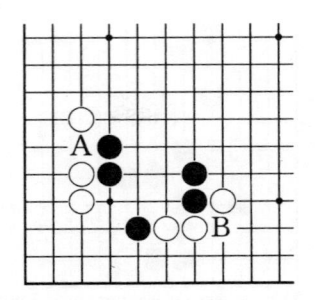

第二部分 手　筋

问题 301　黑先，针对白 A 位和 B 位的弱点，黑有何手段？

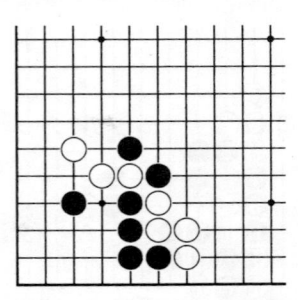

问题 302　黑先，外围的黑棋应怎样在攻击中整形？

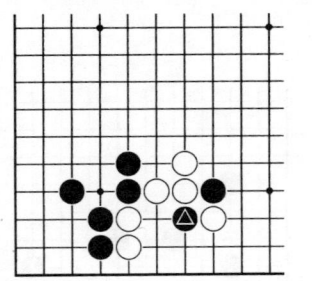

问题 303　黑先，能在攻击中救出黑△一子吗？

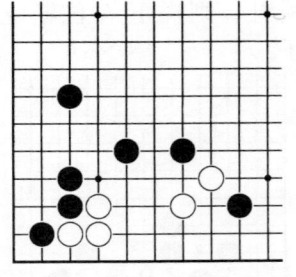

问题 304　黑先，怎样攻击白棋？

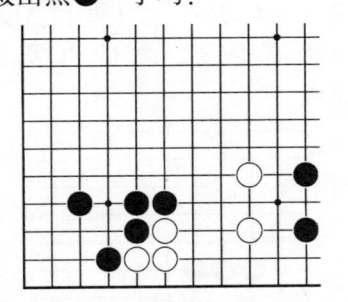

问题 305　黑先，怎样攻击白棋？

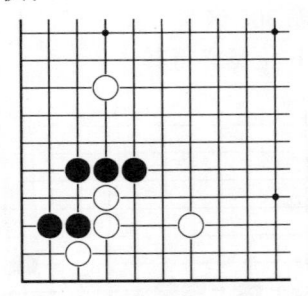

问题 306　黑先，怎样攻击白棋？

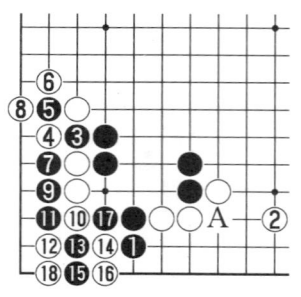

⑲ = ⑬

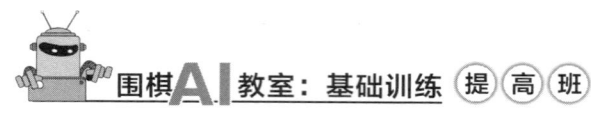

问题 301 解答　白 2 若在 13 位跳补，则黑下 A 位断吃白二子。

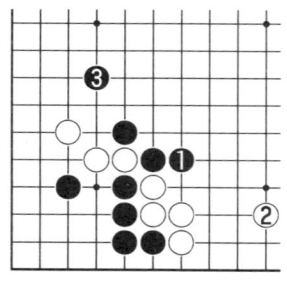

问题 302 解答　黑 1、3 简明而有力。

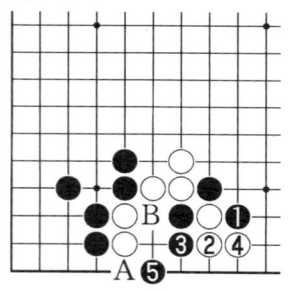

问题 303 解答　黑 5 后，A 位和 B 位黑必得其一。

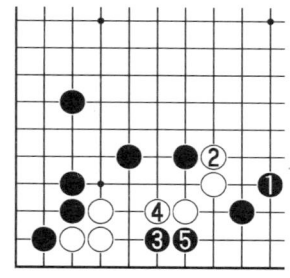

问题 304 解答　黑 1 与白 2 交换极有必要，之后再黑 3 点入。

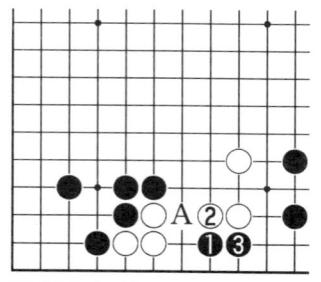

问题 305 解答　白 2 若在 3 位挡，则黑在 A 位尖。

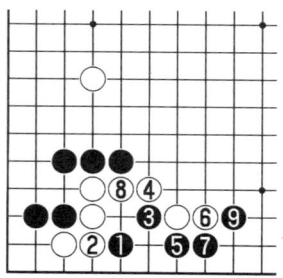

问题 306 解答　黑 7 后，8 位和 9 位黑必得其一。

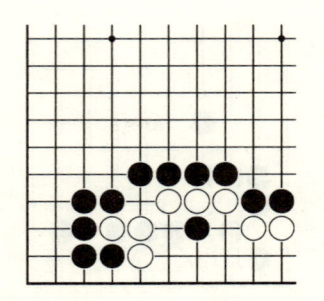

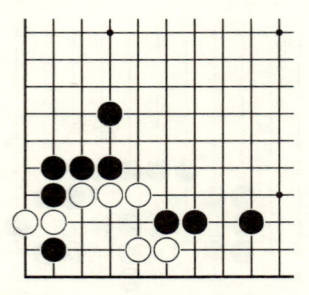

问题307 黑先,黑有攻击白棋的严厉手段吗?

问题308 黑先,怎样攻击白棋?

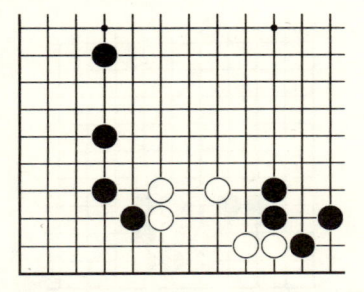

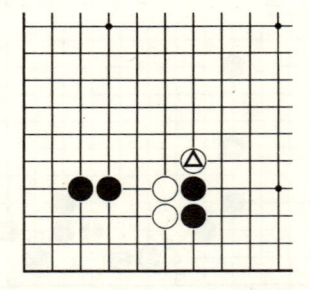

问题309 黑先,怎样攻击白棋?

问题310 黑先,白△扳,黑怎么应?

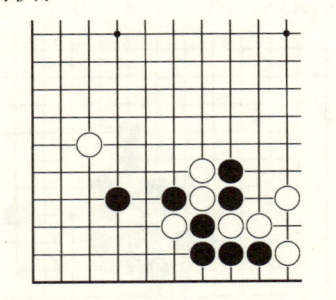

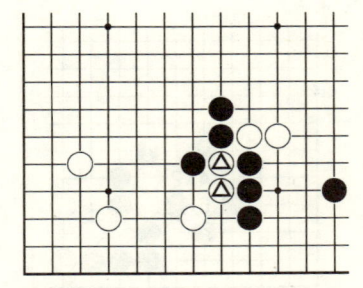

问题311 黑先,有吃白中间二子的手段吗?

问题312 黑先,有吃白△二子的手段吗?

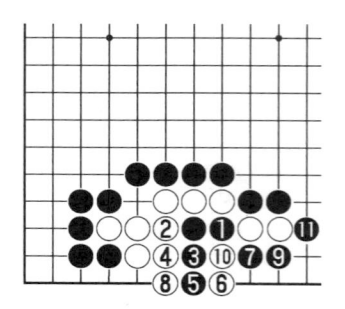

问题307 解答　看来白2只好下3位，让黑下2位吃白三子。

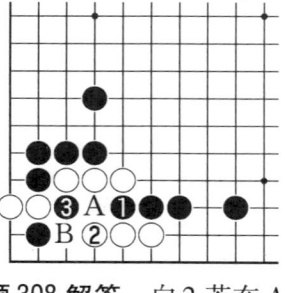

问题308 解答　白2若在A位挡，则黑在B位长。

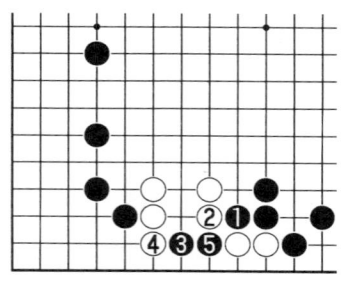

问题309 解答　黑1是愚形好手。

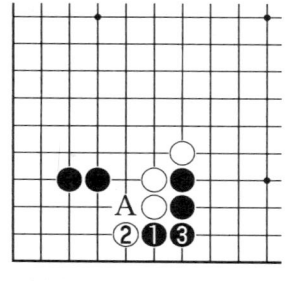

问题310 解答　由于存在着A位断点，黑3后白不好下。

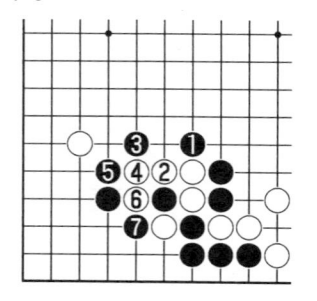

问题311 解答　白4若在6位提，则黑在4位挤，白也逃脱不了被吃的命运。

问题312 解答　黑1搭、3断是吃白二子的手筋。

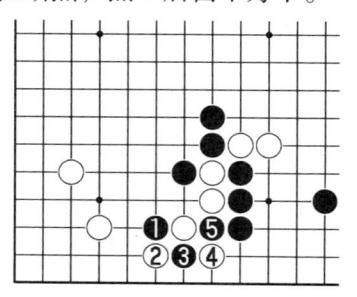

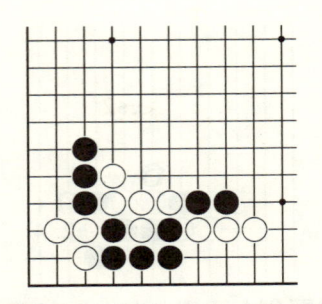

第二部分 手 筋

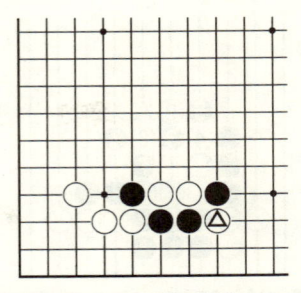

问题313 黑先,能一举歼灭中间白五子吗?

问题314 黑先,白△断,黑怎么应?

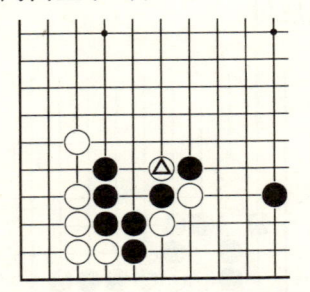

问题315 黑先,白△断打,黑怎么应?

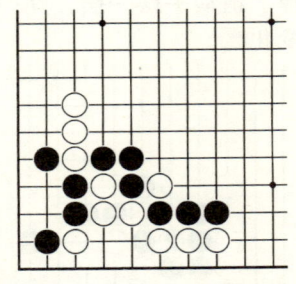

问题316 黑先,黑怎样下才能攻守兼备?

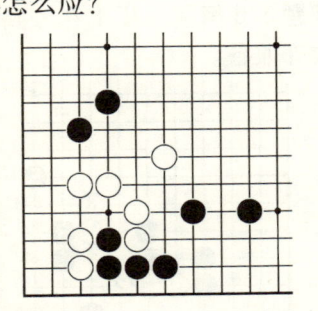

问题317 黑先,有攻击白棋的好点吗?

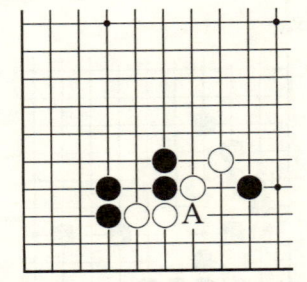

问题318 黑先,怎样针对A位的弱点来攻击白棋?

183

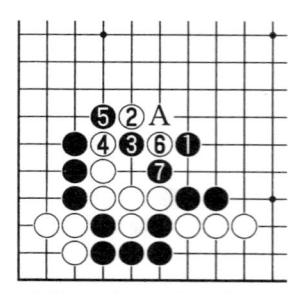

问题313解答 白2若在6位靠，则黑在A位扳，白也逃不掉。请动手摆一摆，其中可有变化哟。

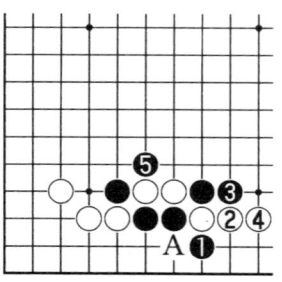

问题314解答 白4先在A位打是"苦肉计"，但黑也有办法应付。

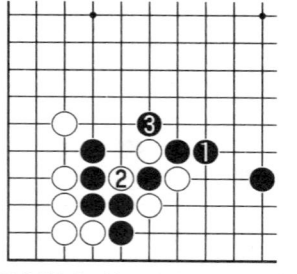

问题315解答 黑1不要先下3位。

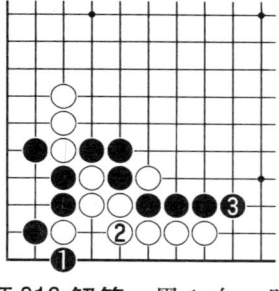

问题316解答 黑1在一路打攻守兼备。

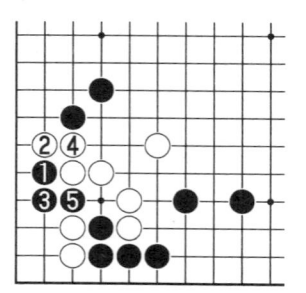

问题317解答 看来白2只好下3位，让黑先手在2位退回。

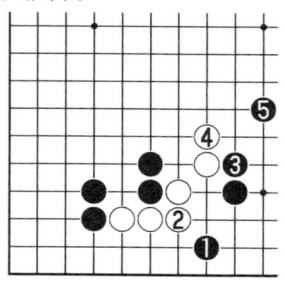

问题318解答 黑1先手飞，然后黑3、5好调。

第二部分 手 筋

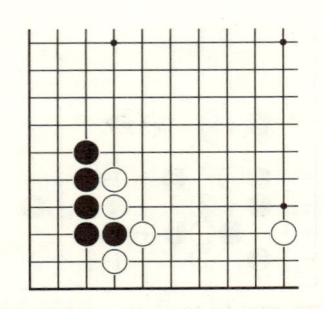

问题 319　黑先，怎样攻击白棋？

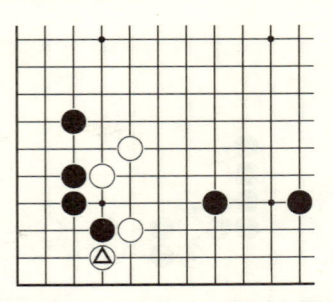

问题 320　黑先，白△扳，黑怎么应？

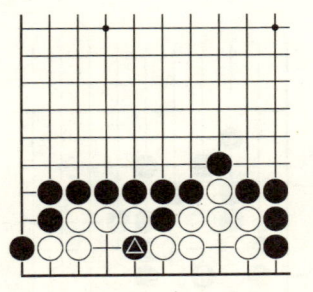

问题 321　黑先，黑如何利用△子收官？

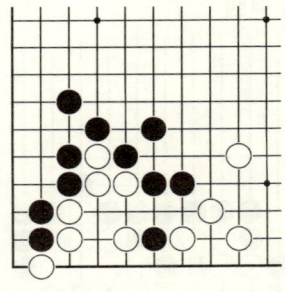

问题 322　黑先，黑应怎样收官？

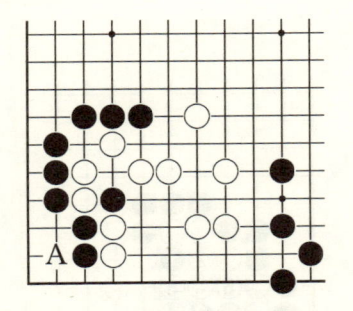

问题 323　黑先，不能让白在A位夹到，黑应怎样收官？

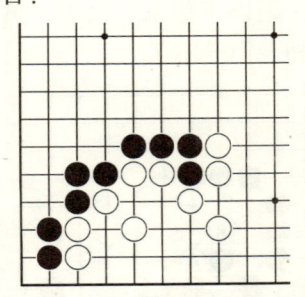

问题 324　黑先，黑应怎样收官？

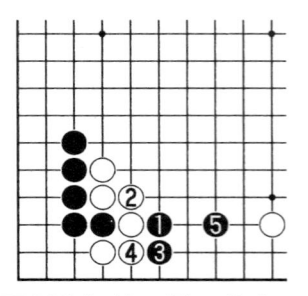

问题 319 解答 黑 1 若在 2 位断，则白在 1 位长，白可轻松舍去中腹二子。

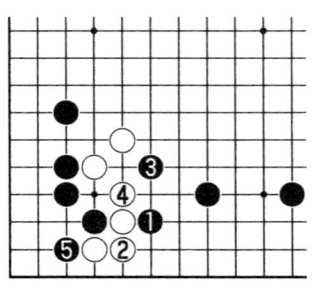

问题 320 解答 黑 1 得要领，将白整体下重。

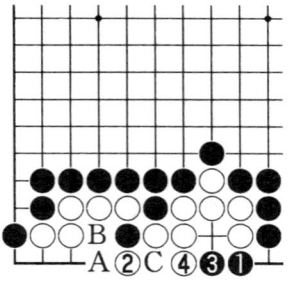

问题 321 解答 白 2 若在 3 位挡，则以下黑 A、白 B、黑 C 成劫，白受不了。

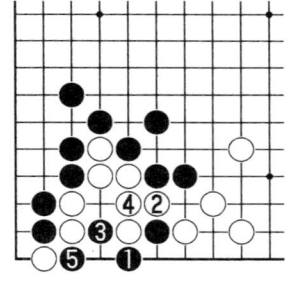

问题 322 解答 黑是无忧劫。

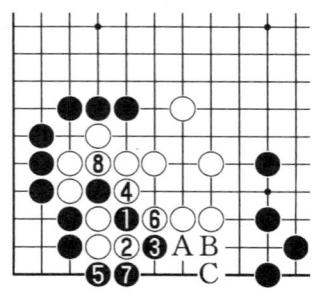

问题 323 解答 白 8 后，黑还可黑 A、白 B、黑 C 渡过。

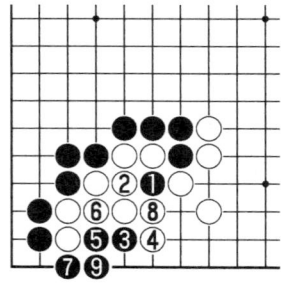

问题 324 解答 黑 1 先下 3 位也成立。

第二部分 手 筋

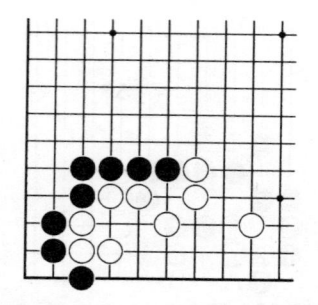

问题 325 黑先,黑应怎样收官?

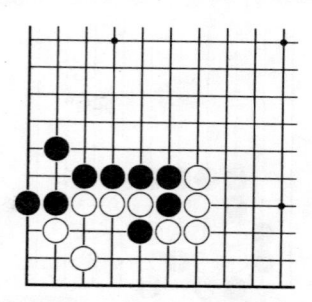

问题 326 黑先,黑应怎样收官?

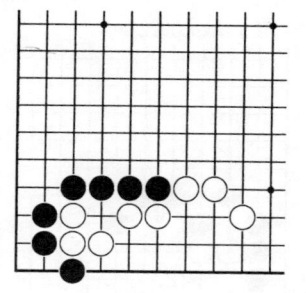

问题 327 黑先,黑应怎样收官?

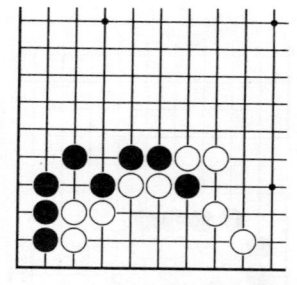

问题 328 黑先,黑应怎样收官?

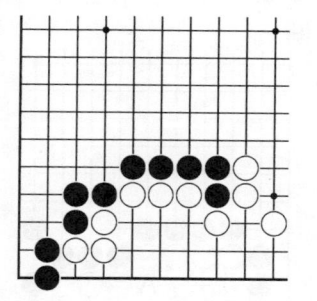

问题 329 黑先,黑应怎样收官?

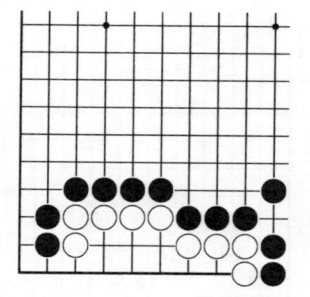

问题 330 黑先,黑应怎样收官?

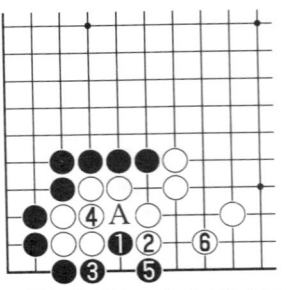

问题325 解答　白2若在3位挡，则黑下A位，白损。

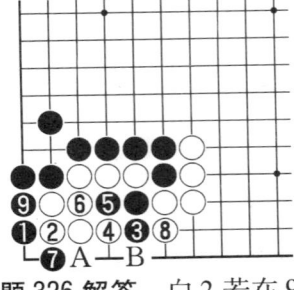

问题326 解答　白2若在9位挡，则黑在4位尖，以下白6位、黑A位、白7位、黑B位，角上成劫杀。

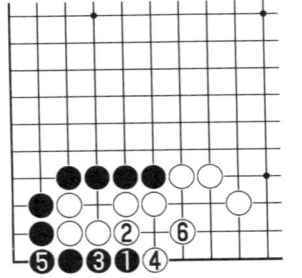

问题327 解答　白2若在3位挡，此处会成劫杀。请仔细验证一下。

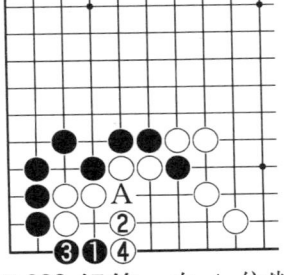

问题328 解答　白A位断点的毛病使白2不敢下3位分断。

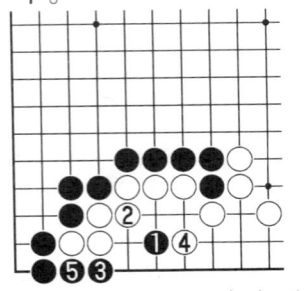

问题329 解答　黑1点在了白形的弱点上。

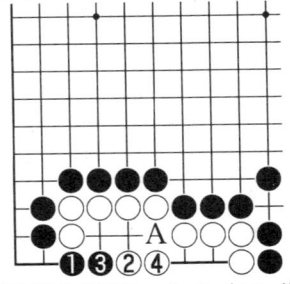

问题330 解答　白2在3位挡大无理，黑A位一断，白整块全死。

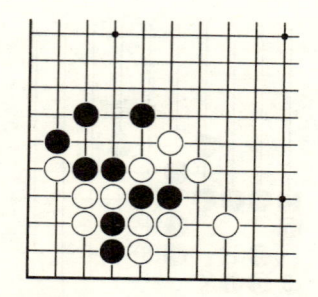

问题 331 黑先，黑应怎样收官？

问题 332 黑先，黑应怎样收官？

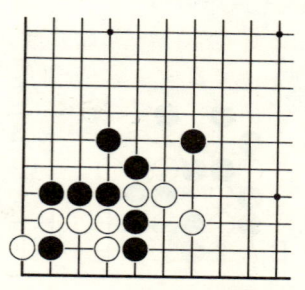

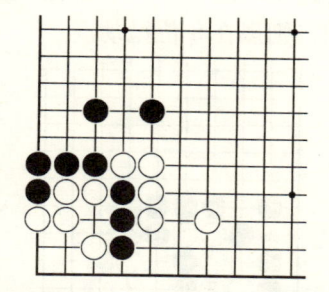

问题 333 黑先，黑应怎样收官？

问题 334 黑先，黑应怎样收官？

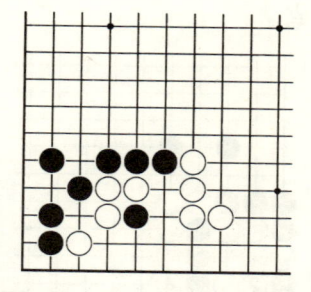

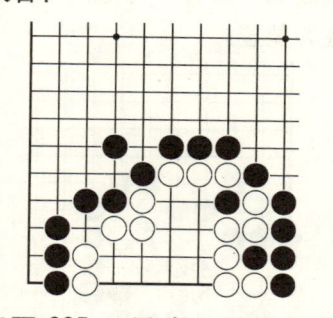

问题 335 黑先，黑应怎样收官？

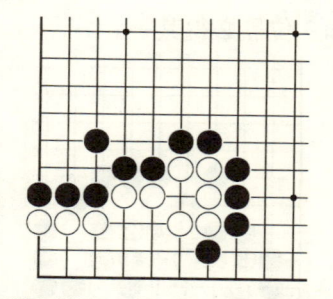

问题 336 黑先，黑应怎样收官？

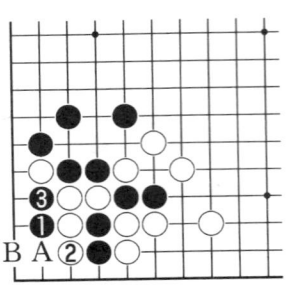

问题331 解答　白2若下3位，则黑2位、白A位、黑B位成劫。

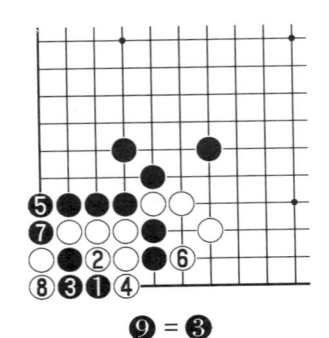

⑨=❸

问题332 解答　白2若在4位挡，则黑在8位抛劫。

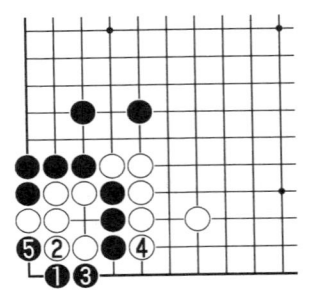

问题333 解答　黑1后，2位和3位黑必得其一。

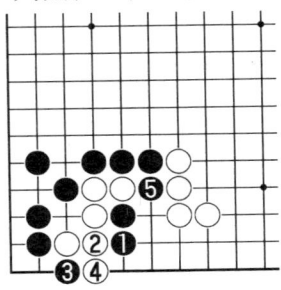

问题334 解答　看来白4只能在5位连。

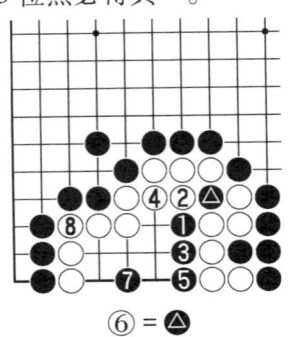

⑥=▲

问题335 解答　黑先手下成双活。

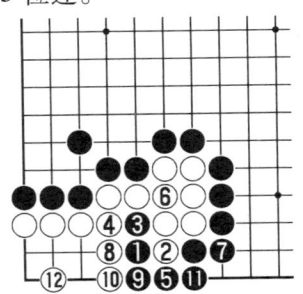

问题336 解答　黑大幅度压缩了白空。

190

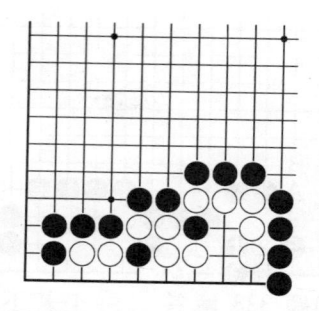

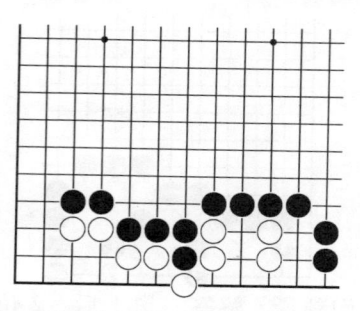

问题 337 黑先，黑应怎样收官？

问题 338 黑先，有杀白的妙手吗？

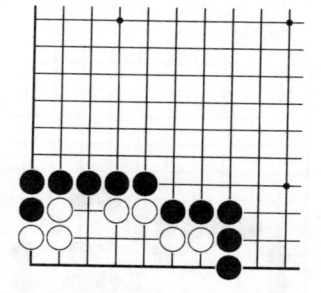

问题 339 黑先，黑应怎样收官？

问题 340 黑先，黑应怎样收官？

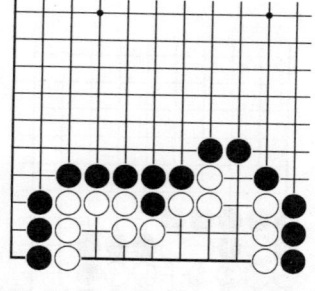

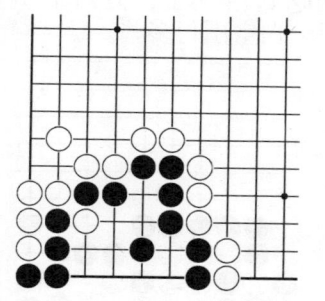

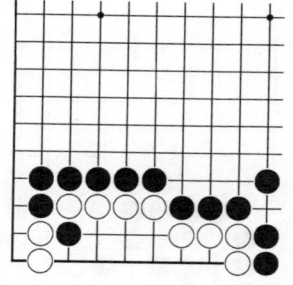

问题 341 黑先，黑怎样在空里补棋？

问题 342 黑先，黑应怎样收官？

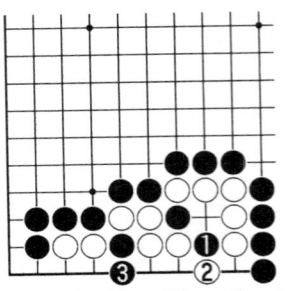

问题 337 解答 黑 1 后，2 位和 3 位黑必得其一。

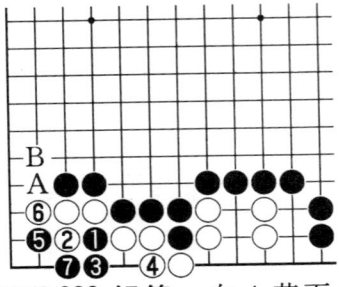

问题 338 解答 白 4 若下 7 位，则黑 6 位扳，白也不活。看来白 4 只好在 A 位扳，让黑 4 位倒扑吃，然后白再 B 位挺头活角。

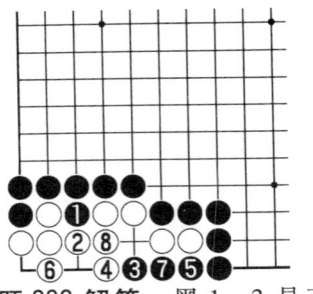

问题 339 解答 黑 1、3 是正确的次序。

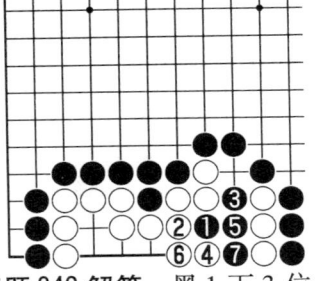

问题 340 解答 黑 1 下 3 位也能吃到白三子，但白下 1 位后，白空围得多些。

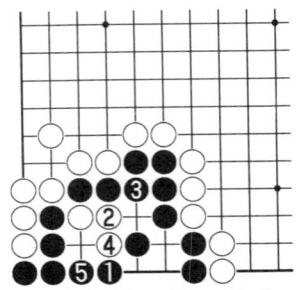

问题 341 解答 黑 1 是唯一正确的补法。

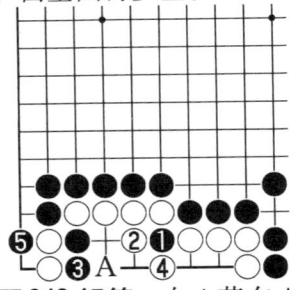

问题 342 解答 白 4 若在 A 位打吃，则黑 4 位立下后成"金鸡独立"。

第二部分 手 筋

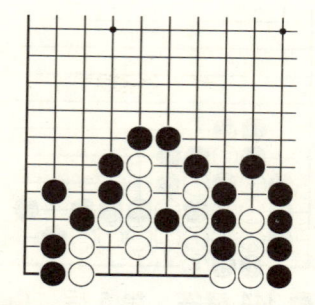

问题 343 黑先，黑应怎样收官？

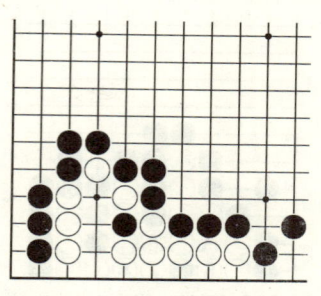

问题 344 黑先，有杀白的妙手吗？

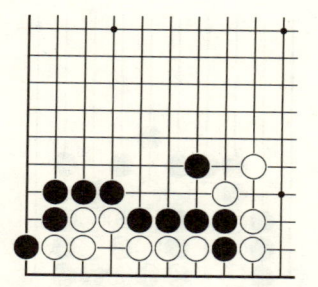

问题 345 黑先，黑怎样获取最大的利益？

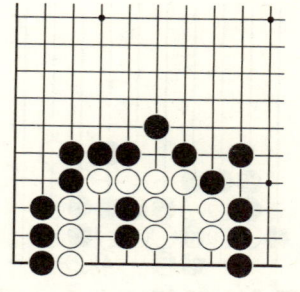

问题 346 黑先，黑应怎样收官？

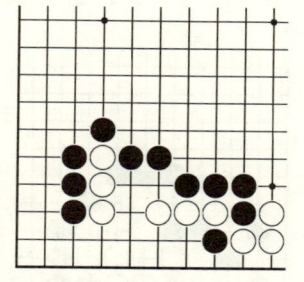

问题 347 黑先，黑应怎样收官？

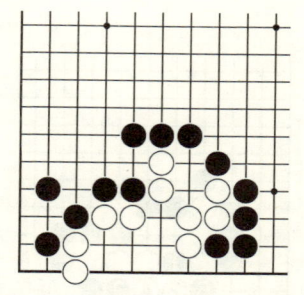

问题 348 黑先，黑应怎样收官？

193

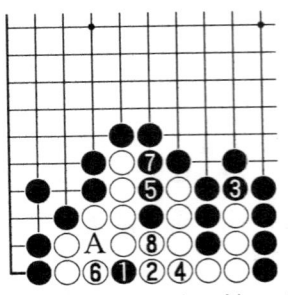

问题 343 解答　黑 1 妙，白 2 不可在 A 位连，道理请自己想一想。

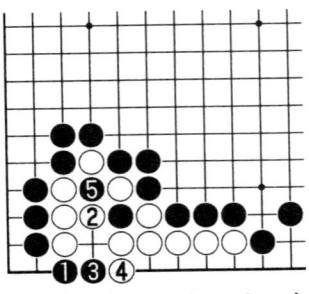

问题 344 解答　黑 5 后，白只能寄希望于打劫了。

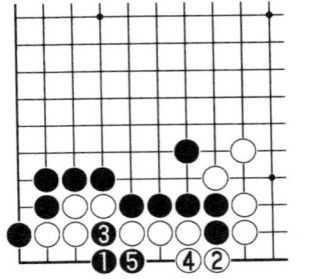

问题 345 解答　白 2 先下 4 位，则黑下 5 位，结果相同。

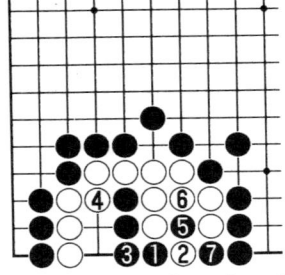

问题 346 解答　白 2 在 3 位扑后再 4 位连，虽能吃到黑三子，但右侧白二子也将被黑吃掉。

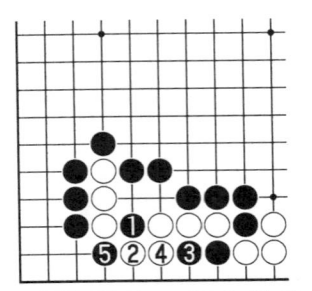

问题 347 解答　黑 1 是出发点，黑 3 是决定性的一手。

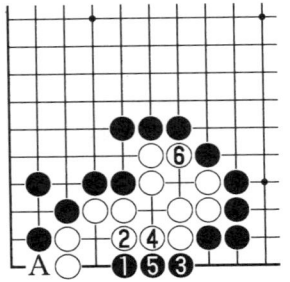

问题 348 解答　白 6 后，A 位是黑棋的先手。

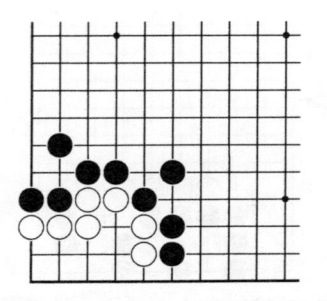

问题 349 黑先,黑应怎样收官?

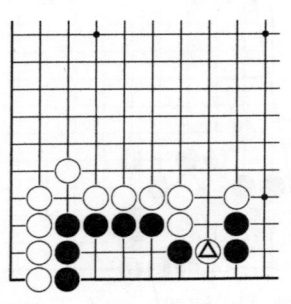

问题 350 黑先,白⊙挖,黑怎么应?

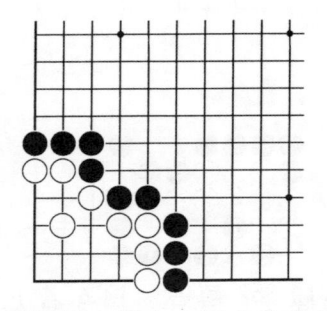

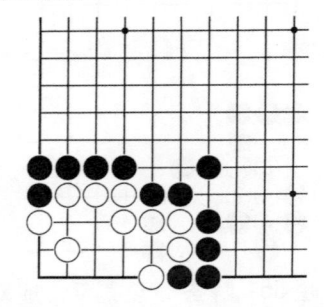

问题 351 黑先,黑在白角里有手段吗?

问题 352 黑先,黑在白角里有手段吗?

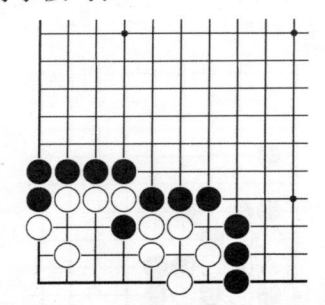

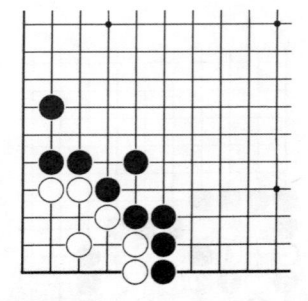

问题 353 黑先,黑在白角里有手段吗?

问题 354 黑先,黑在白角里有手段吗?

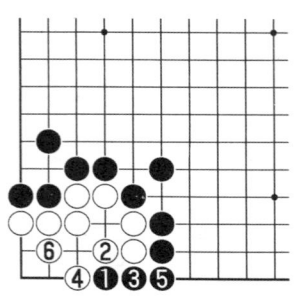

问题 349 解答　白 6 不补一手的话，角里有双活。

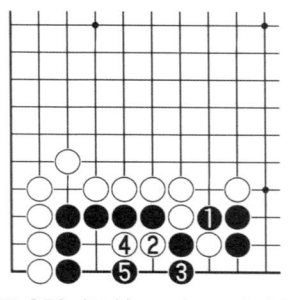

问题 350 解答　由于有黑 3、5 的好手，故黑 1 可以打断。

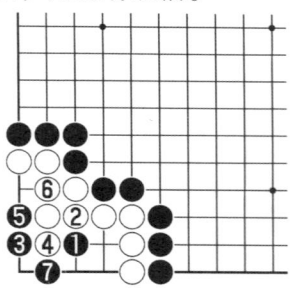

问题 351 解答　至黑 7，成双活。白 4 下 5 位，黑下 4 位，结果也是双活。

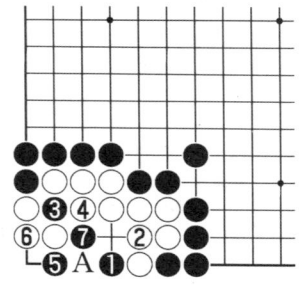

问题 352 解答　白 6 若下 7 位，则黑 6 位抛劫，成劫活。其中，白 2 可考虑下 A 位，舍弃一子。

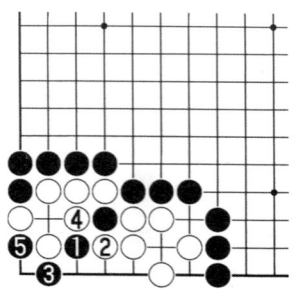

问题 353 解答　黑 3 扳是巧手。

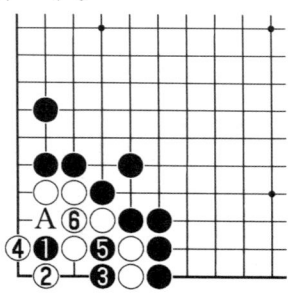

问题 354 解答　白 4 若下 5 位，则黑下 A 位，白全死。

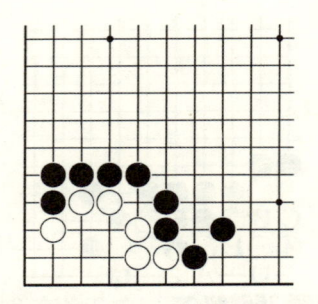

问题 355 黑先，黑应如何收官？

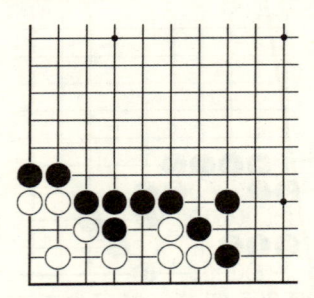

问题 356 黑先，黑有手段吗？

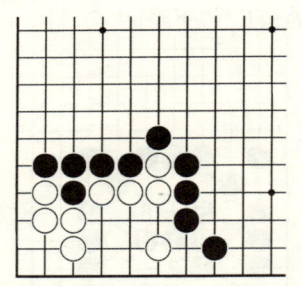

问题 357 黑先，黑应如何收官？

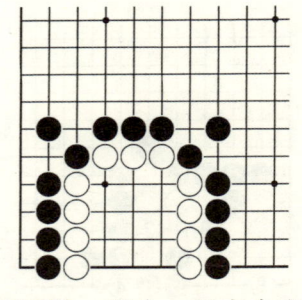

问题 358 黑先，黑在白空里有手段吗？

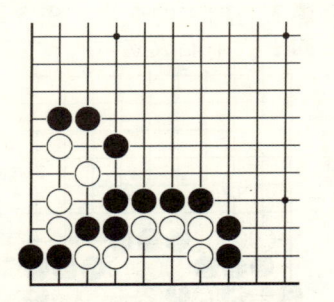

问题 359 黑先，角里的黑二子还有利用价值吗？

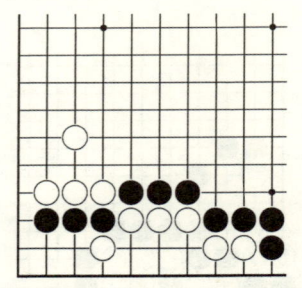

问题 360 黑先，角里的黑三子还有利用价值吗？

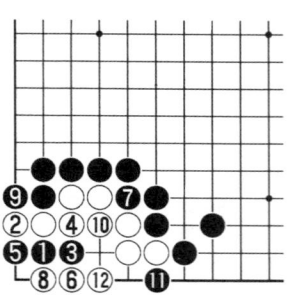

问题 355 解答 黑可先手下成双活。

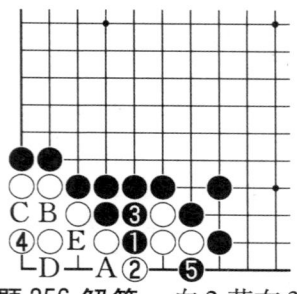

问题 356 解答 白 2 若在 3 位打，则黑在 2 位立，以下白 A、黑 B、白 C、黑 D，接下来 4 位的抛劫和 E 位的倒扑黑必得其一。

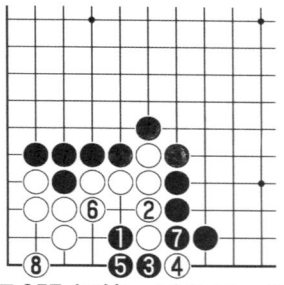

问题 357 解答 黑 7 后，达到了先手压缩白空的目的。

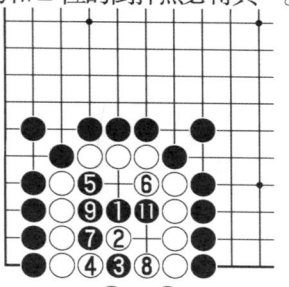

问题 358 解答 黑 3 妙极！没有黑 3 与白 4 的交换，黑 5 以下的手段不能成立。

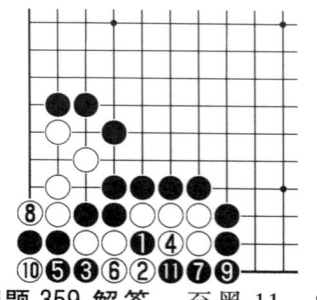

⑩ = ❸

问题 359 解答 至黑 11，白五子已接不归。

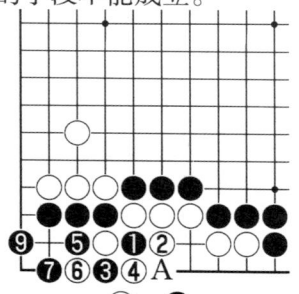

问题 360 解答 白 4 若在 5 位长，则黑在 A 位做劫。

⑧ = ❸

第三部分 收官

不擅长收官的围棋爱好者，往往对后续官子的计算感到困惑，甚至持一种无所谓的态度。但是，如果不上好后续官子这一课，你的收官技术就不可能达到高水平。

图1黑1后手破白1目，黑1的价值就是1目。

图2黑1后手破白1目，但下一步还可A位继续破白1目，A位的官子即为黑1的后续官子。以后黑A是先手，白须B位接，这样可判定黑1实际价值是2目。

图3黑1后A位不是先手，占A位双方各有一半的权益，A位的价值只能算半目，这样黑1的实际价值是1目半。

从以上图例可以看出，具有后续官子的后手官子，与同样大小但没有后续官子的后手官子，价值是不同的。

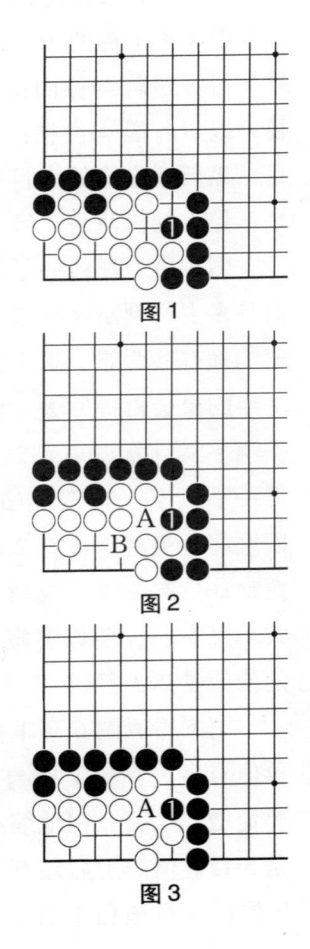

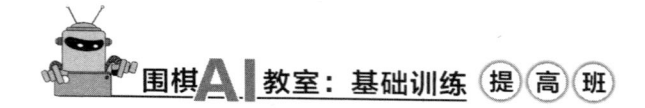

计算有后续官子的官子价值，要看其后续官子是先手还是后手。如果是先手后续官子，则可将后续官子的价值整体加到总价值中去；如果是后手后续官子，则只能加上这个后续官子的一半价值。即便是再复杂的官子，按照这种方法，也能计算出其价值。

但有些特殊情况，需要提一提。

图4 黑1提两子，这手棋的价值是几目？白若△位回提，则黑先手1目；以后若黑△位粘，此处黑共得3目，黑后续多得的2目是后手。答案是：黑1的价值是2目。

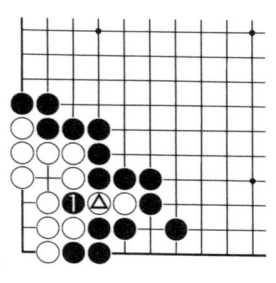

图5 黑1提白一子，这手棋的价值是多少？判断这种"半个劫"的价值的确有些为难。黑1提后，白还有一半的机会再提回去，但白要劫胜还需两手棋（提劫、粘劫），而黑则只需一手棋了（在△位粘）。在白未提回之前，黑占△位有2/3的权益，而白粘劫只有1/4的权利。此处官子总共不过1目，所以答案应该是：黑1的价值是2/3目。

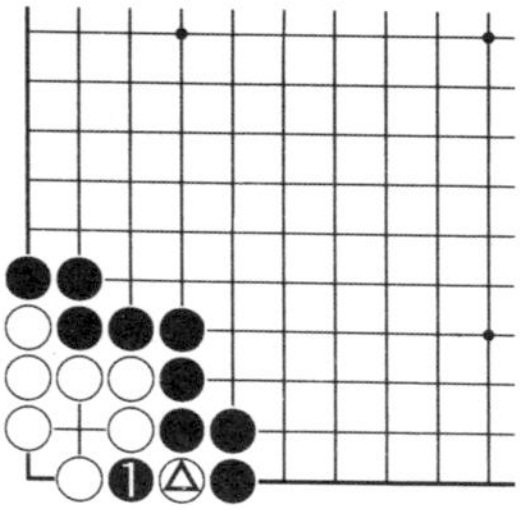

再来看看图6 黑1扳，这手棋的价值有多大？黑1扳与白A扳相比，黑地增加1目，白地缩小2目，合计是3目。但黑1后还有后续官子，即B位扳又可破白1目。可是，B位扳

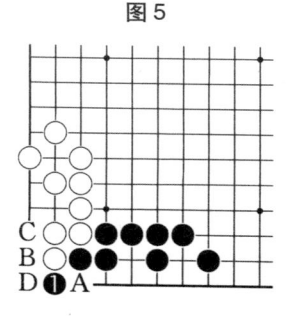

是后手，即使白C位挡，黑只有A位接，白可先在D位提，故B位的价值只有1/3目。答案是：黑1扳的价值是3又1/3目。

  在收官时，不可避免地会遇到后续官子问题，所以这里着重讲一讲。实战中的后续官子，大多比上面列举的要复杂，但基本原理是一致的。

  另外，本部分安排的练习题，有的或许与手筋部分中的官子练习题相似，这是因考虑到为加深理解在本部分增设了变化图及讲解，且反复练习可强化举一反三之效。

  祝大家运用学到的官子技巧赢得更多的棋！

问题 1　白先

A、B、C 三个位置中哪一位置是白棋的最佳下法？

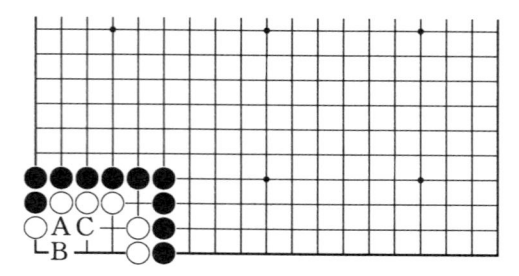

问题 1　解答

图 1　正解＝C

白 1 是最佳下法，结果白棋角地成 6 目。

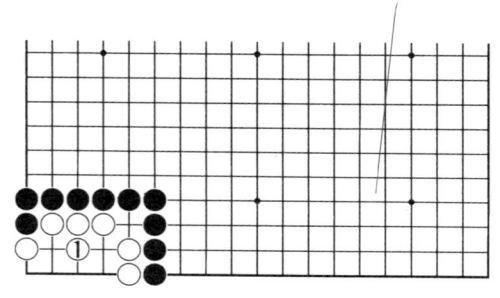

图 2　失败 1

白 1 连接欠考虑，其后黑 A、白 B 是黑棋的权利，因此白棋角地只成 5 目。

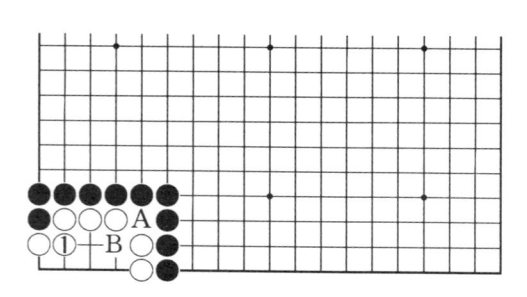

图 3　失败 2

白 1 虎，结果与前图一致。其后仍是黑 A、白 B，白棋角地也是 5 目。与正解图相比，白棋损 1 目。

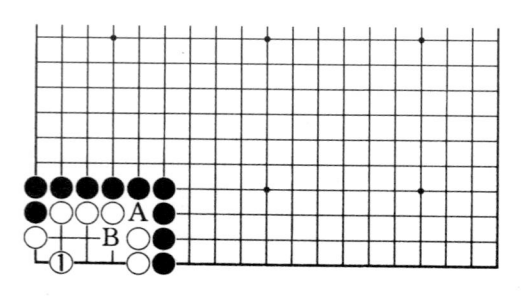

第三部分 收官

问题 2　白先

A、B、C 中哪一位置是白棋的最佳下法？角上白棋结果会如何？

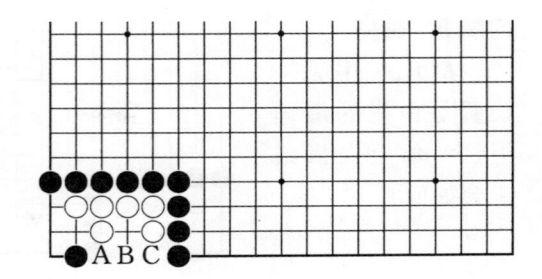

问题 2 解答

图 1　正解＝B

白 1 做出一眼是冷静的好手，黑 2 至白 5 之后，角上白棋成 5 目。

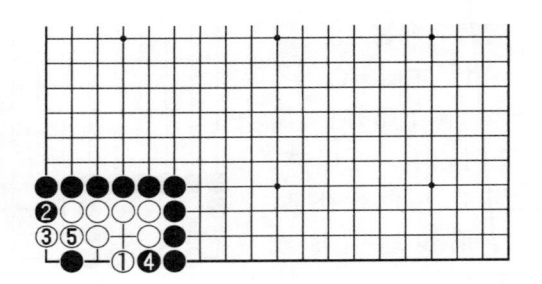

图 2　失败 1

白 1 挡过急，黑 2、白 3 后，黑棋有黑 4 尖下成共活的手段，结果白棋角地不成目。

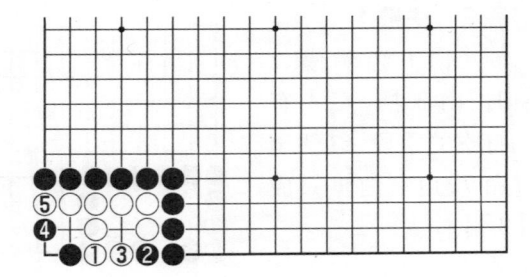

图 3　失败 2

白 1 挡，结果也不好。黑 2、4 之后，白 5 只有如此，结果白棋也是不能成目。其中白 5 如果下在 A 位，黑棋下在 5 位，形成打劫。

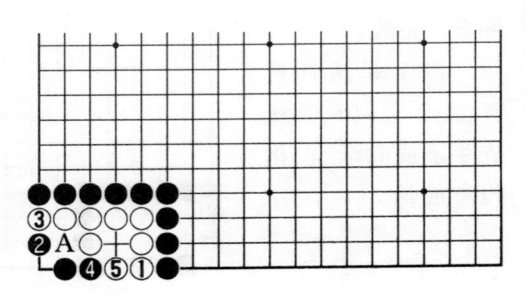

问题3 白先

A、B、C中哪一位置是白棋的最佳下法？角上白棋结果会如何？

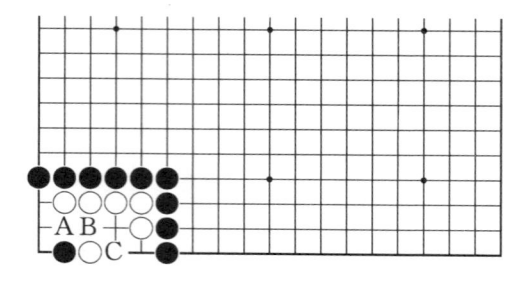

问题3解答

图1 正解＝C

图1是好棋，黑2时，白3可以挡，黑4时，白5补棋，结果角地白棋成5目。

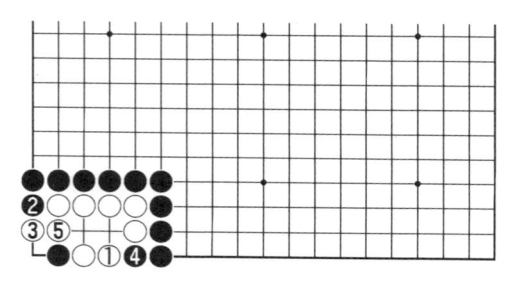

图2 失败1

白1轻率，黑2时，白3挡，黑4有打吃的手段，以下至白7，角上白棋只成3目。

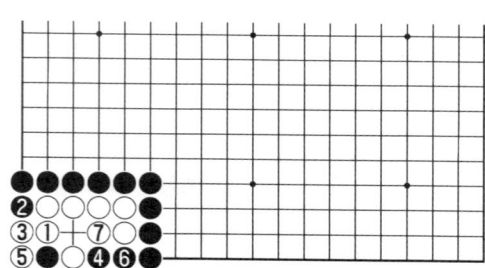

图3 失败2

白1是最坏选择，黑2至白5，黑棋先手下成共活，白棋没有成目。

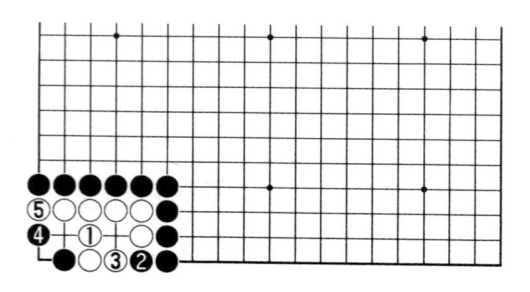

第三部分 收官

问题 4　白先

在本型中 A、B、C 哪一位置最佳？

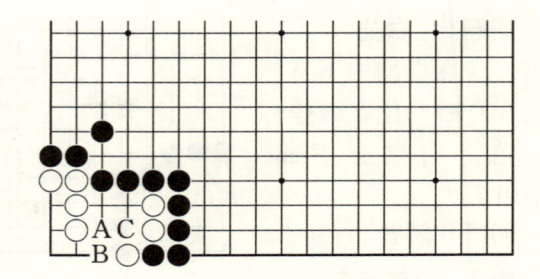

问题 4 解答

图 1　正解＝A

白 1 是最佳一手。白棋这样下的结果是可以确定 5 目。

图 2　失败 1

白 1 时，黑 2 极其严厉，以下至黑 6，白棋难免成打劫活。

图 3　失败 2

白 1 连接虽然看起来还可以，其后如果黑棋下在 4 位，白棋的 5 位补后，又还原成图 1 的棋形。但黑棋有黑 2 至黑 6 造劫的手段，白棋不行。如果白 3 下在 4 位，黑 A 紧气，白棋无条件被杀。

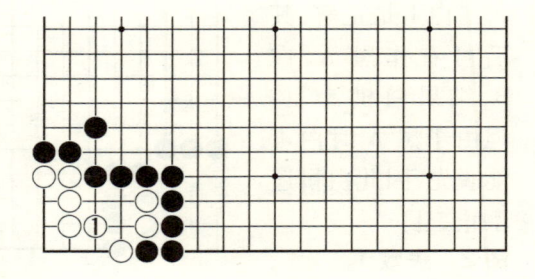

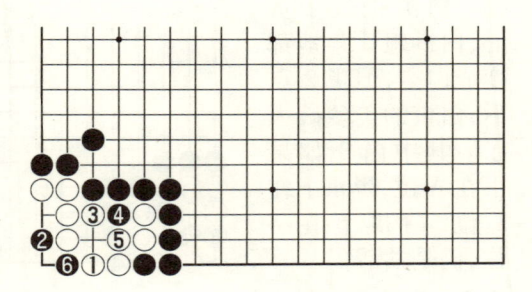

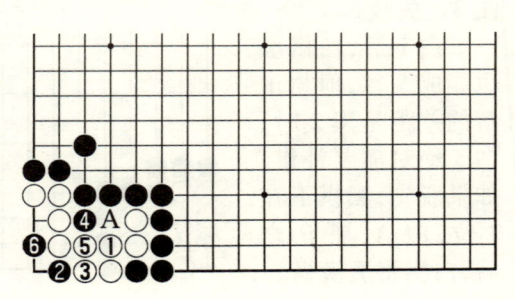

问题 5　白先

在本型中下 A、B、C 哪一位置最佳？角上白棋会下成几目？

问题 5 解答

图 1　正解 = A

白 1 是正解，其后可看作黑 A、白 B，结果白棋 5 目。但由于黑 A 时白可能脱先，因此白棋还不止 5 目。

图 2　失败 1

白 1 挡过于贪心，白棋想让角地都变成白空，但黑 2 点后，白棋的美梦破灭了。其中白 3 如果下在 A 位，黑棋下在 3 位，白棋下在 4 位，仍是共活。

图 3　失败 2

白 1 后，白棋虽也能成 5 目，但与正解的差距是黑 2 时，白 3 绝对需要补棋，如果脱先，黑棋下在 3 位，白 A、黑 B 之后，白棋将遭横祸。

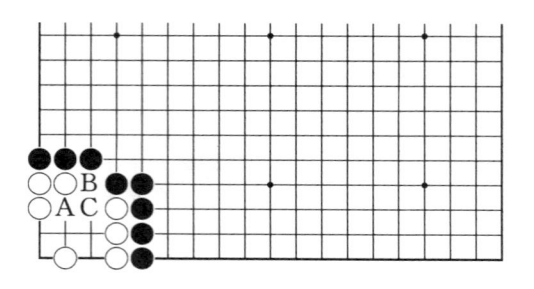

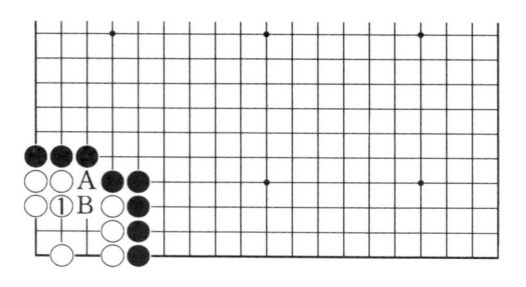

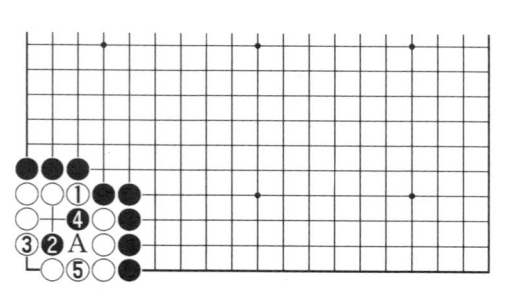

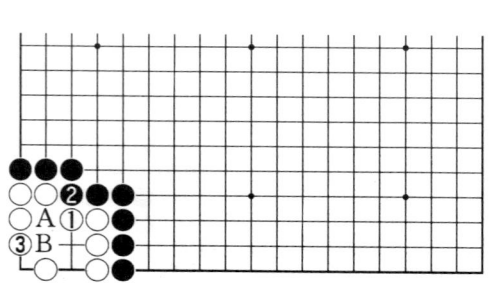

问题 6　白先

在本型中，A、B、C 哪一位置最佳？角上白棋会下成几目？

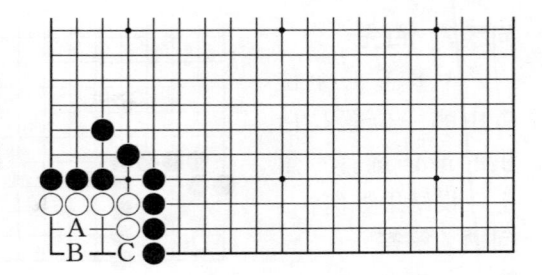

问题 6 解答

图 1　正解＝B

白 1 是最佳选择，至白 3，白棋可成 4 目。

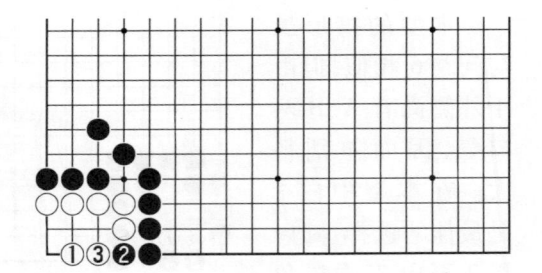

图 2　失败 1

白 1 失策，黑 2 点眼，以下至黑 6，白棋下成打劫活，结果当然不如意。

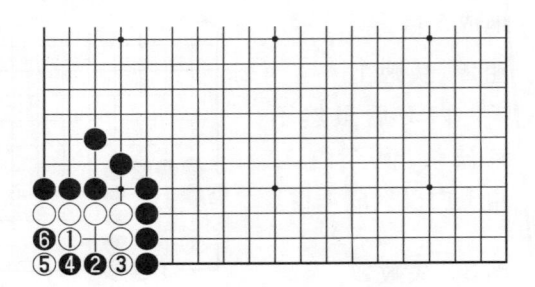

图 3　失败 2

白 1 最大限度地扩展领土虽然下得很强，但在本图中却是失败之举。黑 2 以下至黑 6，下成与前图一样的结果。

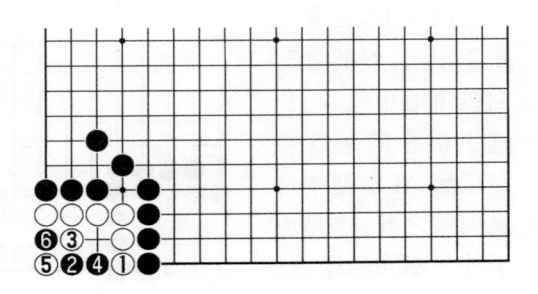

问题7　白先

A、B、C 三个位置中哪一位置是白棋的最佳选择？角上白棋结果如何？

问题7 解答

图1　正解＝C

本型的棋形虽与问题6相似，但由于外侧尚有 A、B 两口气，因而差别很大。在本型中白1是最佳的选择，其后黑2至白7，白棋角地成5目。

图2　失败1

白1后虽然不致被杀，但至白3，角上白棋只成4目。

图3　失败2

白1的结果与图2相同，下至白3，白棋角地也是4目。这手棋在问题6中是正解，在本型中却属失败之着，这是由于外气不同的缘故。

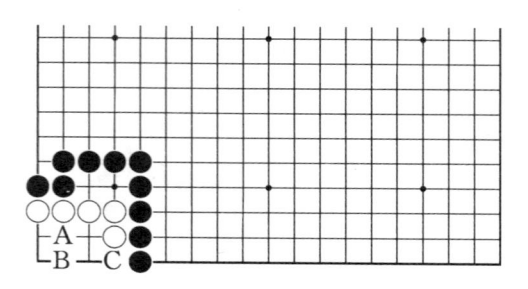

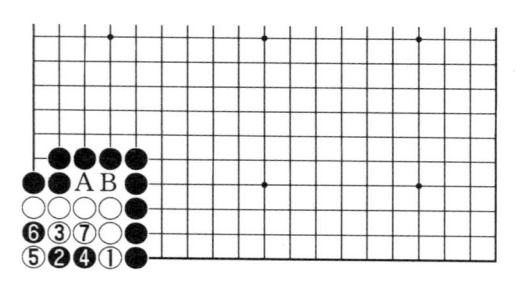

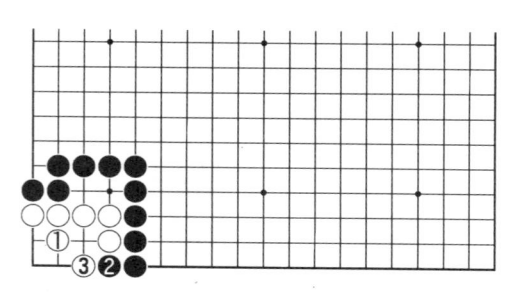

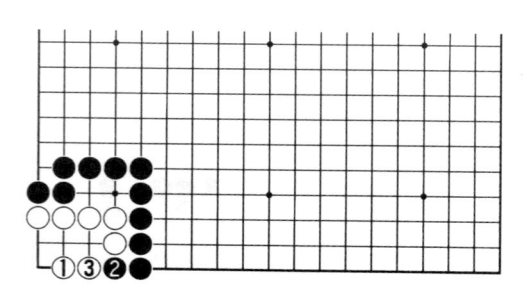

问题 8　白先

在本型中，A、B、C 中哪一位置是白棋的最佳选择？角上白棋又如何？

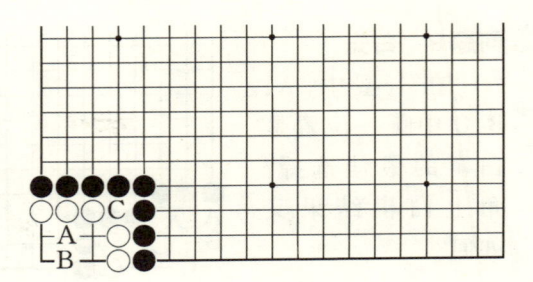

问题 8 解答

图 1　正解＝B

白 1 最佳选择，其后却使黑 A 紧气，白棋也可以不补棋。结果白棋角地成 5 目。

图 2　失败 1

白 1 使白棋受损。黑 2 如果紧气，白棋为避免黑 A 的手段，还必须补一手棋，结果白棋角地只能成 4 目。

图 3　失败 2

白 1 是最坏的选择。黑 2 点极其严厉，至黑 4，白棋无可奈何地被全歼。黑 2 如果下在 3 位，白棋下在 2 位，则形成打劫。

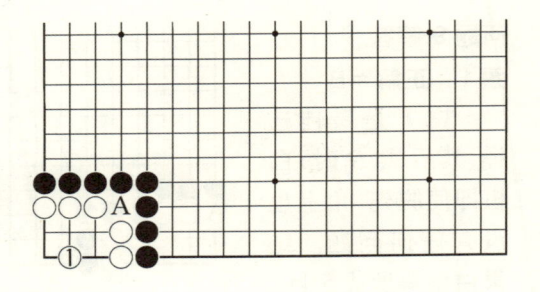

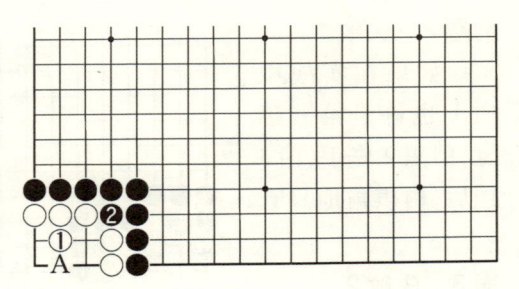

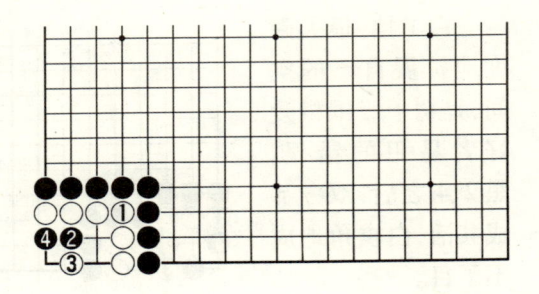

问题9 白先

在本型中，A、B、C中哪一位置是白棋的最佳选择？角上白棋结果又如何？

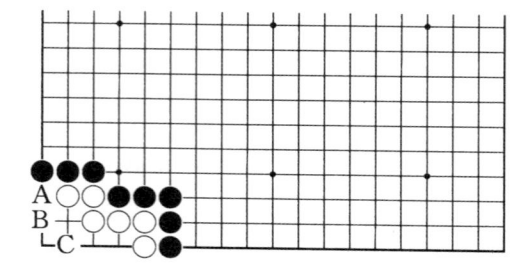

问题9解答

图1 正解＝B

白1是最佳选择，其后黑A时，白棋即使脱先，角上也没有任何问题。结果白棋角地成5目。

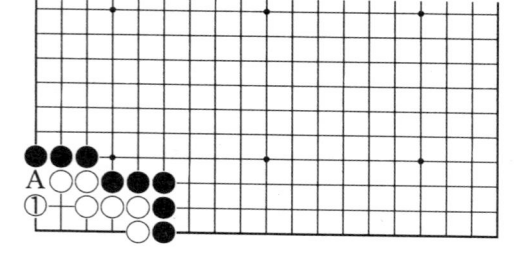

问题2 失败1

如果在实战中白1也许是第一感觉，但黑2先手，白3挡后，白棋角地只有4目。

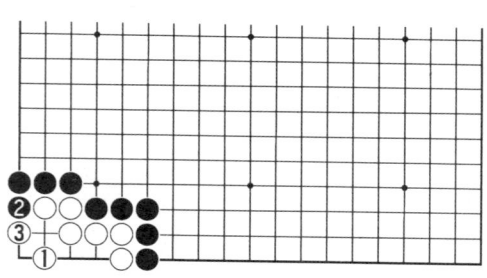

图3 失败2

白1挡，最大限度地扩展自己的空间，是初中级围棋爱好者易犯的错误。黑2、4之后，双方下成共活，白棋角地成不了目。

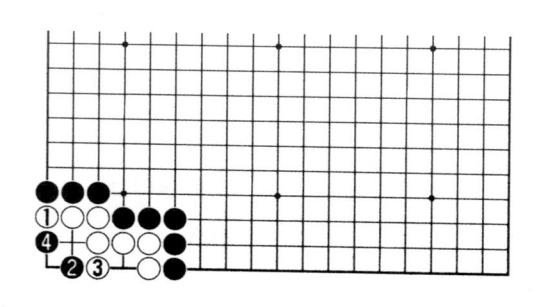

第三部分 收官

问题10 白先

A、B、C中哪一位置是白棋的最佳选择?角上白棋结果如何?

问题10解答

图1 正解＝C

白1下立是最佳选择,其后黑A时,白B还须补一手棋,结果白棋角地成5目。

图2 失败1

白1连接的下法经常可见。黑2扳,白3挡,白棋仍须补一手棋,结果白棋是角上3目,加上在黑2一子的权利,共计3又1/3目。

图3 失败2

白1虎是做活时的常用手法,但在本图中离最佳选择尚有距离。黑2打时,白3连接,结果角上白棋只有3目。这是白棋最坏的结果。

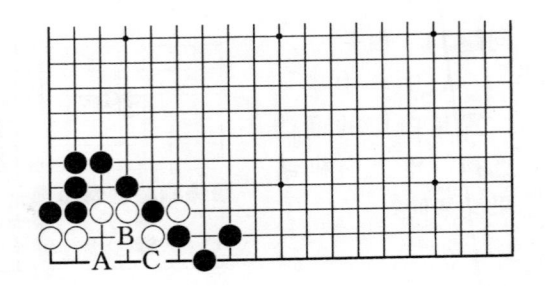

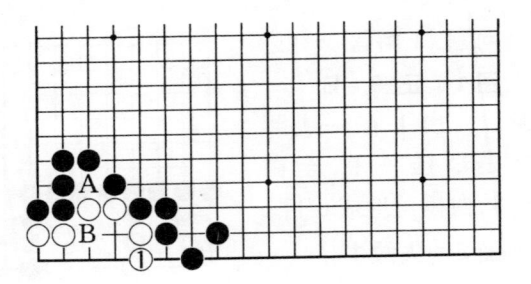

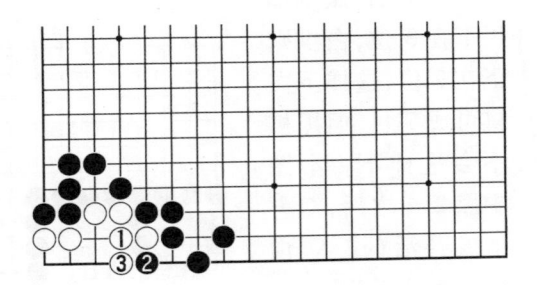

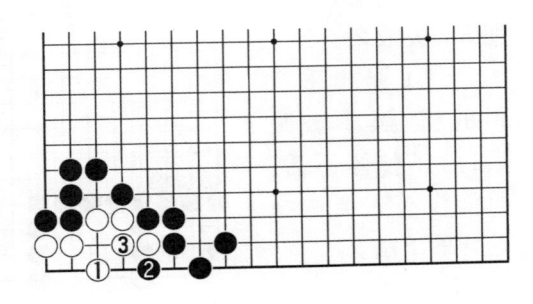

问题 11　白先

A、B、C 中哪一位置是白棋的最佳选择？角上白棋结果又如何？

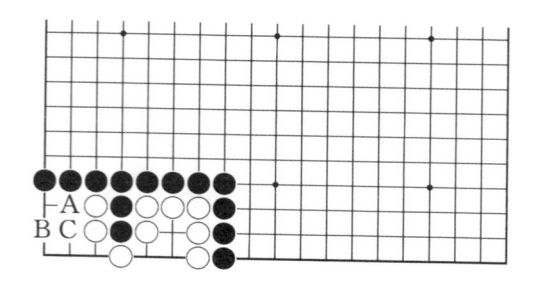

问题 11 解答

图 1　正解＝B

白 1 在一线跳是最佳一手，至白 3，白棋角地成 6 目。

图 2　失败 1

白 1 挡，黑棋如果下在 3 位，白棋则下在 2 位，这样下白棋可成 7 目，但黑棋不会这样下。本图中黑 2、4 之后，双方下成共活（黑 A、白 B 交换没有必要）。

图 3　失败 2

白 1 是出乎意料的棋，黑 2 破眼后，白棋整体不活。可能没有人会选择这样的下法。

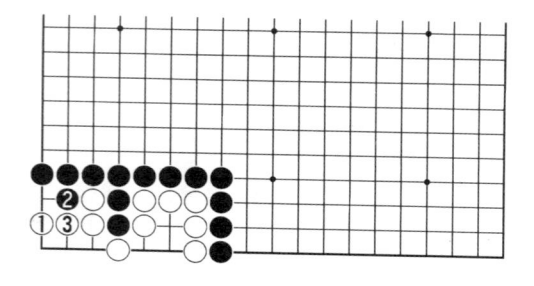

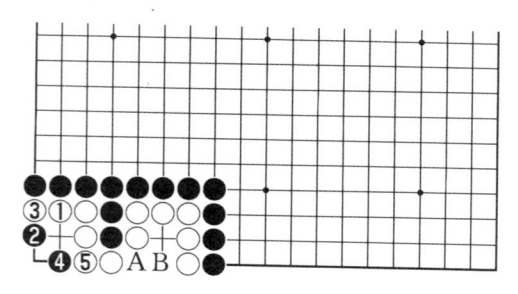

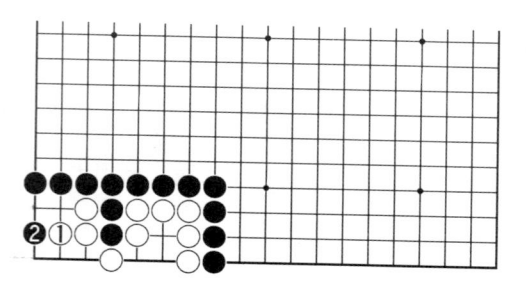

第三部分 收官

问题12 白先

A、B、C 中哪一位置是白棋的最佳选择？角上白棋结果又如何？

图12 解答

图1 正解＝C

白1虎是最佳下法。黑2时，白3挡，结果白棋是4目加上提黑2一子的1/3权利，合计是4又1/3目。

图2 失败1

如果是实战，白棋会很容易考虑白1虎，那么黑2扳是绝对的先手，结果白棋角地成3目。如果白棋省去白3，被黑3位点后，白棋不活。

图3 失败2

白1下立，目的是想活得更大一些，但实际上却是自取灭亡，黑2点后，白棋被杀。黑2之后，A和B位中，二者黑必居其一。如果黑2下在C位，白棋则下在2位，结果白棋可成5目，这是正是白棋所企盼的。

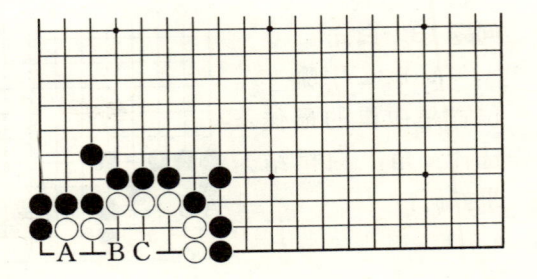

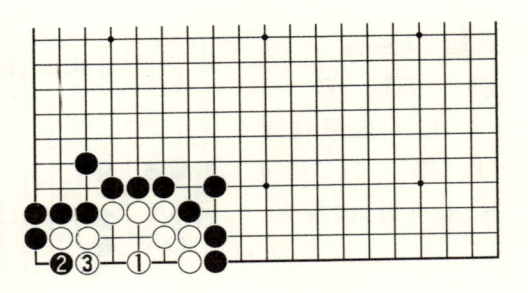

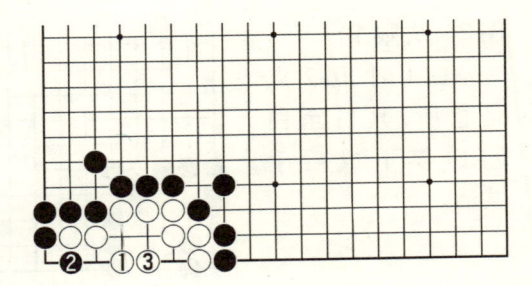

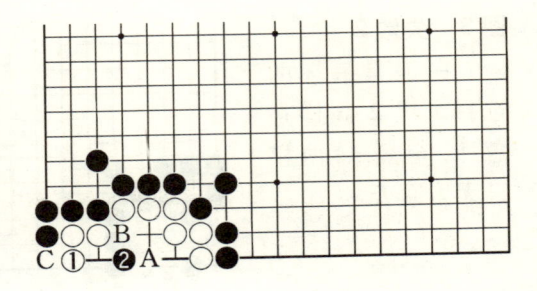

213

问题 13　白先

A、B、C 中哪一位置是白棋的最佳选择？角上白棋结果如何？

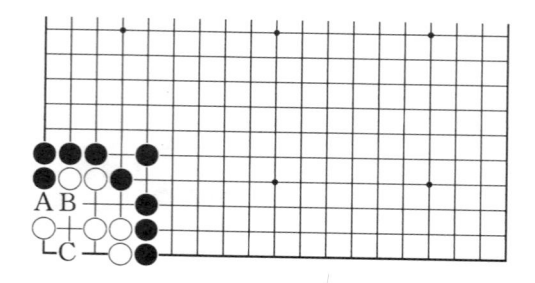

问题 13 解答

图 1　正解＝C

白 1 是最佳选择。黑 2 打、黑 4 接，白 5 补，白角活。

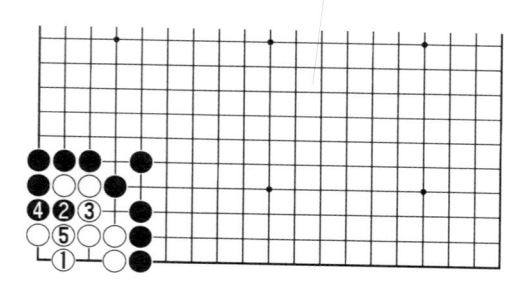

图 2　失败 1

白 1 时，黑 2 点是急所，其后至白 5，白棋下成后手共活。

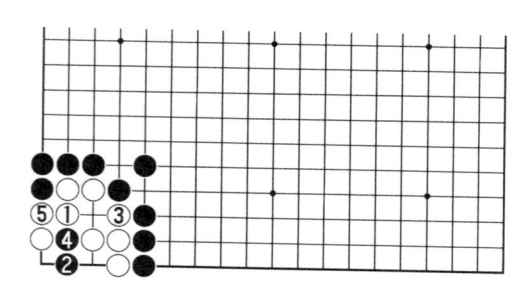

图 3　失败 2

白 1 是最坏的选择。黑 2 同样是急所，至黑 4，白棋已无力回天。

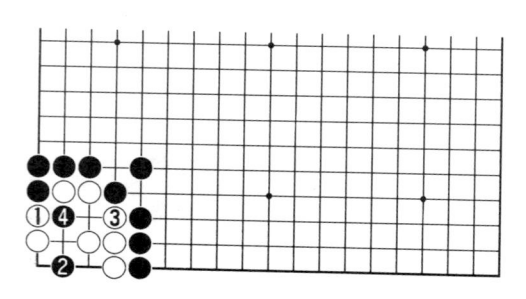

第三部分 收官

问题 14　白先

A、B、C 中哪一位置是白棋的最佳选择？角上白棋结果又如何？

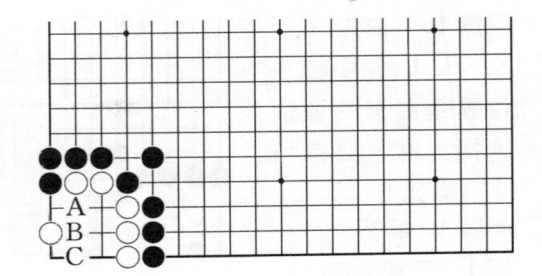

问题 14 解答

图 1　正解 ＝ B

白 1 是最佳下法。黑 2 打、黑 4 接，至白 5 或者白 A，角上白棋成 3 目。

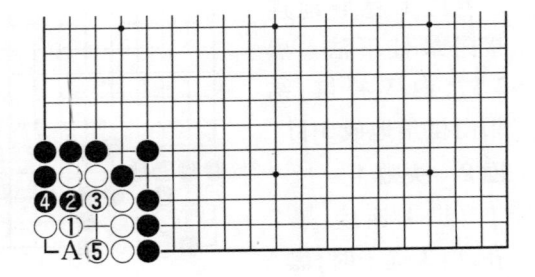

图 2　失败 1

白 1 退，被黑 2 点后，白棋味道很坏。至白 5，白棋后手下成共活。

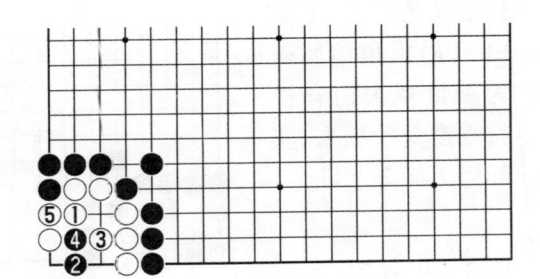

图 3　失败 2

白 1 是错误下法，黑 2 打吃很严厉，白棋被杀。其中白 3 如果下在 A 位，则黑 4 下在 3 位，仍是白棋被杀。

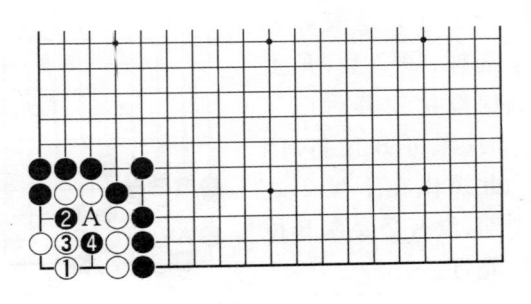

问题 15　白先

A、B、C 中哪一位置是白棋的最佳选择？角上白棋结果又会如何？

问题 15 解答

图 1　正解 = C

白 1 稳健地连接是最佳下法。黑 2 时，白 3 补棋，结果白棋角地成 5 目。

图 2　失败 1

白 1 连接，黑 2 扑，白 3 提子时，黑 4 打吃又是先手，下至白 5，白棋角地所得为 4 目减去白△被打吃遭受的损失，实际为 2 又 2/3 目。

图 3　失败 2

白 1 是最坏的选择，黑 2 后，角上成双活。其后白 A 时，黑可 B 位打，因此黑棋在下黑 2 之前，没有必要在 B 位先打。

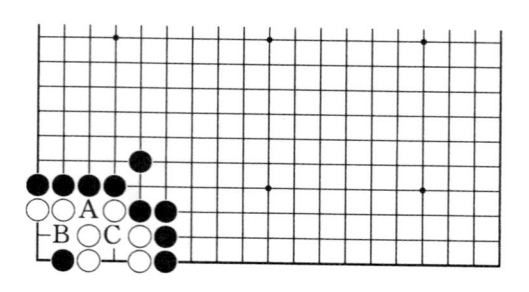

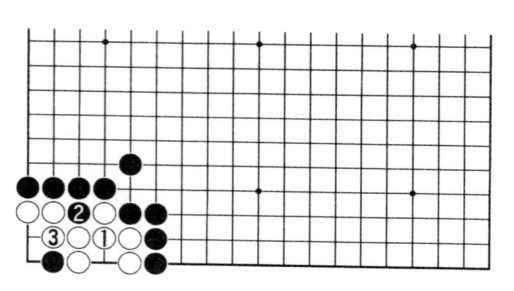

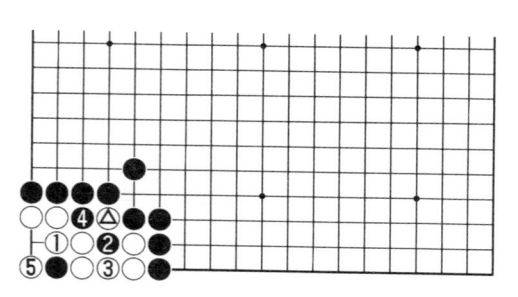

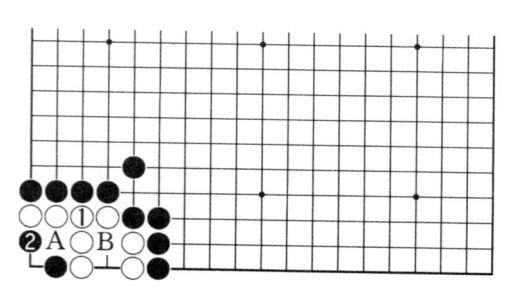

第三部分 收官

问题 16 白先

A、B、C 中哪一位置是白棋的最佳选择？角上白棋结果如何？

问题 16 解答

图 1 正解＝A

白 1 挡是最佳选择，也使白棋活得最大。黑 2 冲时，白 3 挡即可，白棋角地成 5 目。黑 2 如果下在 A 位，白 B 补即可。

图 2 失败 1

白 1 虽然做活，但黑 2、4 是先手，白棋虽然做活，但只有 3 目，比正解图损 2 目。

图 3 失败 2

白 1 挡，黑棋有 2、4 的好手，结果双方下成共活，白棋没有成目。

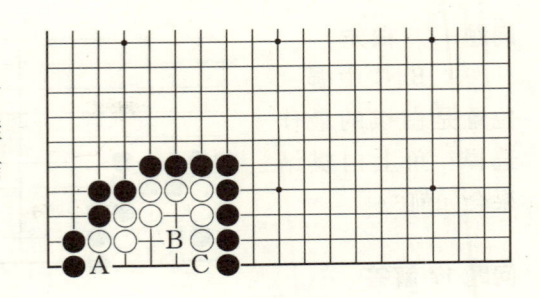

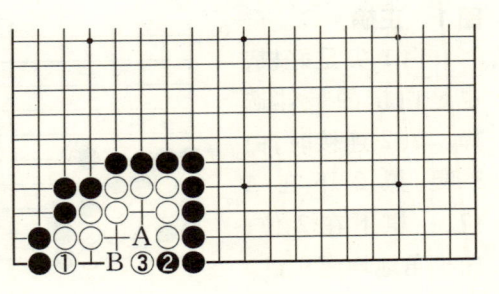

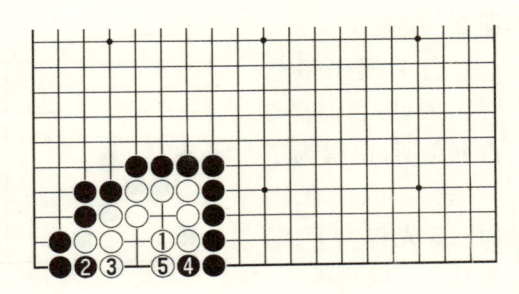

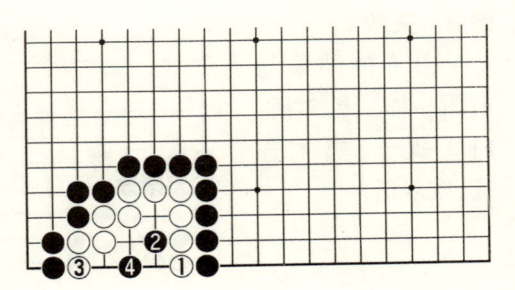

217

问题 17　白先

A、B、C 中哪一位置是白棋的最佳选择？角上白棋结果会如何？

问题 17 解答

图 1　正确＝C

白 1 尖是好棋，也是白棋的最佳选择。黑 2 连接时，白 3 爬；黑 2 下在 A 位，白棋下在 2 位，白棋角地均成 9 目。

图 2　失败 1

白 1 提子虽然看起来可以，但黑 2 占据急所，白棋为了避免黑 A 的打劫，因而白 3 先打一下，结果双方下成共活。

图 3　失败 2

白 1 的结果与前图一样。黑 2 扳，白 3 提子，黑 4 连接，成双活。

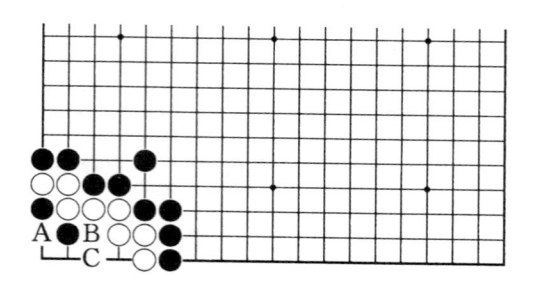

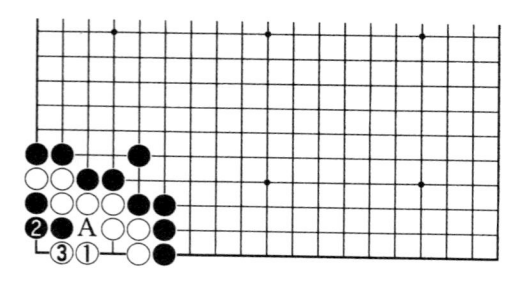

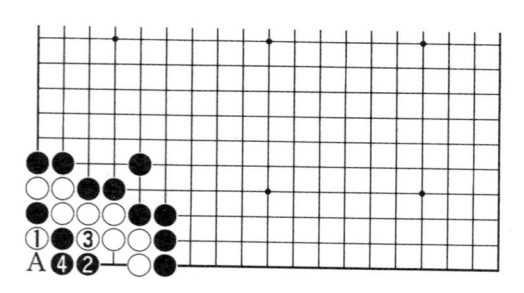

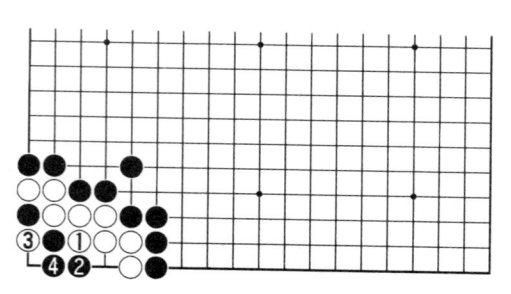

问题 18　白先

A、B、C 中哪一位置是白棋的最佳选择？角上白棋结果又会如何？

问题 18 解答

图 1　正解＝A

白 1 是正解，黑 2 时，白 3 应是好棋，黑 4 冲，白 5 后退，结果白棋角地下成 3 目。其后黑 A 如果提子，白棋可在△位倒扑吃回黑子。

图 2　失败 1

白 1 时，黑 2 冲是好棋，白 3 不得已，结果白棋只有 2 目。其中白 3 如果下在 A 位，则经过黑 B 位、白 3 位、黑 5 位之后，白棋做不出两个眼。

图 3　失败 2

白 1 的结果与前图没有异样。黑 2 至白 5 后告一段落，白棋角地只有 2 目。其中白 3 如果下在 4 位断，黑棋下在 3 位，白棋被杀。

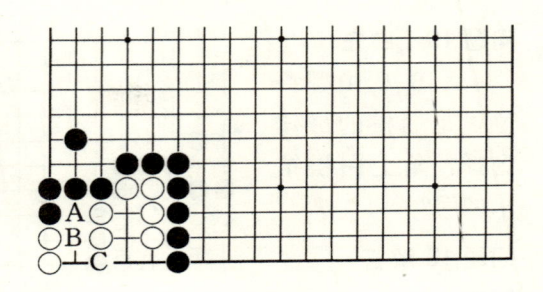

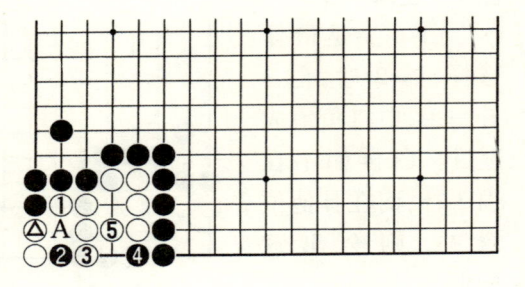

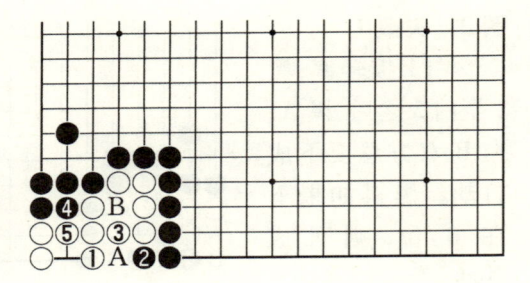

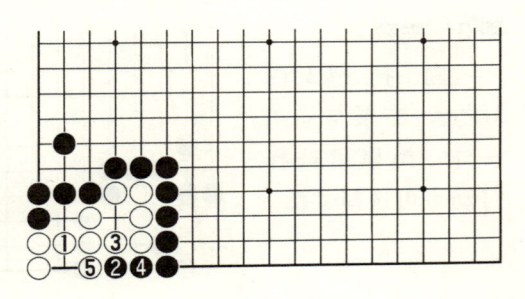

问题 19　白先

A、B、C 中哪一位置是白棋的最佳选择？角上白棋结果如何？

问题 19 解答

图 1　正解 = B

白 1 尖是最佳选择，黑 2 时，白 3 补一手，白棋角地成 7 目。白棋如不在白 3 补，而在其他位置补，则会出现问题。

图 2　失败 1

白 1 扳轻率，黑 2 至白 5 之后，黑 A、白 B 双方总要下成打劫。黑棋如果下在 B 位，则可成共活。

图 3　失败 2

白 1 挡，黑 2、白 3 之后，结果与前图一样。黑棋可选择打劫也可选择共活。

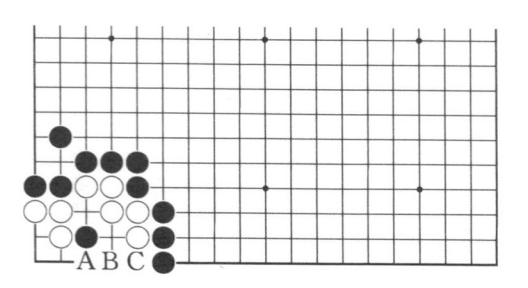

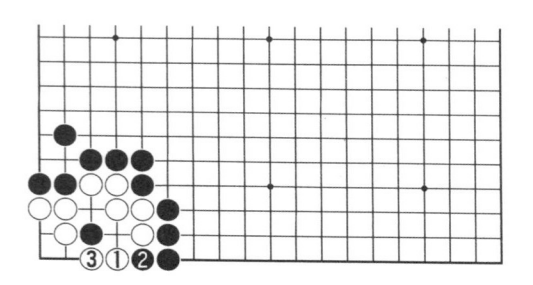

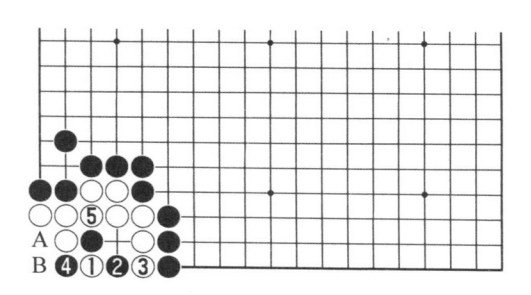

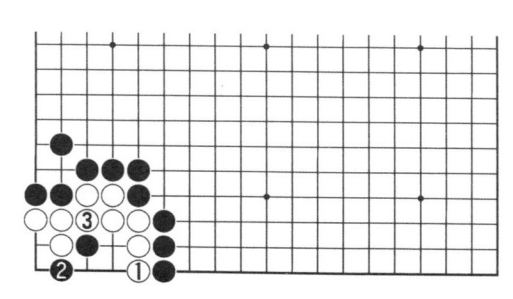

第三部分 收官

问题20　白先

A、B、C中哪一位置是白棋的最佳选择？角上白棋结果又如何？

问题20 解答

图1　正解＝C

白 1 挡是最佳选择，下至白 5 补，白棋角地成 4 目。其中黑 2 如果下在 A 位，则白棋下在 3 位或 5 位。

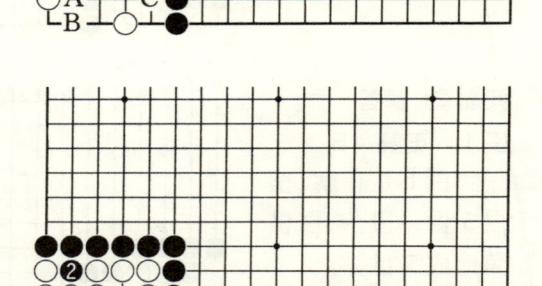

图2　失败1

白 1 也可以下，但结果不及图 1。白 3 之后，A 位的权利双方各半，结果角上白棋为 3 目半。

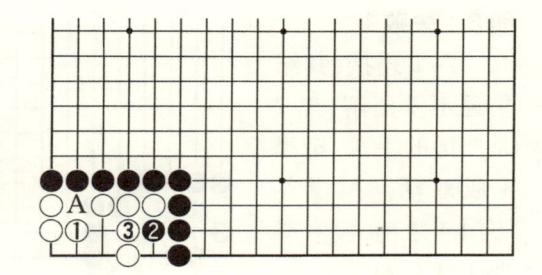

图3　失败2

白 1 似急所，但在本图中却是最坏的选择。黑 2 以下至白 5，白棋角地只有 3 目。

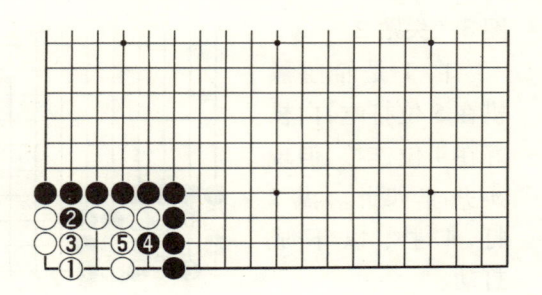

问题21 白 先

A、B、C中哪一位置是白棋的最佳选择？角上白棋结果又会如何？

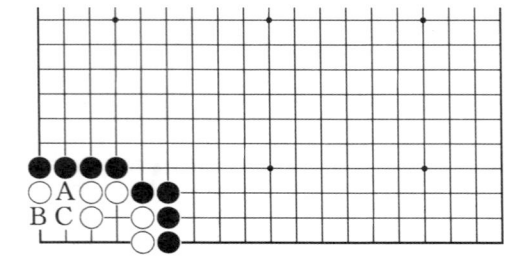

问题21 解答

图1 正解＝B

白1是正解,至白3告一段落,白棋角地成5目。

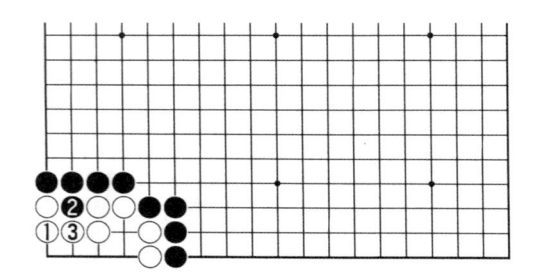

图2 失败1

白1连接,其结果远不及正解,黑2是严厉的手段,至黑4成双活。黑棋在下黑4之前,没有必要于A位打。

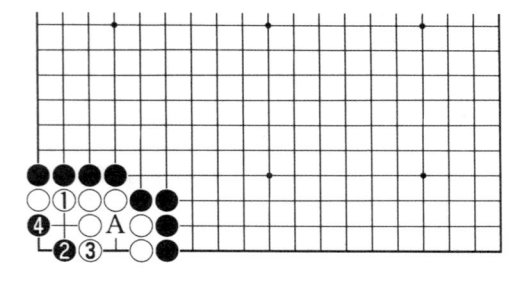

图3 失败2

白1是希望黑棋在5位打吃,白棋好在4位连接,但现实并非如此。黑2打、4扑,以下成打劫。

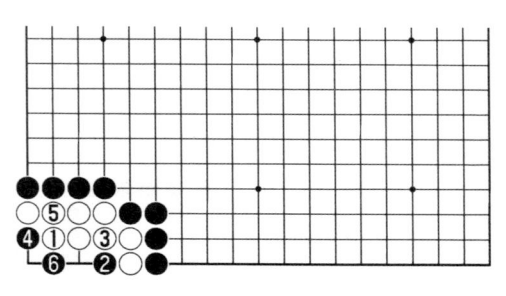

第三部分 收官

问题22 白先

A、B、C中哪一位置是白棋的最佳选择？角上白棋结果如何？

问题22 解答

图1 正解＝B

白1是出乎意料的好棋，黑2时，白3补，角上白棋是4目，加上单劫的权利，合计是4又1/3目。

图2 失败1

很多时候，白棋可能下白1连接，但黑2、4很厉害，双方下成共活，角上白棋未能成目。其中黑2如下在3位，白棋下在2位，黑棋下在4位，结果也是共活。

图3 失败2

白1操之过急，也是最坏的选择。黑2时，若白A抵抗，能成打劫。如图白3拉，黑4提，角上净死。

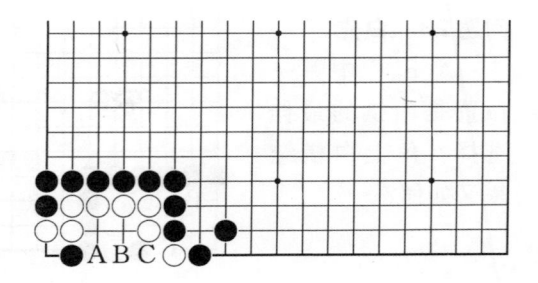

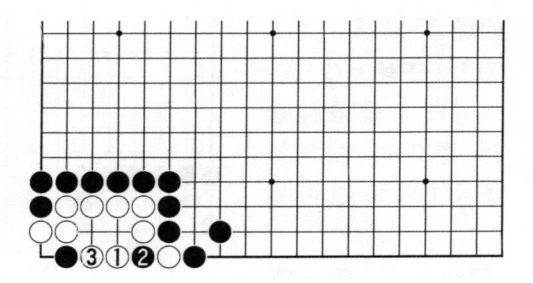

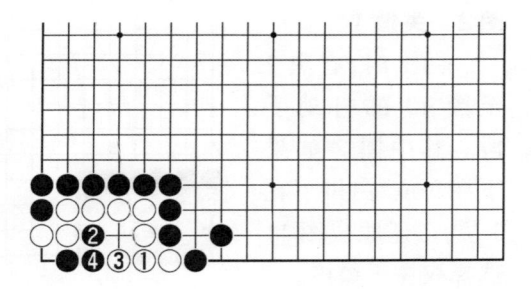

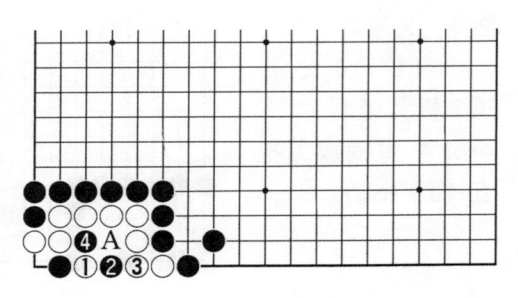

问题 23　白先

A、B、C 中哪一位置是白棋的最佳选择？角上白棋结果又如何？

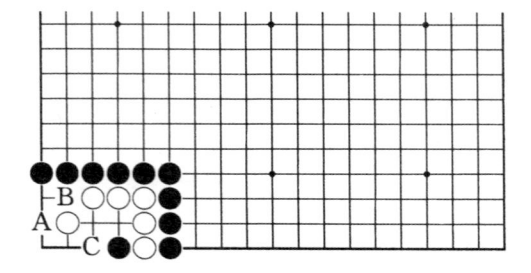

问题 23 解答

图 1　正解＝C

白 1 是最佳选择，黑 2 时，白 3 提子，白棋角地可成 3 目。

❻❽ = ③　❿ = ❷

图 2　失败 1

白 1 时，有黑 2 至黑 10 的打劫手段。其中黑 2 如果下在 9 位，白棋下在 3 位，可还原成图 1。选择权在于黑棋。

图 3　失败 2

白 1 下立大错，黑 2 极其锐利，以下至黑 4，里面成刀把五，白棋不活。

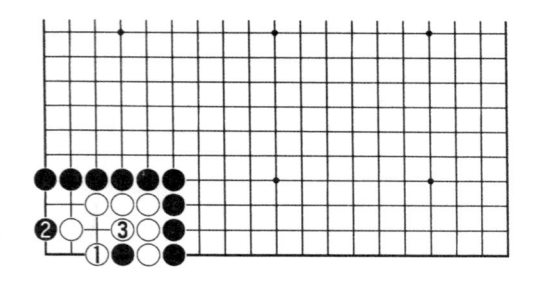

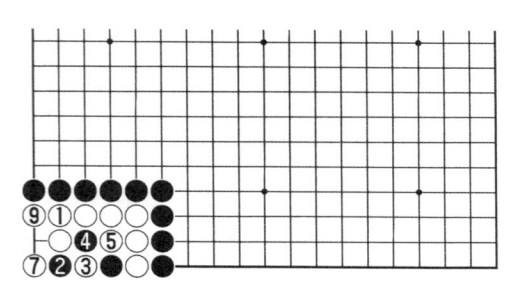

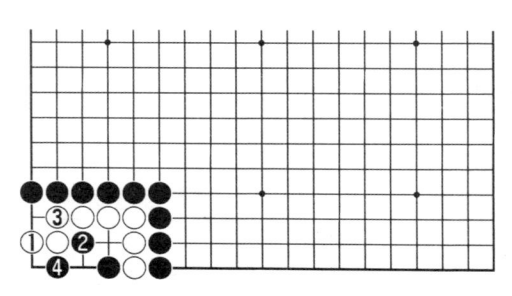

第三部分 收官

问题 24　白先

A、B、C 中哪一位置是白棋的最佳选择？角上白棋结果又会如何？

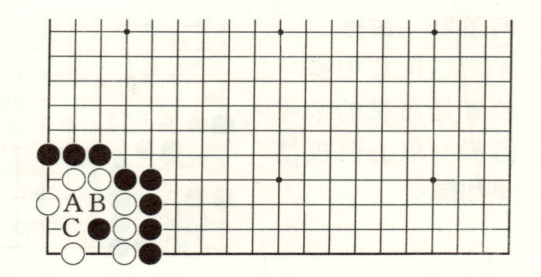

问题 24 解答

图 1　正解＝A

白 1 是好棋，也是最佳选择。角里白棋不必再补棋，角地成 7 目。

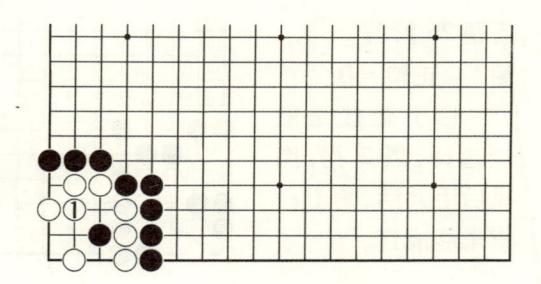

图 2　失败 1

白 1 时，黑 2 挤，白棋还必须忍受自补的损失，结果比图 1 损 1 目。

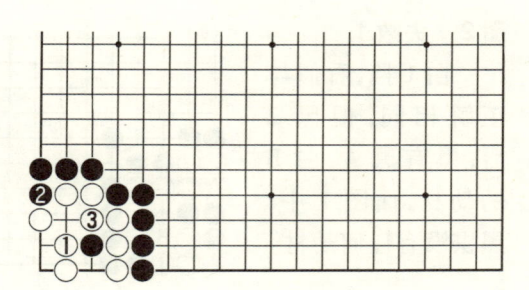

图 3　失败 2

白 1 与图 2 相同，黑 2 时，白 3 绝对须补一手，结果角上也是 6 目。

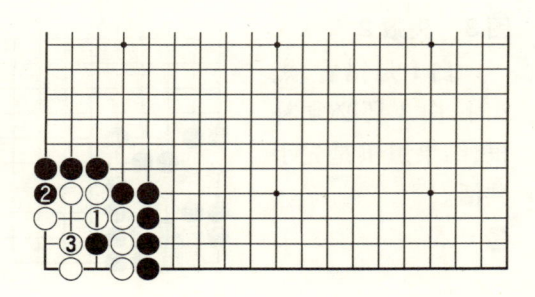

问题 25　白先

A、B、C 中哪一位置是白棋的最佳选择？角上白棋结果如何？

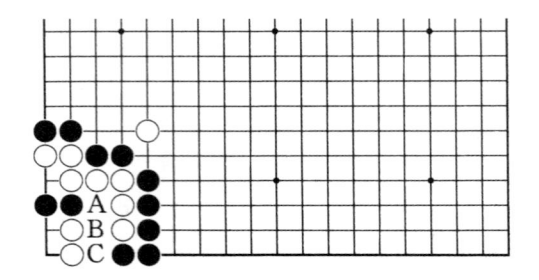

问题 25 解答

图 1　正解＝B

白 1 连接是最佳选择，黑 2 拐，黑棋后手共活，角上白棋未能成目。

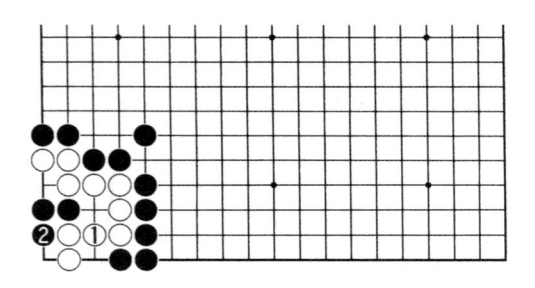

图 2　失败 1

白 1 挡，看似与正解相同，但黑 2 后，黑有黑 A、白 B 的劫材，而图 1 中，黑棋没有任何劫材。

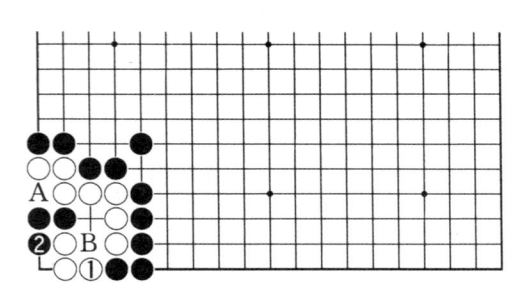

图 3　失败 2

白 1 是错着，黑 2 时，白 3 还必须补棋，结果黑棋是先手共活。

❻ ＝ △

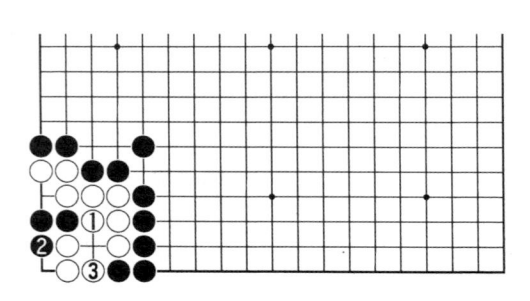

问题 26　白先

A、B、C 中哪一位置是白棋的最佳选择？角上白棋结果又如何？

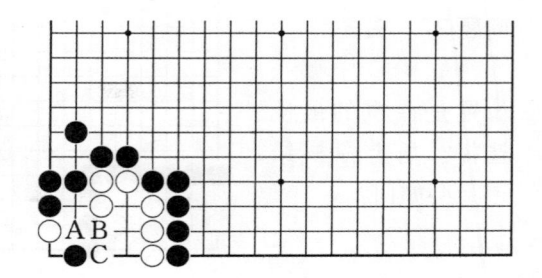

问题 26 解答

图 1　正解 = B

白 1 是正解，黑 2 时，白 3、5 利用，然后白 7 做活，结果白棋成 1 目。

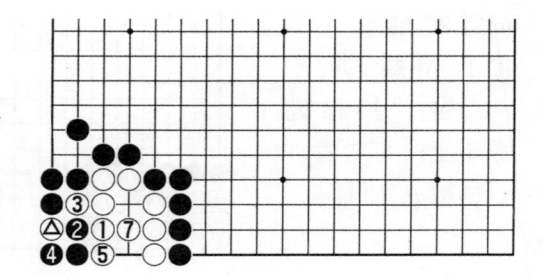

图 2　也是正解

白 1 时，黑 2 抢占急所，然后黑 4 连接，至白 5，白棋下成后手共活，角上也成 1 目。

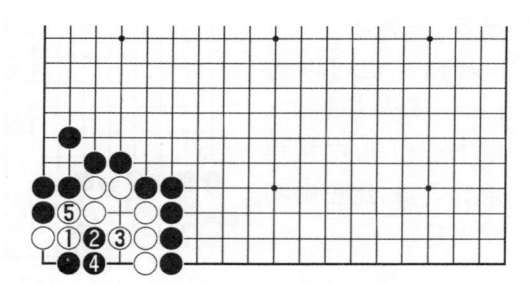

图 3　失败

白 1 是错误，黑 2、4 之后，白棋被杀。但应该注意的是黑 2 如果下在 A 位，白棋下在 2 位，白棋将会活得很大。

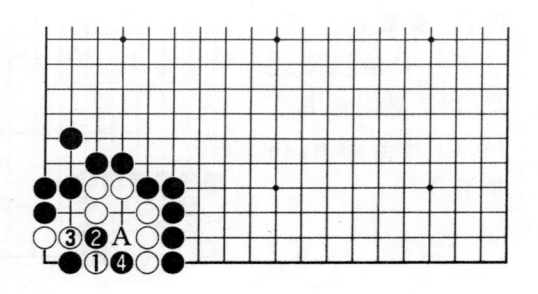

问题27　白先

A、B、C中哪一位置是白棋的最佳选择？角上白棋结果又会如何？

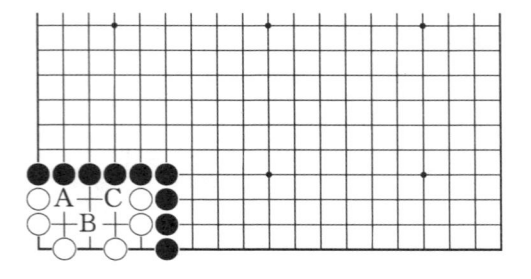

问题27解答

图1　正解＝A

白1挡稳健。黑2至白5之后，白棋角地成3目。

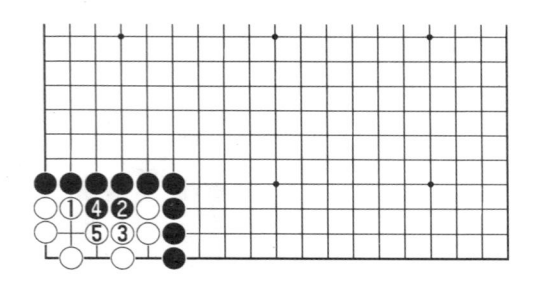

图2　失败1

白1也可以做活，但不及正解好。以下至白5，白棋角地成2目，比正解图损1目。

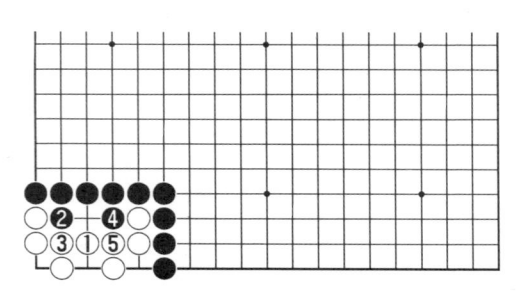

图3　失败2

白1是轻率之举，黑2破眼极其严厉，以下至黑6，白棋被全歼。

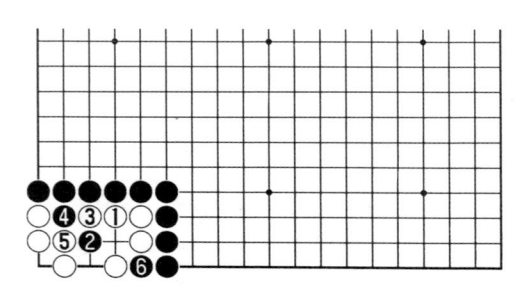

第三部分 收官

问题 28　白先

A、B、C 中哪一位置是白棋的最佳选择？角上白棋结果如何？

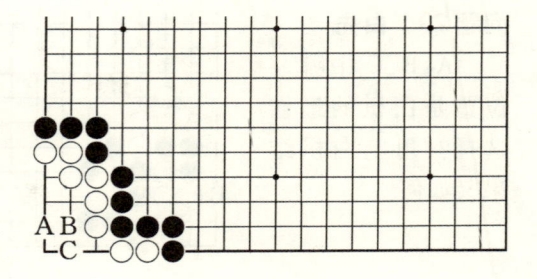

问题 28 解答

图 1　正解＝C

白 1 是要领，黑 2 时，白 3 提回一子，结果白棋角地为 5 目。

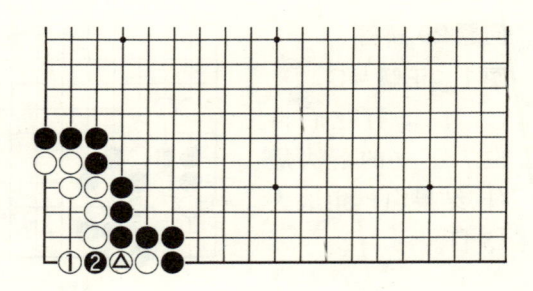

图 2　失败 1

白 1 补棋时，黑 2 提子，白 3 挡，结果白棋角地只有 5－2＝3 目。

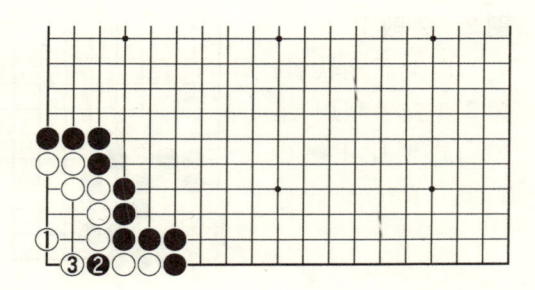

图 3　失败 2

白 1 曲，结果与图 2 相同，下至白 3 时，白棋角地也只有 3 目。

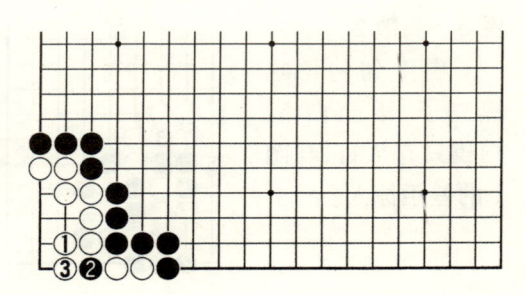

问题29 白先

A、B、C中哪一位置是白棋的最佳选择？角上白棋结果又如何？

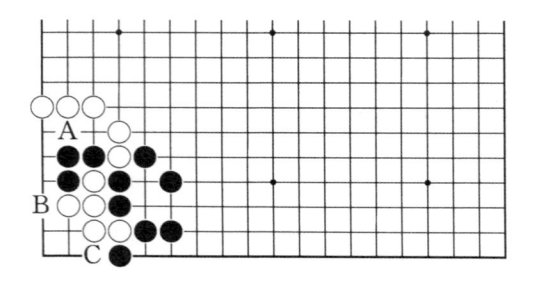

问题29 解答

图1 正解＝C

白1打吃后再白3下立的下法最佳,结果白棋角地为15目。

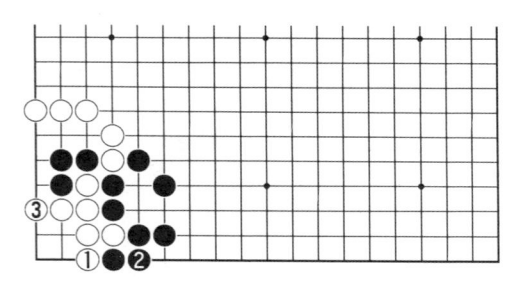

图2 失败1

白1下立软弱,黑2、4先手利用,结果白棋要比正解少2目。

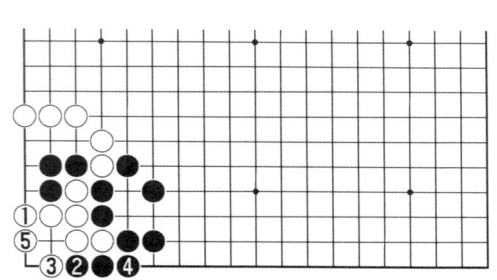

图3 失败2

白1匆匆忙吃黑三子,下至白5,白棋只有7目,与图1的差距惊人。

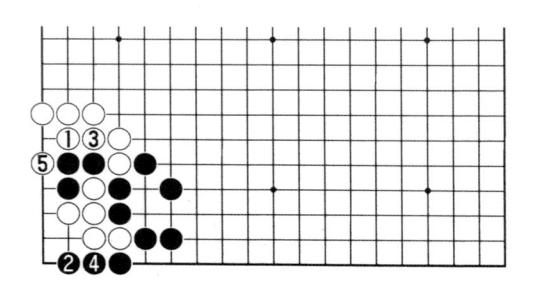

第三部分 收官

问题 30　白先

A、B、C 中哪一位置是白棋的最佳选择？角上白棋结果又会如何？

问题 30 解答

图 1　正解＝C

白 1 是最佳选择，黑 2 至白 5 后，角上白棋是 2 目加上白 A 位 2/3 的权利，合计是 2 又 2/3 目。

图 2　失败 1

白 1 连接，结果不尽人意，黑 2 以下至白 7，结果白棋成 2 目。

图 3　失败 2

白 1 挡是最坏的选择，黑 2 点严厉，下至白 5，白棋勉强做活。白棋的收获是 2 目减去 A 位所失去的一半权利，结果是零。

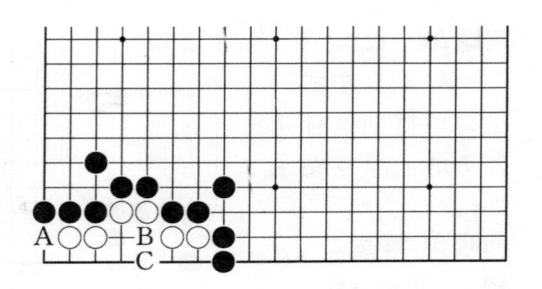

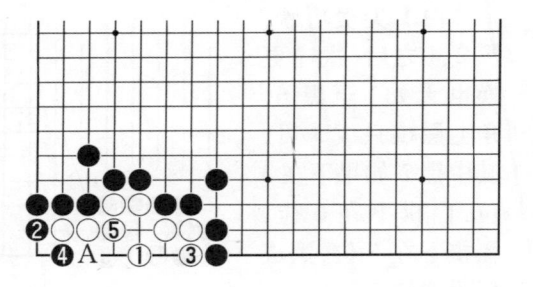

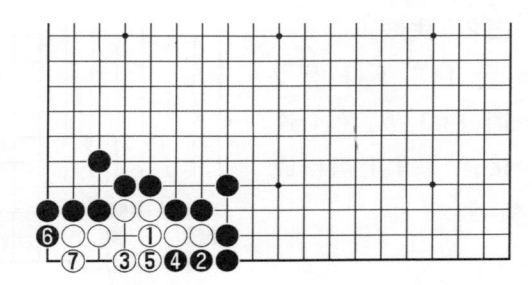

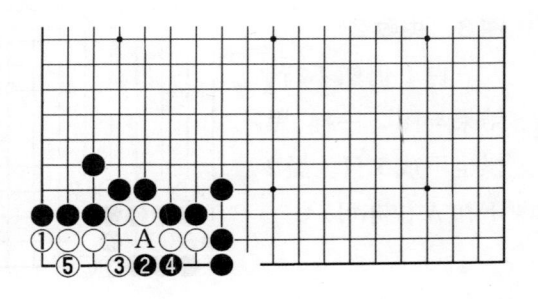

问题31　白先

A、B、C中哪一位是白棋的最佳选择？角上黑棋结果如何？

问题31 解答

图1　正解＝B

白1尖很巧妙，黑2、4之后（次序更换也无妨）至黑6，角上黑棋只成3目。其中黑2如果下在3位，白棋下在6位，黑棋下在5位，黑成后手双活。

图2　失败1

白1不好，黑2挡，白3掖，黑4连接，结果角上黑棋成5目。

图3　失败2

白1仍然不行，结果与图2一样，黑棋也下成5目。黑2下在A位亦可。

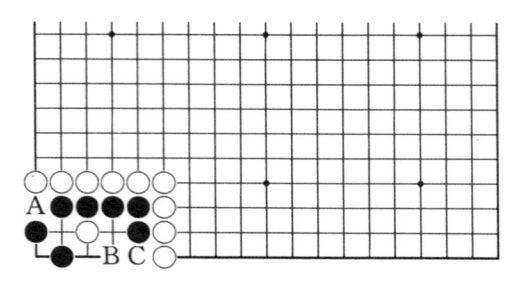

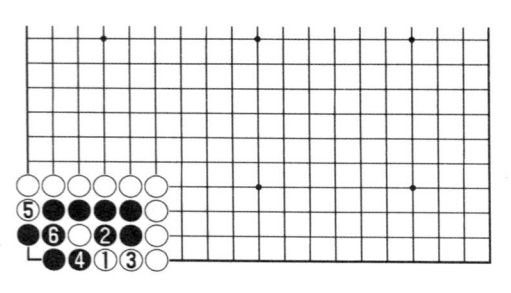

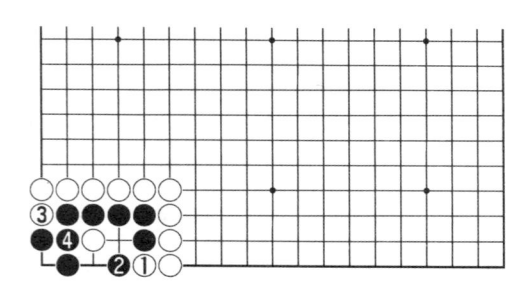

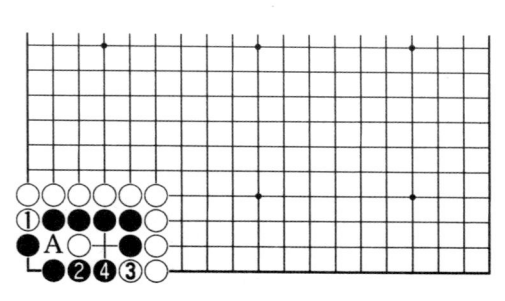

第三部分 收 官

问题 32　白　先

A、B、C 中哪一位置是白棋的最佳选择？角上黑棋结果又如何？

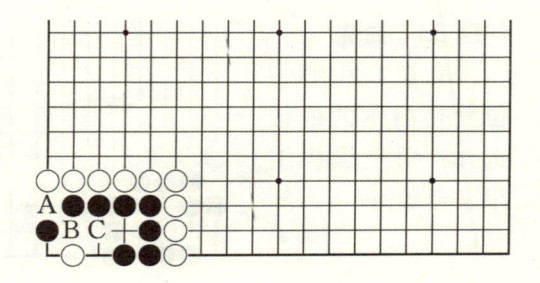

问题 32 解答

图 1　正解＝B

白 1 迫使黑 2 补棋，然后白 3 曲，白棋先手下成共活。

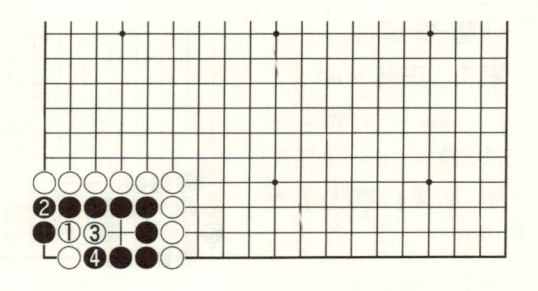

图 2　失败 1

白 1 使黑棋不能成目，但令人可惜的是白棋后手共活，这也是本图与图 1 正解差别所在。

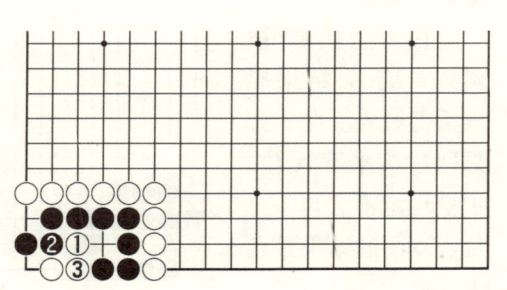

图 3　失败 2

白 1 是不负责任的下法，黑 2 应后，黑棋角地可成 6 目。

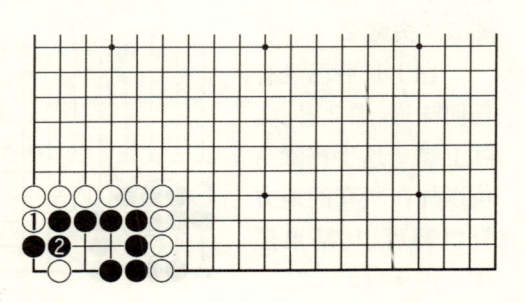

233

问题33　白先

A、B、C中哪一位置是白棋的最佳选择？角上黑棋结果又会如何？

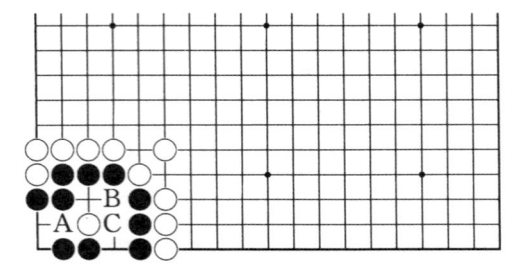

问题33解答

图1　正解＝A

白1与黑2交换之后，白3断是正解，结果白棋先手下成共活。

图2　失败1

白1直接断，被黑2、4应后，结果黑棋活得最大。白3如果回过头来下A位，黑棋肯定不会再下B位。本图的结果是角上黑棋成9目。

图3　失败2

白1长后已没有任何味道，黑2补，实际上黑2这手棋除A位以外在所有的地方补棋都可以，结果黑棋下成9目。

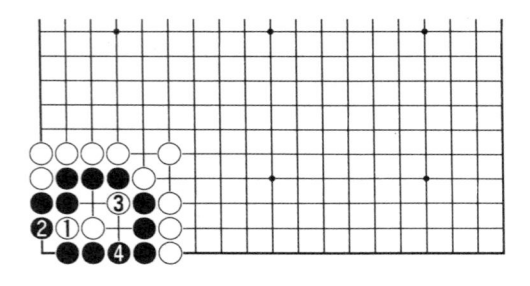

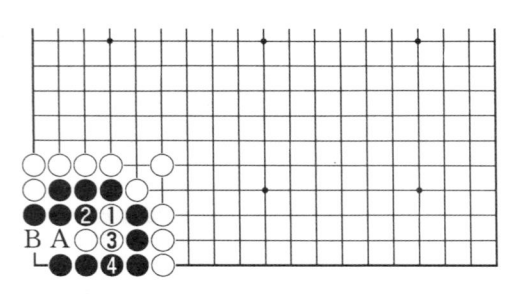

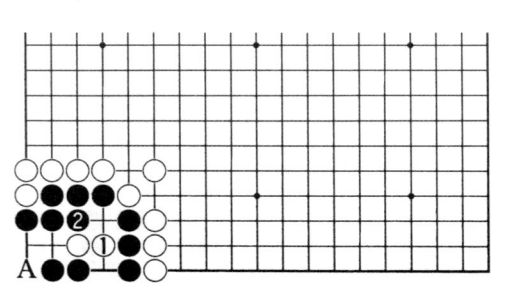

问题 34　白　先

A、B、C 中哪一位置是白棋的最佳选择？角上黑棋结果如何？

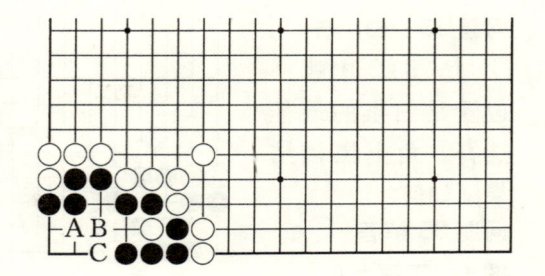

问题 34 解答

图 1　正解＝A

白 1 靠是急所，也是最佳下法。黑 2 时，白 3、5 做一个眼，结果双方下成共活。

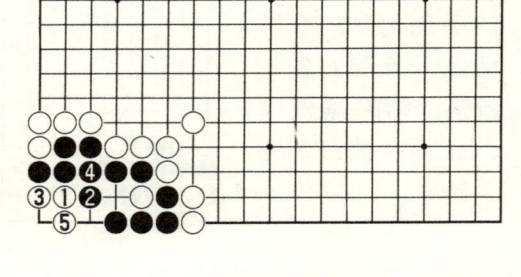

图 2　失败 1

白 1 看似急所，但黑 2 冷静地提子后，下至黑 6，黑角成 10 目。

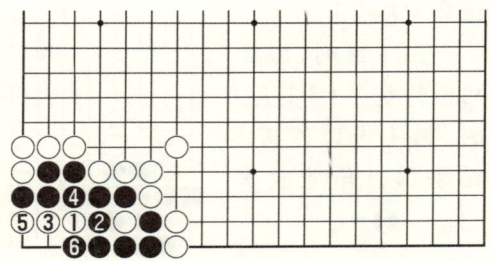

图 3　失败 2

白 1、3 时，黑 2、4，白棋仍然没有好手段。结果与图 2 相同，黑棋成 10 目。

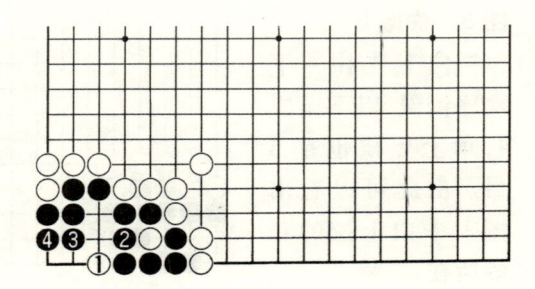

问题35　白　先

A、B、C 中哪一位置是白棋的最佳选择？角上黑棋结果又如何？

问题35 解答

图1　正解＝A

白 1 挖是精彩的手筋，黑 2 不得已，以下至黑 6 告一段落。结果黑棋成 3 目，而且被白 5 先手提劫。

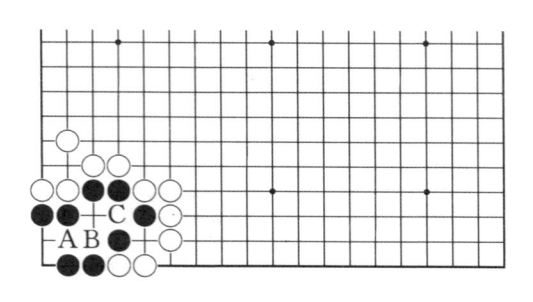

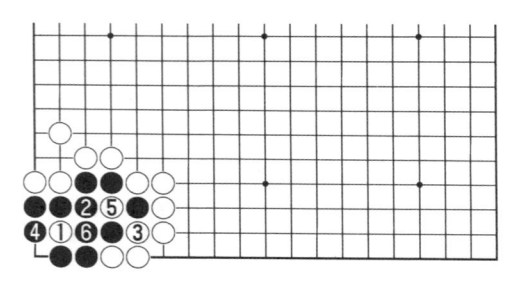

图2　失败1

白 1 断时，黑 2 可以打吃，白 3 打吃时，黑 4 可以连接，结果黑棋角地成 5 目。 ❹＝①

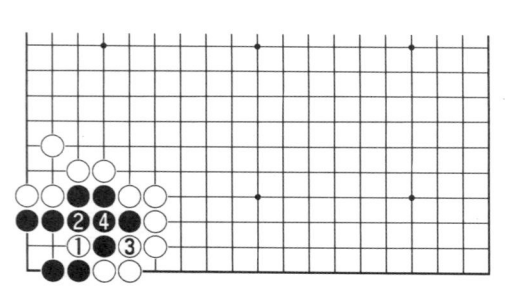

图3　失败2

白 1 先扑一下次序错误，以下至黑 4，角上黑棋也是 5 目。由此可以看出图 1 中白 1 挖的巧妙所在。

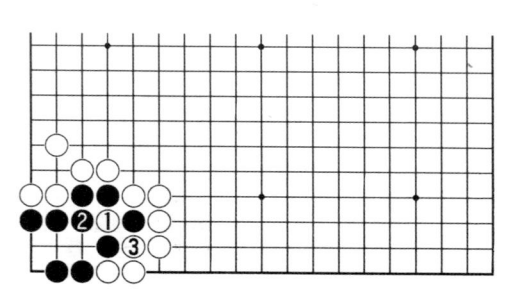

第三部分 收官

问题36　白　先

A、B、C中哪一位置是白棋的最佳选择？角上白棋结果又如何？

问题36 解答

图1　正解＝B

白1简单地打吃就是最佳下法，其后白A、黑B是白棋的权利，白棋角地可得9目。接下来黑若下C位，白棋有在D位打的妙手。

图2　失败1

白1看似急所，但与正解相比仍有差距。以后白棋要在A位补一手，角地成8目。

⑤＝▲

图3　失败2

白1是最坏的选择，也会招致最坏的结果。黑2、4是先手，下至白5，白棋虽勉强做活，但角地只有5目。

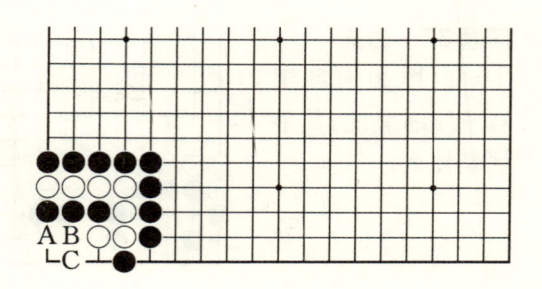

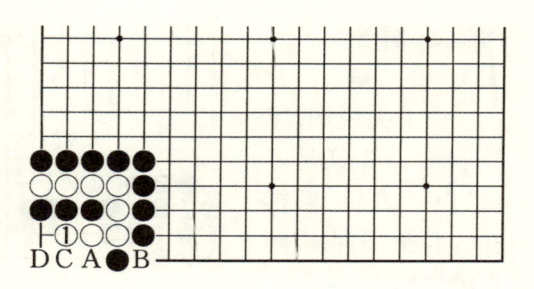

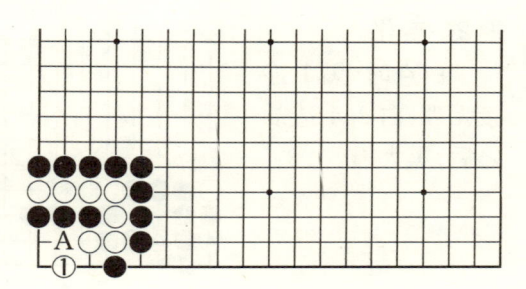

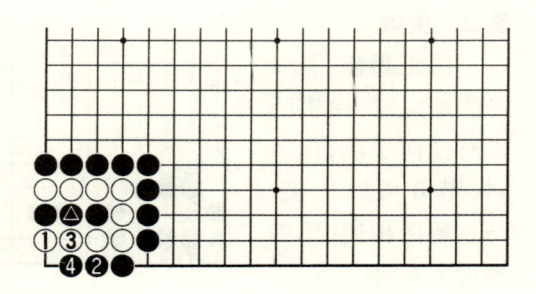

问题 37　白先

白棋如何利用△子压缩黑地，其手筋是什么？

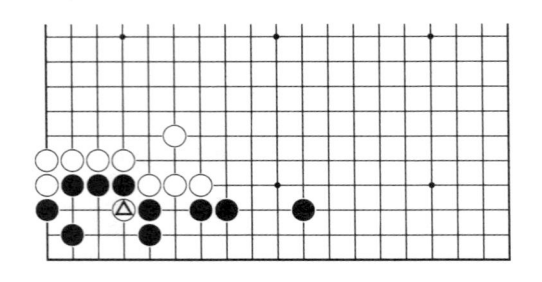

问题 37 解答

图 1　正　确

白 1 尖锐利，黑 2 打吃，白 3 又是好棋，白 7 之后，黑棋在 A 位提子，白棋则在△位连接。

图 2　变化

白△时，黑 1 连接无理，白 2、4 造劫之后，黑大损。

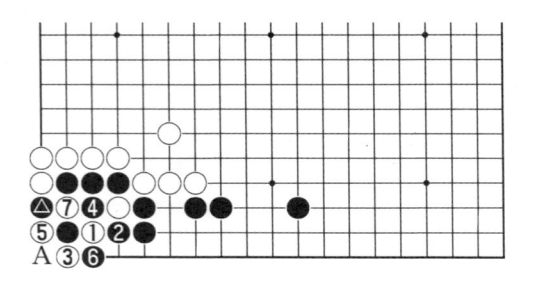

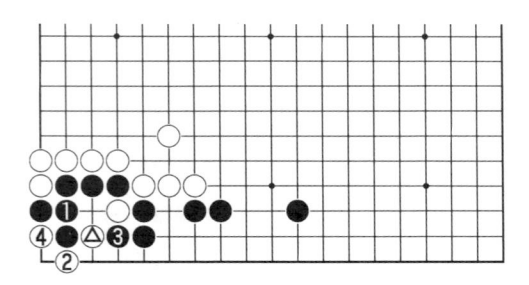

图 3　失败

白 1 愚蠢，黑 2 冷静地应对，白棋已没有任何手段，白 A 时，黑 B 可以连接。与正解图相比，黑棋增加了 6 目。

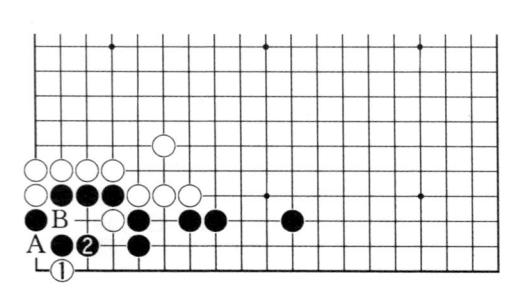

第三部分 收官

问题 38　白　先

白棋如何利用黑△和黑⬤子气紧的缺陷占到便宜?

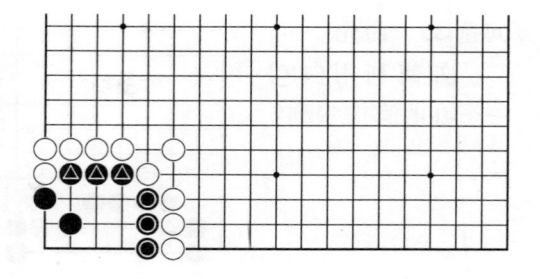

问题 38 解答

图 1　正解 1

白 1 是手筋,黑 2 连接时,白 3 扳,可以下成共活。黑棋由于考虑到劫的关系,接下来会选择在 A 位补。

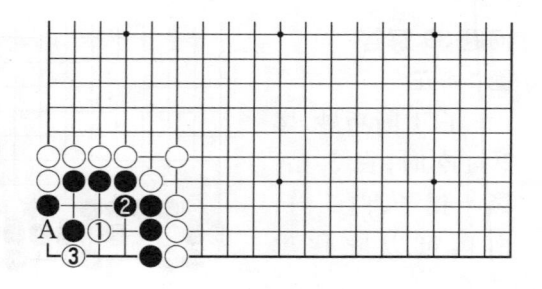

图 2　正解 2

白△时,黑 1 顶,白 2 如果扳,以下至黑 5,双方也是共活。

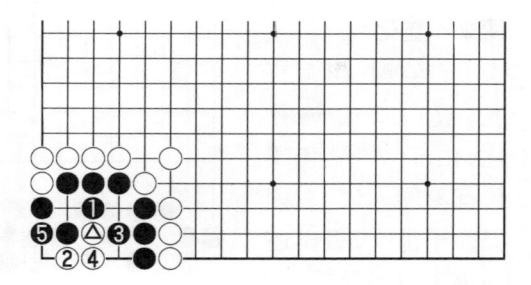

图 3　变　化

白△时,黑 1 扳是恶手,白 2 断,其后 A 位和 B 位倒扑白必得其一。

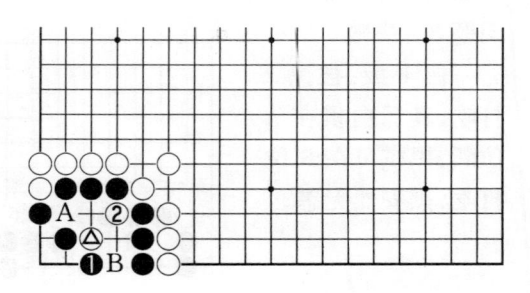

问题39 白先

如何利用白△一子在收官中获利？

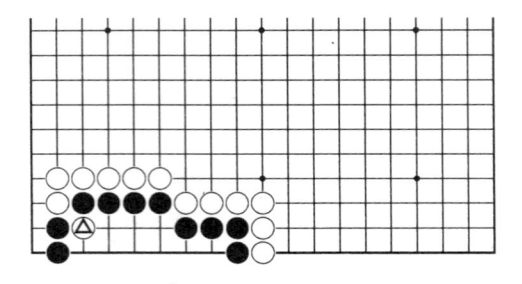

问题39 解答

图1 正

白1断巧妙,黑2打吃时,白3贴,黑4提子,白5打,白棋可以吃住黑二子。

图2 变化

白△时,黑1打吃,被白2金鸡独立,由于A位和B位都不能入气,右侧黑四子被吃,黑棋还须黑3后手做活。

问题3 失败

白1扳,被黑2打吃,其后白棋在A位断,黑棋可在B位打吃,黑安然无恙。

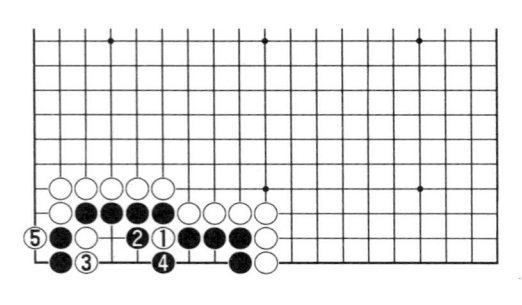

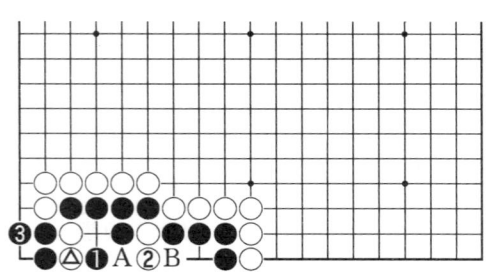

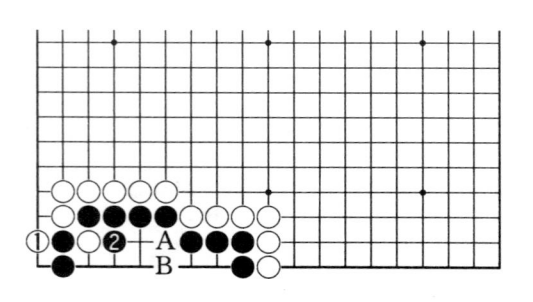

第三部分 收官

问题 40　白先

现在是白 1 后黑 2 的棋形,白棋有什么好手段?

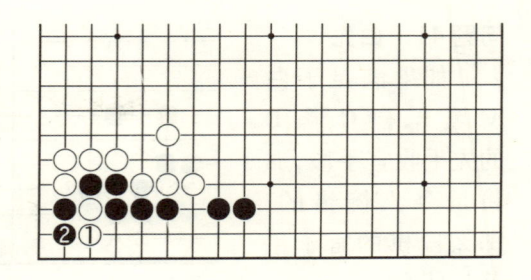

问题 40 解答
图 1　正解

白 1 冲、3 断,黑 4 打时,白 5 扳吃黑△二子。应该注意的是以后黑 A、白 B 时,黑 C 不入气。

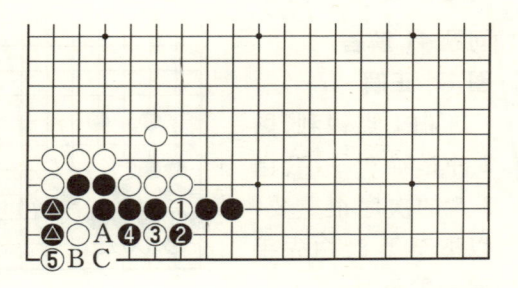

图 2　变化

白△时,黑 1 吃白二子,白 2 则断吃黑一子,白棋成功地突入黑阵。

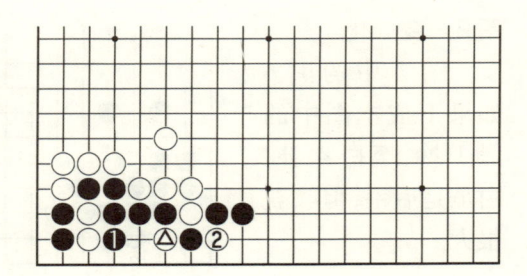

图 3　失败

白 1 虽也是一种手段,但至黑 4 时,与正解相比,差别很大。

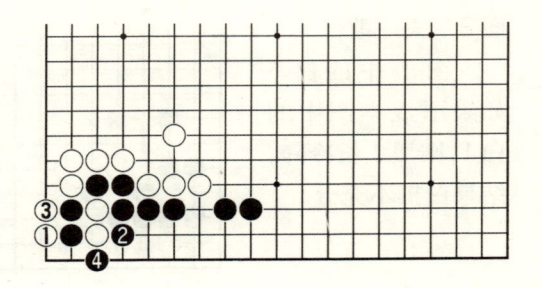

241

问题 41　白先

如果满足于白 A、黑 B、白 C、黑 D 的先手收官手段,那将是令人惋惜的。那么白棋的官子手筋是什么?

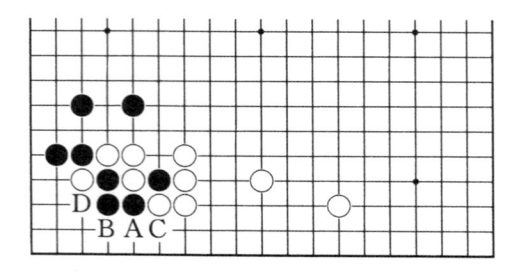

问题 41 解答

图 1　正　解

白 1 点锐利,黑 2 冲是绝对一手,白 3、5 的次序很重要,以下至黑 8,白先手侵分黑角地。

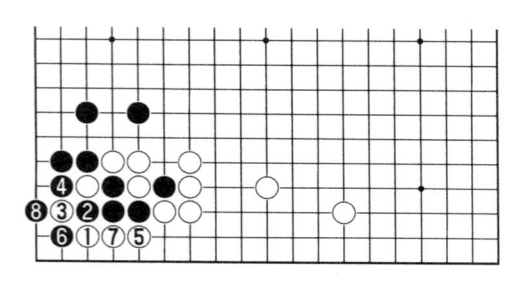

图 2　变　化

图 1 中的黑 6 如果下成本图中的黑 1 冲,至白 4 补,白虽是后手,但收获很大。

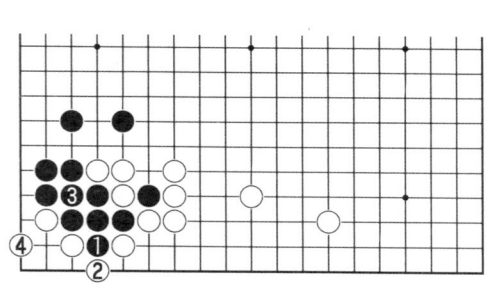

图 3　失　败

图 1 中的白 3 如果下成本图中的白 1,则黑 2 长冷静,结果白棋不充分。

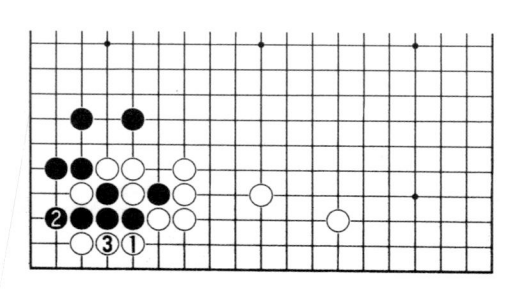

第三部分 收官

问题 42　白先

现在是白△和黑▲交换后的棋形，白棋该如何收官？

问题 42 解答

图 1　正解

白 1 断打巧妙，黑 2 时，白 3 以下至白 7，白棋可以吃住黑四子。

图 2　变化

白△时，黑 1 如果提子，白 2、4 可以吃住黑▲二子，而且是先手。因此，黑棋还是应选择图 1 的进行。

❸ = ◎

图 3　失败

白 1 断方向错误，黑 2 连接之后，白 3 下立，希望黑 A 叫吃，然后白 B 长。但黑 4 冷静，白 5 虽可吃住黑二子，与正解图相比，仍收获显小。

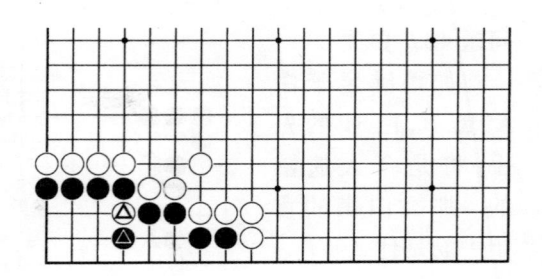

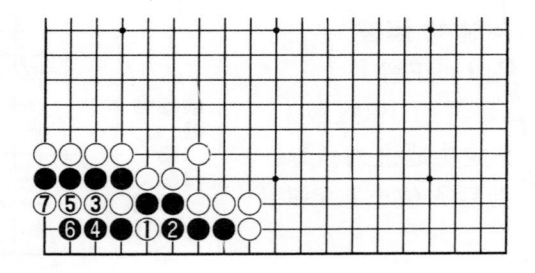

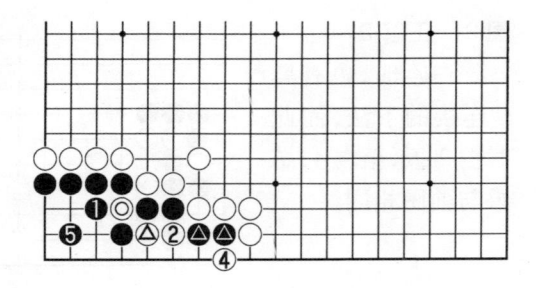

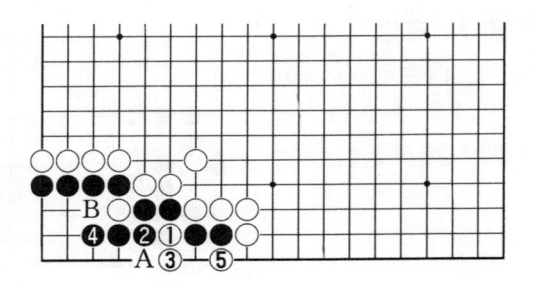

问题 43　白先

如果满足于白A、黑B、白C的先手,将是令人遗憾的。那么白棋的官子手筋是什么?

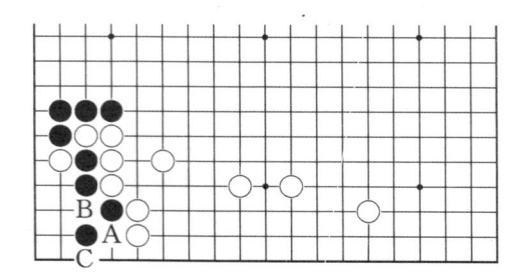

问题 43 解答

图 1　正解 1

白1巧妙,白3、5成功地进入角地,此后A位也是大棋。

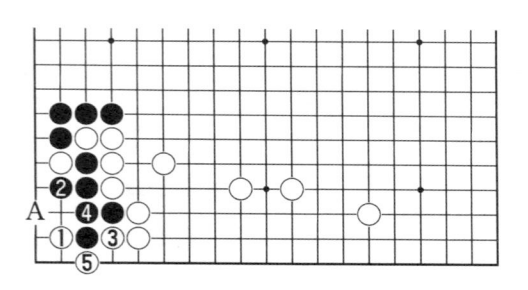

图 2　正解 2

白△时,也有黑1连接的下法,而此时白2扳,至白4,结果与前图相同。

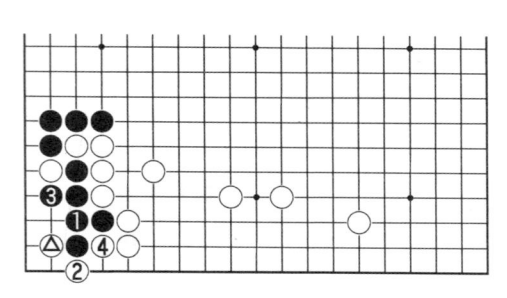

图 3　变化

白△时,黑1过于轻率,白2以下至黑7,黑棋是后手。

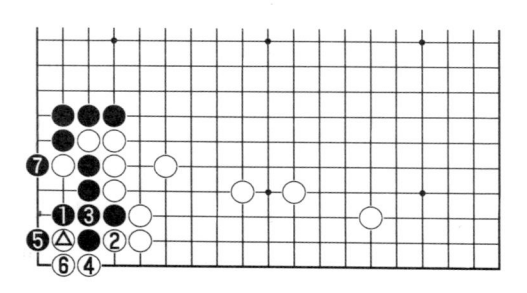

第三部分 收官

问题 44　白先

现在是白△扳、黑▲挡的棋形,其后白棋应如何收官?

问题 44 解答

图 1　正解

白 1 断令人可怕,黑 2、4、不得已后退,至黑 6,黑棋不得不牺牲二子,并且忍受后手活的痛苦。

图 2　变化

白△时,黑 1 接无理。白 2、黑 3 之后,白 4 是巧妙的手筋,黑棋只有在 A 位开劫。

图 3　参考

当初白△扳时,黑 1 是本手,以下至黑 7 是双方最佳的进行。

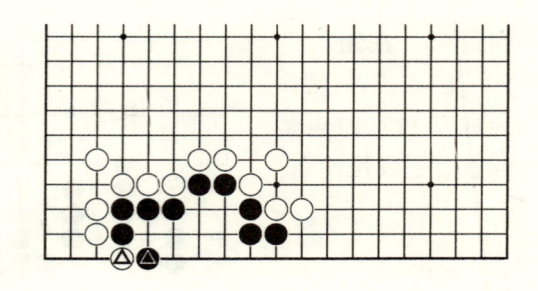

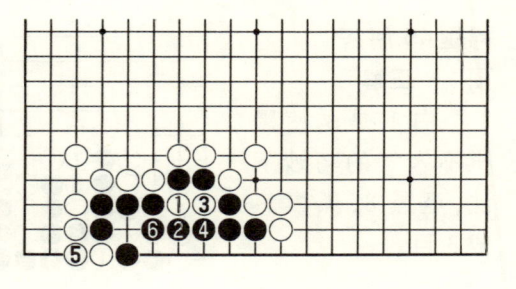

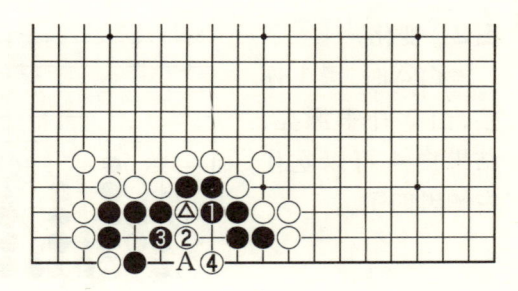

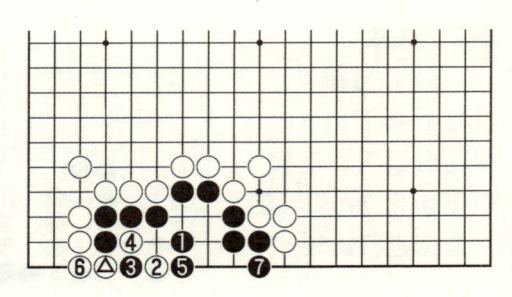

245

问题 45　白先

在本型中黑棋会成几目？白棋最佳收官手段是什么？

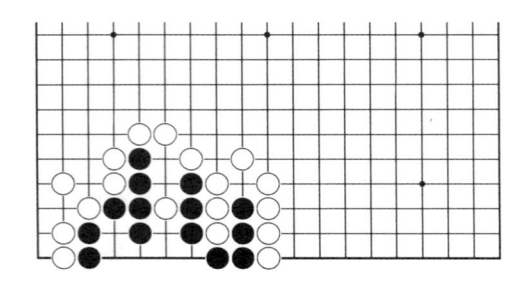

问题 45 解答
图 1　正解

白 1 是诱使黑棋不入气的巧妙下法，至黑 8，黑棋只成 3 目。

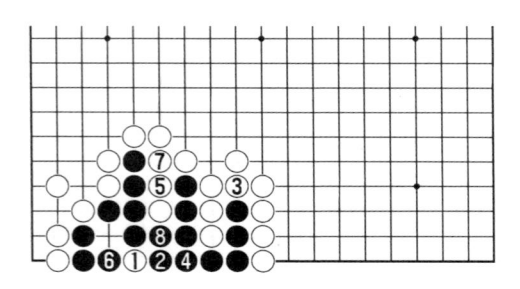

图 2　变化

白△时，黑 1 连接，白 2 扑很漂亮，结果白 4 可以吃住右侧黑四子。

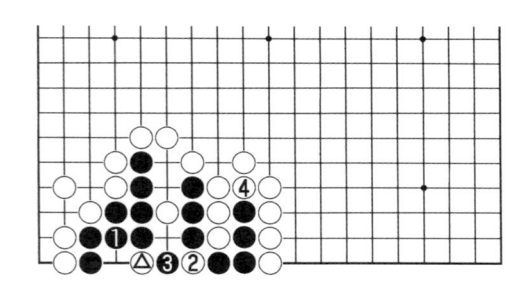

图 3　失败

白 1 与黑 2 交换之后再下白 3，结果是白棋明显受损。以下至白 7，请大家照前图进行比较。

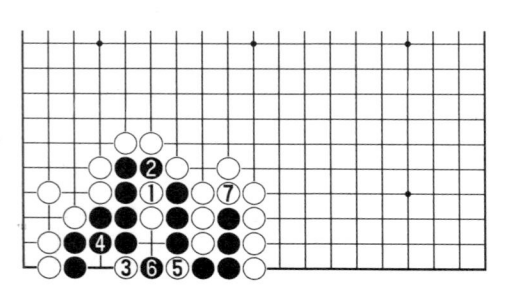

问题 46　白先

黑棋在 A 位和 B 位二者中必居其一,看似可以安定,情况果然如此吗?

问题 46 解答
图 1　正解

白 1 点极其厉害,一举击中黑棋的要害。黑 A 或黑 B 时,白 C 扳,白棋即可吃住黑角。

图 2　正解的继续

续上图,白棋点时,黑棋唯一的选择是黑 1 渡过,则白 2 断,吃住黑四子。黑 3 连接时,白 4 爬;如果黑 3 下在 4 位,白棋下在 3 位更好。

图 3　变化

图 2 中的黑 1 如果下成本图中的黑 1 下立,白 2 爬是好棋,无论如何黑⚫四子都无法生还。其后黑 A 时,白 B 即可。

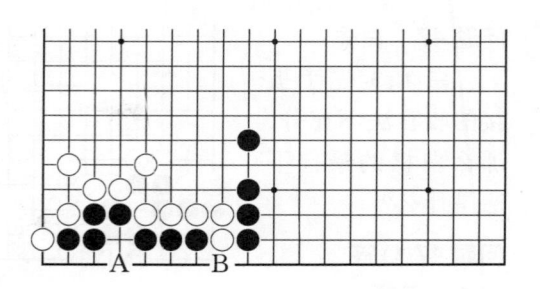

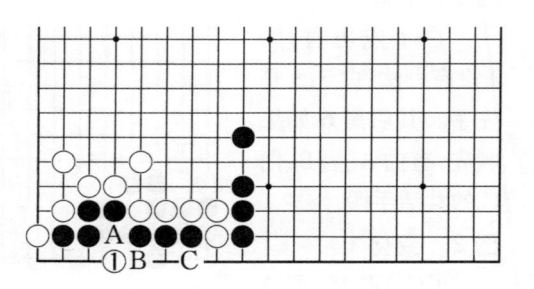

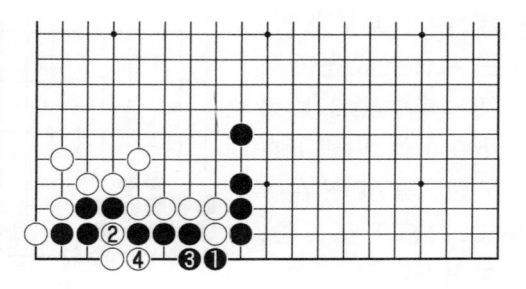

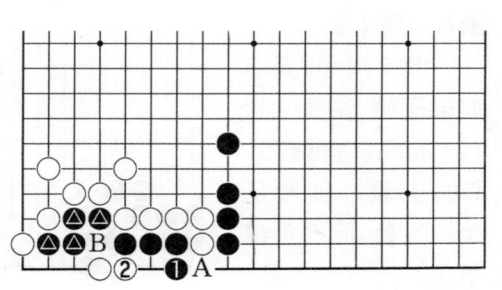

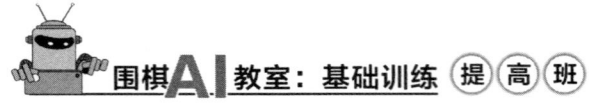

问题 47　白先

白 1、3 先手扳接的收官法不充分，那么白棋的最佳下法是什么？

问题 47 解答

图 1　正解

白 1 点厉害，黑 2 没有办法，白 3、5 是先手。其后黑 6 如果脱先，有白 A、黑 B、白 C 的共活手段。

图 2　变化 1

白⊙点时，黑 1 断，白 2 尖是急所，白 4、6 下成先手共活。其中黑 3 如果下在 4 位，白棋下在 6 位，黑棋下在 7 位，白棋下在 3 位，黑更不好。

图 3　变化 2

图 2 中的黑 3 如果下成本图中的黑 1 打吃，白棋有 2、4 的手段。虽然是缓一气劫，但黑负担很大。

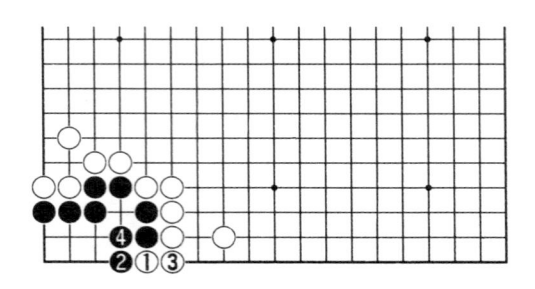

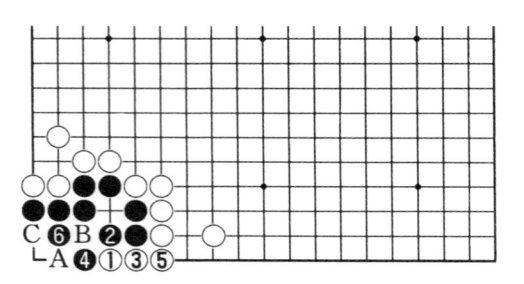

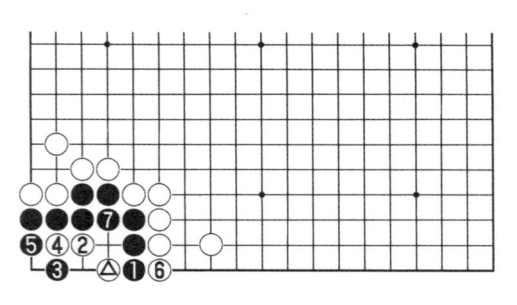

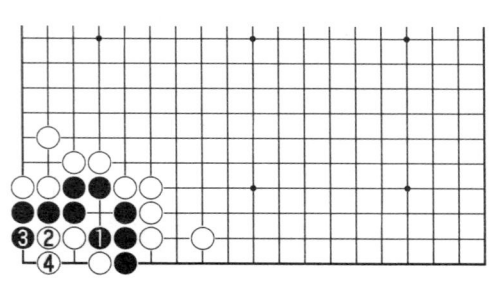

第三部分 收 官

问题 48　白先

白棋如何阻止黑 A 的先手官子？

问题 48 解答

图 1　正解

白棋首先牺牲白 1 一子很巧妙，黑 2 如果阻断，白 3、5 是先手，结果黑地虽没有什么变化，但白棋却比让黑在一线扳接多出 2 目。

图 2　变化

白 1 点入时，黑棋也有可能脱先，那么白 3 至白 7，白棋有先手收官的权利。

图 3　失败

白 1、3 扳接，但白棋是后手。由此可以看出图 1 中白 1 的效力。

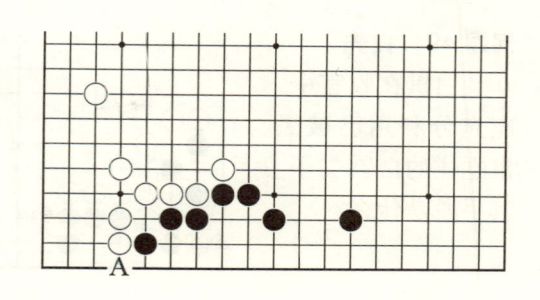

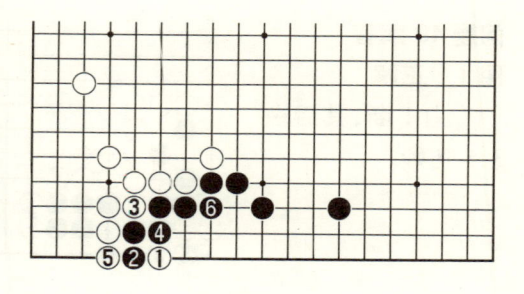

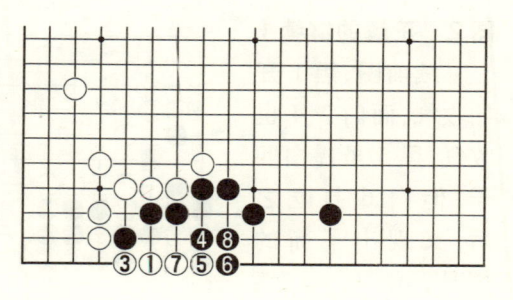

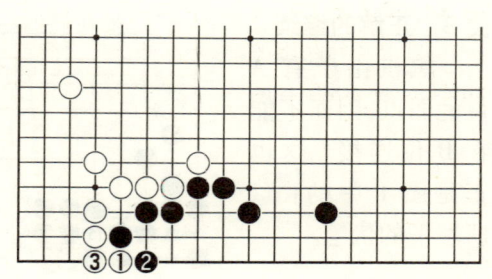

问题 49　白先

白棋在收官中,应充分利用已被黑棋吃住的白△二子。其手段是什么?

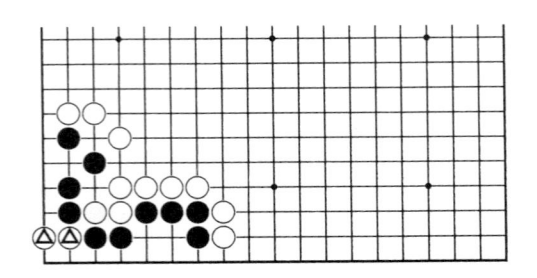

问题 49 解答

图 1　正解

白 1 断,其后白 3、5 巧妙。

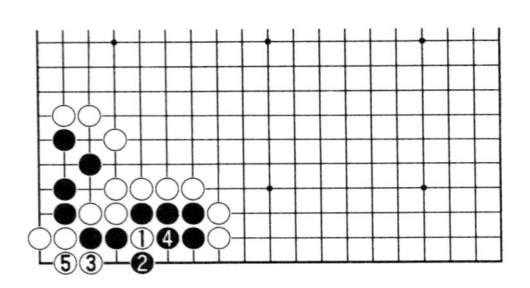

图 2　正解的继续 1

续前图,黑 1 开始收气,而白 2、4 也收气,黑 5 虽提白四子,但白 6 打吃之后,又现出了新的情况。

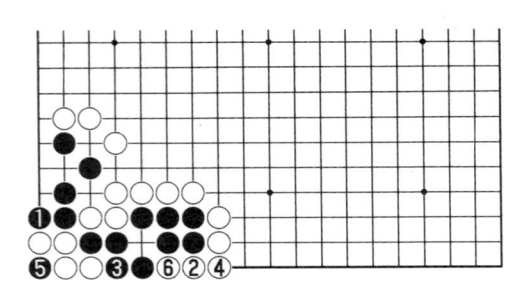

图 3　正解的继续 2

黑棋由于有 A 位的弱点,因而不能在 B 位连接。这也正是图 1 中的白 1 所埋下的伏笔。

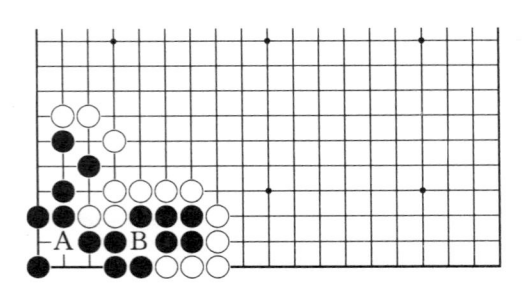

第三部分 收官

问题 50　白先

白棋在黑阵中的一子像炸弹一样随时可能爆炸,那么白棋如何发挥其威力?

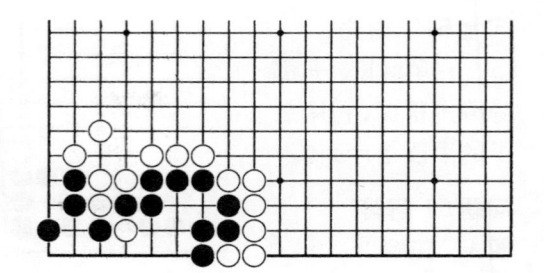

问题 50 解答

白 1 打吃一下再下白 3,是绝妙的次序,由此黑棋只能在牺牲右边四子和打劫中进行选择。

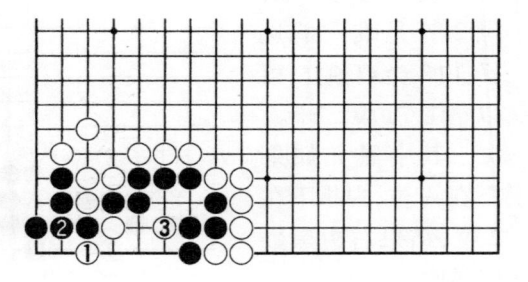

图 3　正解的继续

续前图,黑 1 叫吃,白 2 同样叫吃,此时黑 3 如果连接,整体就成了劫活。因此应该选择黑 3 在 A 位提子,而让白棋在 3 位提四子。

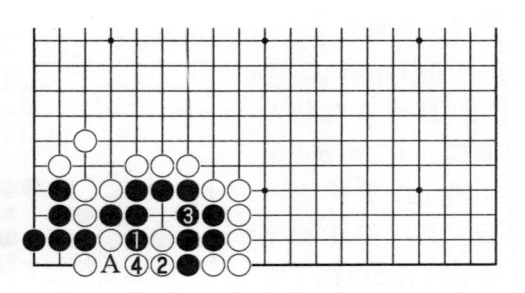

图 3　变化

黑△时,白 1 若直接做劫,黑 2、4 可避免打劫。黑 2 如果下在 5 位连接,白棋下在 3 位,又下成了前图的打劫。

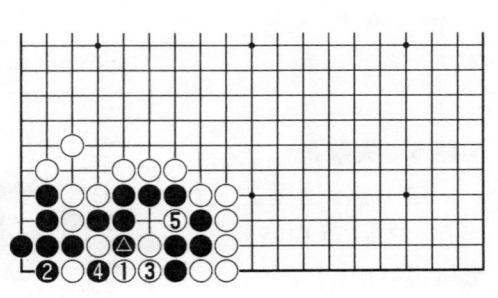

251

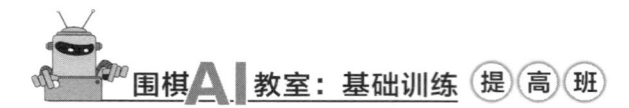

问题 51　白先

白△和◎子都隐藏得很深,利用二子的手段是什么?

问题 51 解答

图 1　正解

白 1 挖是手筋,黑 2 打是唯一的选择,白 3 金鸡独立,可以吃住左边黑二子。

其中黑 2 如果下在 A 位,白棋下在 2 位,结果右边黑数子被吃。

图 2　失败 1

白 1 先下立,虽然同样可以吃住左侧黑二子,但与正解图相比,黑棋多 1 目。其中黑 2 如果下在 4 位,白棋下在 A 位,黑棋整体不活。

问题 3　失败 2

白 1 点,让黑 2 连接,之后至白 5,黑棋很舒服。

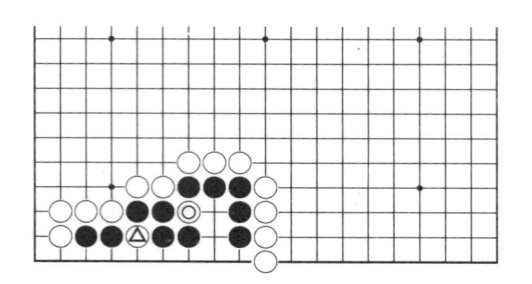

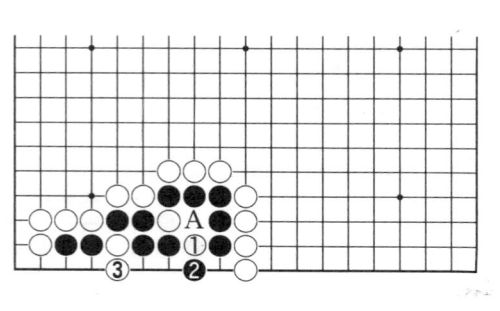

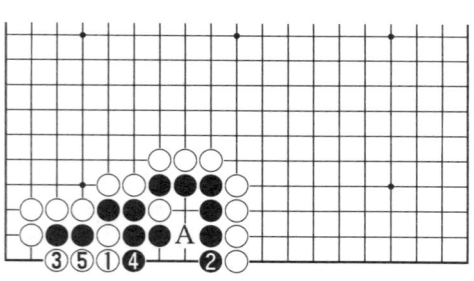

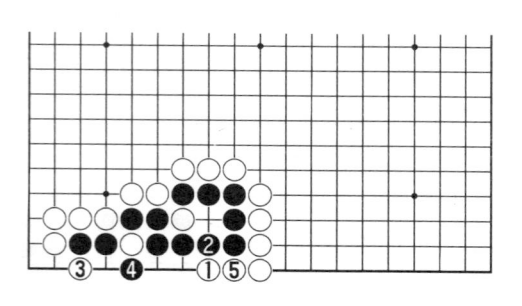

问题52 白先

在本型中,黑棋可成多少目?白棋如何收官?

问题52 解答
图1 正解

白1扳是平凡中见水平的一手。其后黑A若挡,被白B断后,黑棋将惨遭不幸。

图2 正解的继续

白1扳时,黑2是本手,黑4后,可以看成黑A、白B,结果黑棋成4目。其中黑4很容易会错下在C位,那样黑棋将只成3目。

图3 失败

白1点,指望黑A、白B,则过于天真。黑2应,白棋无手段。白1如果下在2位,被黑B位,白棋也没办法。

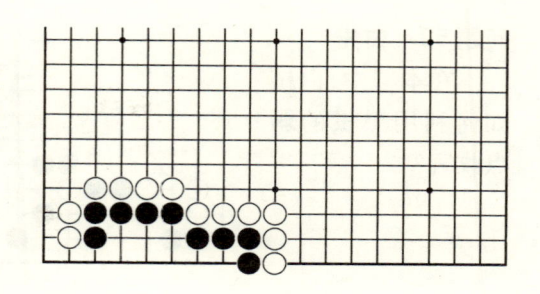

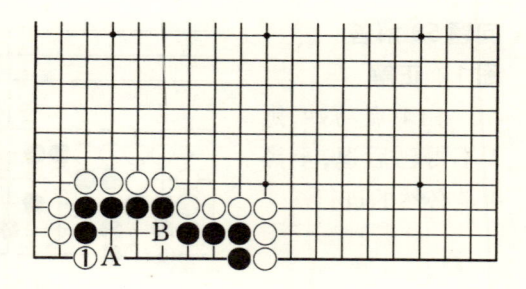

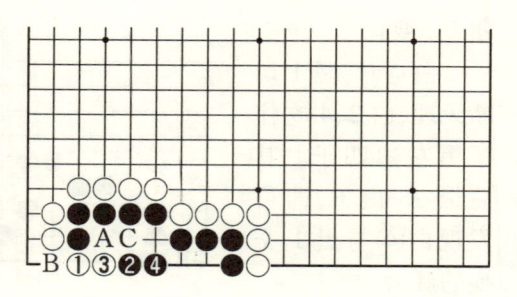

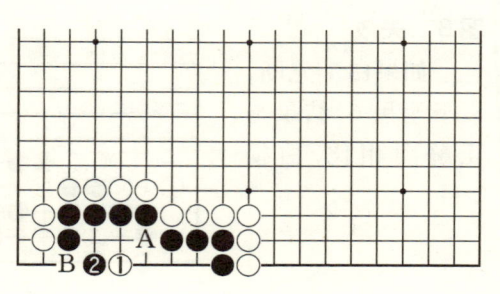

问题 53　白先

在本型中，白棋如何利用黑棋的弱点收官？

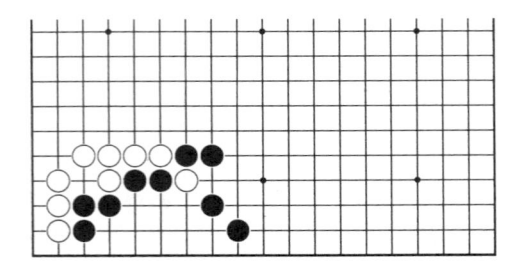

问题 53 解答

图 1　正解

白 1 点巧妙，黑 2 不得已后退，至黑 4 是必然的进行。

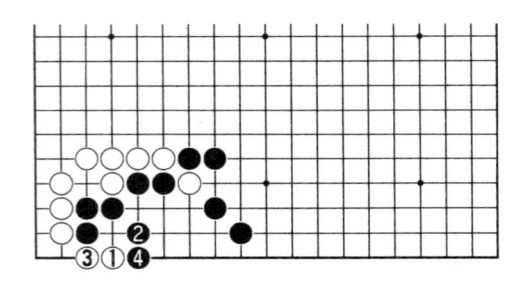

图 2　变化

白△时，黑 1 切断无理，白 2、4 吃住了黑左边四子。其后黑 A、白 B，即可发现白△与黑 1 交换的威力。

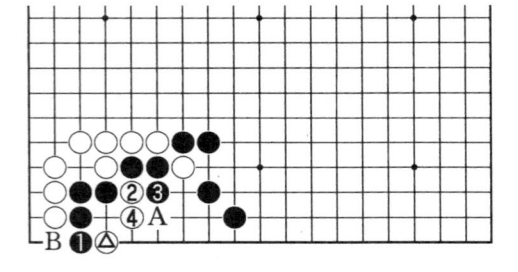

图 3　失败

如果白 1 先断，以下至黑 6，结果与正解图相比，白损 2 目。

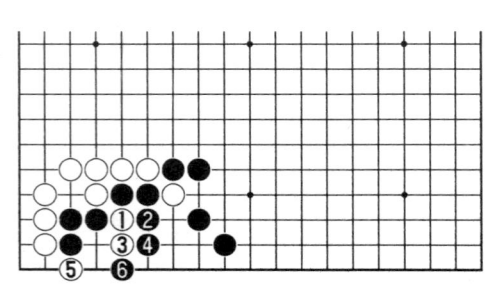

问题54 白先

在本型中,白棋的手筋是什么?不能只满足于白A。

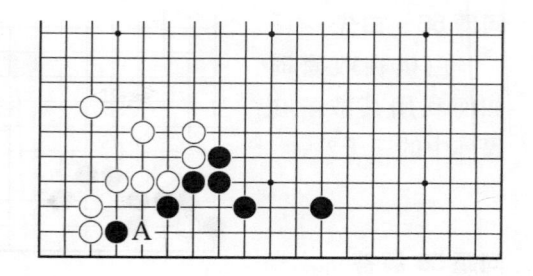

问题54 解答

图1 正解1

白1夹具有飞跃性的构想,黑2接是本手,至白3退告一段落。

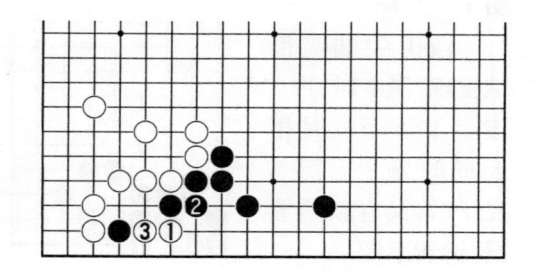

图2 正解2

白△时,黑1、3的下法将使黑白双方各增加一点目数。到底是选择本图还是选择前图,将根据情况而定。

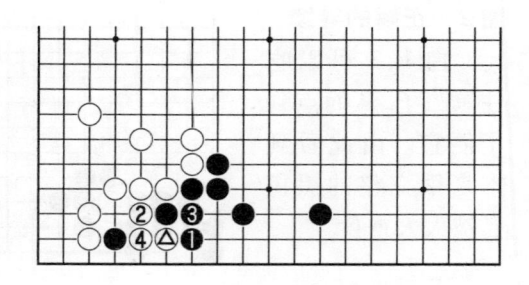

图3 变化

白△时,黑1的抵抗无理,白2、4之后,黑损。

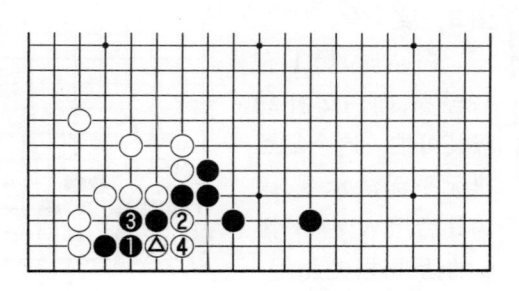

问题55　白先

白棋在收官时如何利用其散落在黑阵中的三子?

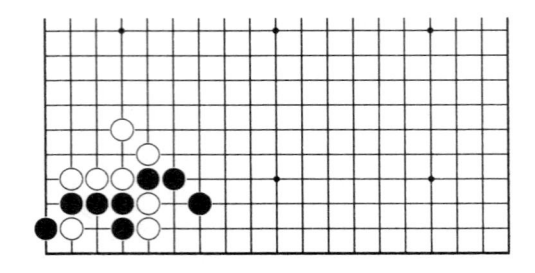

问题55 解答

图1　正解

白1尖端实很难发现,黑2时,白3连接、白5下立是相连贯的好手。黑8提子后,又有新的情况,请看下图。

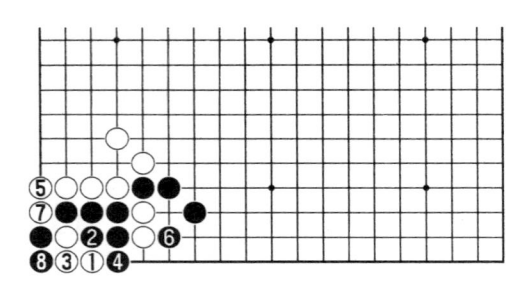

图2　正解的继续

白1、3可以吃住黑二子,从而点到了便宜。由此看到本来很完整的黑棋已被大大蚕食。

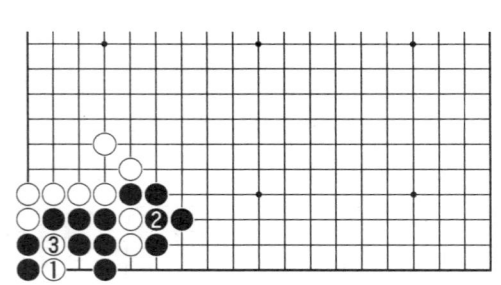

图3　变　化

白△时,黑1有些轻率,而白2扑劫极其可怕。这个劫黑棋无乎无法承受,因为其后黑A、白B、黑C的话,黑损失太大。

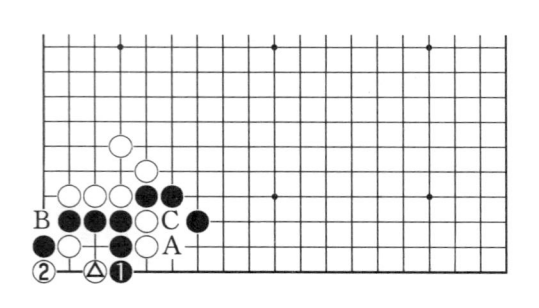

问题 56　白先

在本型中，如该黑棋收官，黑 A、白 B、黑 C、白 D 是黑先手。但该白棋下，其手筋是什么？

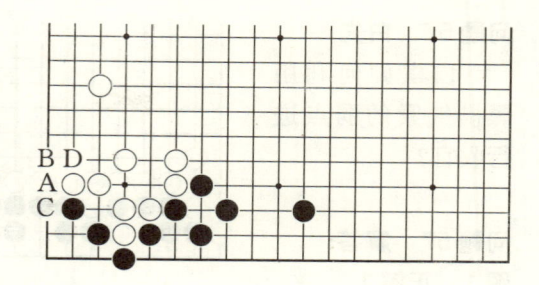

问题 56 解答
图 1　正解

白 1 点精彩，黑 2 如果断，白 3、5 是好次序，其后黑为防止白 A 打无忧劫，还须补一手棋。

图 2　参考

白△时，如果黑棋脱先，白 1 至白 5 则是先手官子。不过其中黑 2 也有可能继续脱先。

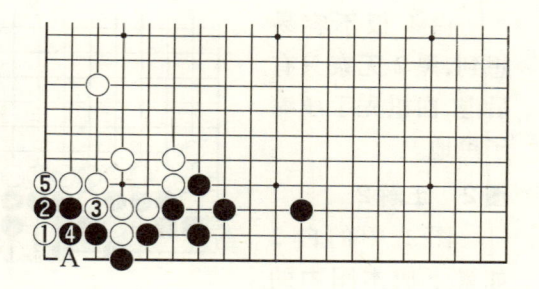

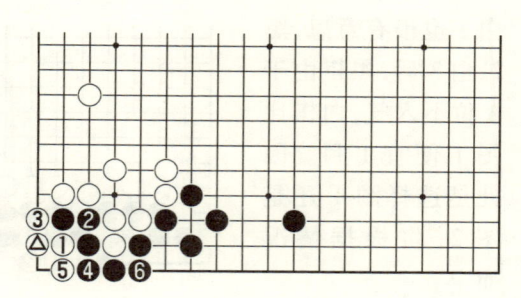

图 3　失败

白 1 下立不充分，黑棋如果脱先，白 3 跳，其后看成黑 A、白 B，结果与图 2 相比，白损 2 目。

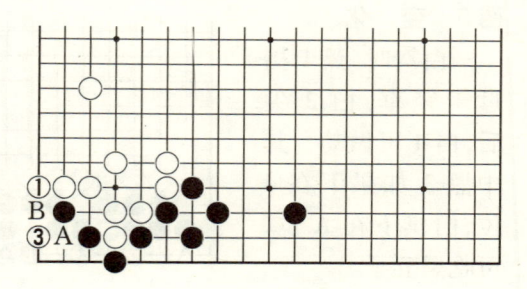

问题57　白先

白棋如何利用黑棋气紧的弱点进行收官？

问题57　解答

图1　正解1

白1扳不容易想到，黑2无奈只有后退，白棋先手压缩了黑地。

图2　正解2

图1中的白3如果下成本图中的白1也很有意思，黑2、白3后，黑棋由于A位不入气，白棋比图1便宜1目。因此是选择图1还是图2，将根据情况而定。

图3　变　化

白△时，黑1挡过于轻率，白2尖后，白4可做劫。其中黑3如果下在4位，白棋下在A位，可吃黑五子。

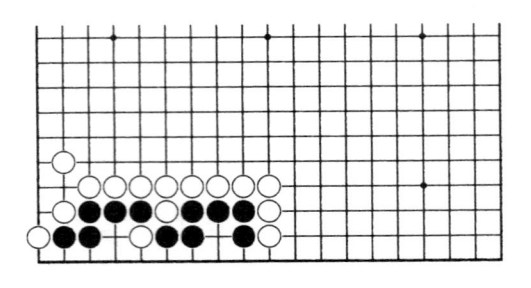

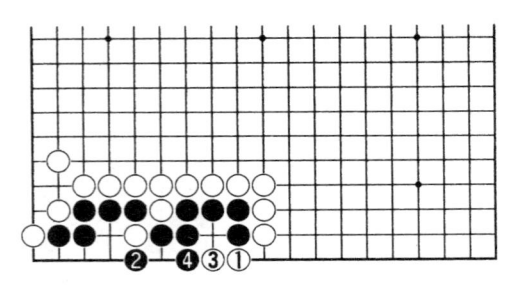

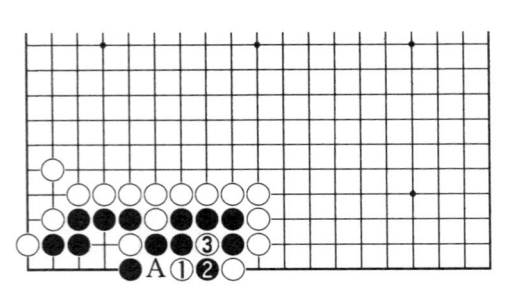

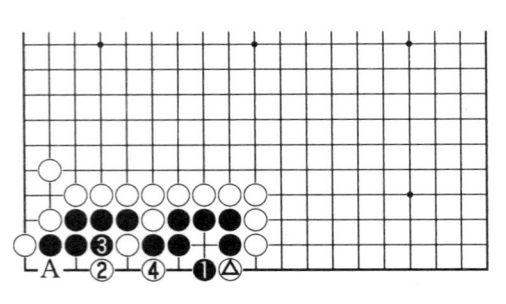

问题 58　白先

在本型中,别看黑空很大,但白△子仍有活力,白棋如何有效利用△子?

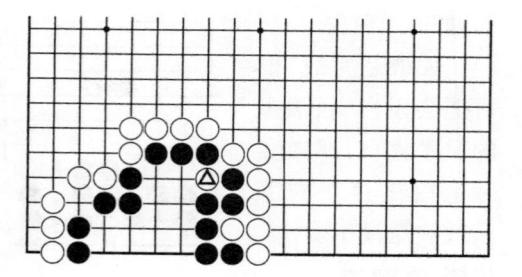

问题 58 解答
图 1　正解

白 1 准备倒扑,诱使黑自己撞气,黑 2 被迫提子后,白 3、5 紧气叫吃。

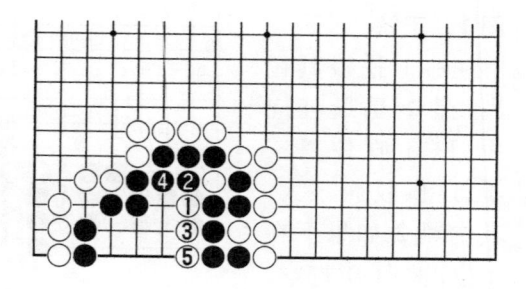

图 2　正解的继续

续前图,黑 1 连接,白 2 单跳,黑 3 连接,结果双方下成共活。其后是白 A、黑 B。

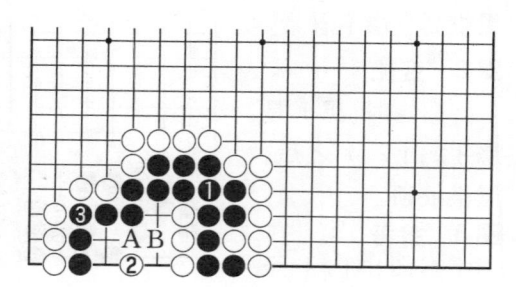

图 3　参考

图 2 中的黑 3 是极其重要的一手,如果脱先,被白 1、3 击中要害,黑棋被全歼。

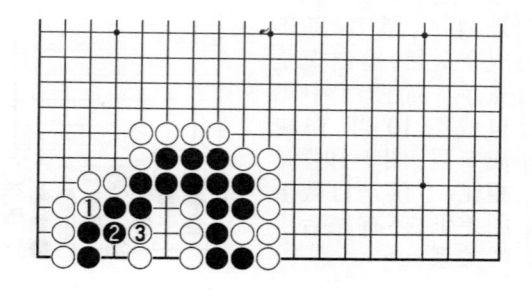

问题59　白先

如果是实战,很可能会以白 A、黑 B 的次序收官,那样实际上白棋存在的手段就被淹没了。

问题59 解答

图1　正解

白 1 挖极其锐利,黑 2 是最佳应手,白 3 吃住黑三子,白棋收获很大。其中黑 2 如果下在 A 位,被白 B 打吃,黑棋简直惨不忍睹。

图2　变化

白△时,黑 1 是恶手,白 2、4 之后,黑棋狼狈。

图3　参考

本图中白 1 至黑 4 之后,可以看作是白 A、黑 B,黑棋成空 9 目,但白棋是先手。而图 1 中黑棋成空 10 目,白棋成 6 目,图 1 和图 3 相比,不仅是目数上的差别,还有先后手的关系。

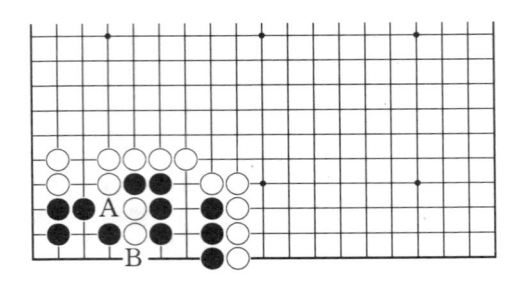

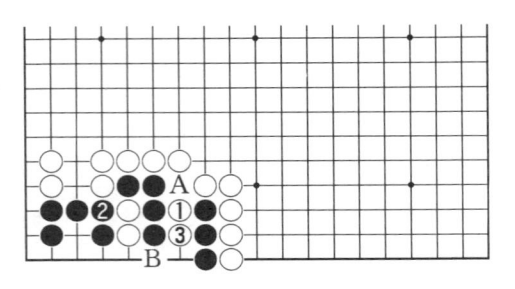

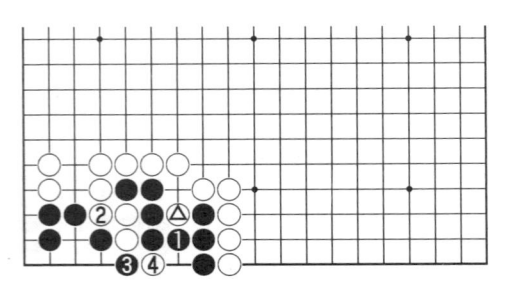

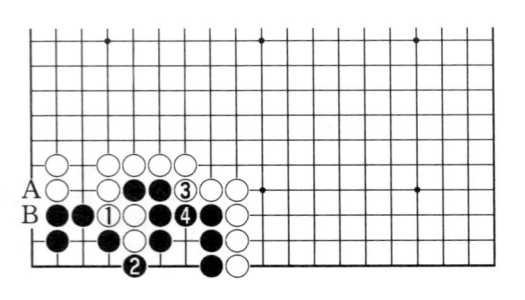

第三部分 收官

问题60 白先

切勿以为黑形已经很理想,其实白棋有很好的收官手段。

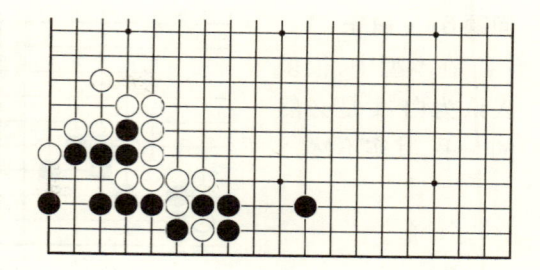

问题60 解答

图1 正解

白1、黑2之后,白3是不易被发现的手筋。黑4时,白5、7吃掉黑四子,收获很大。

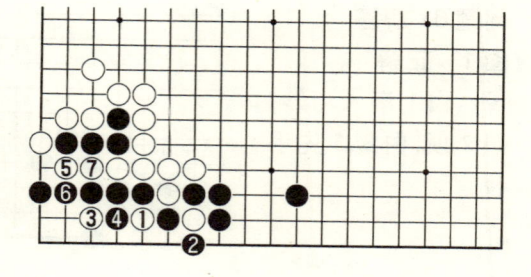

图2 变化1

图1中的黑6如果下成本图中的黑1,白2、4之后,白棋已成角地的主人。

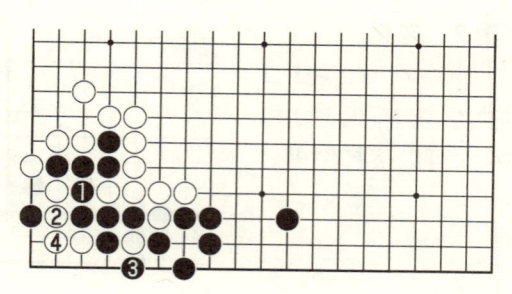

图3 变化2

白△时,黑1、3进行抵抗,白4以下至白8,双方形成打劫,而这个劫对黑棋来说负担太大。

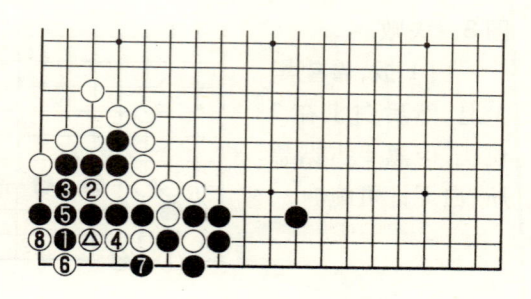

261

问题 61　白先

　　在本型中，很多人认为白 A 是必然的一手，其实不然。

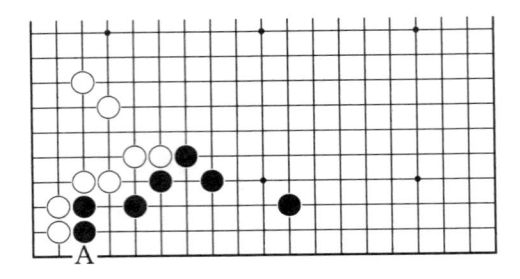

问题 61 解答

图 1　正解

　　白 1 潜入巧妙，黑 2 顶，白 3、5 先手收官。

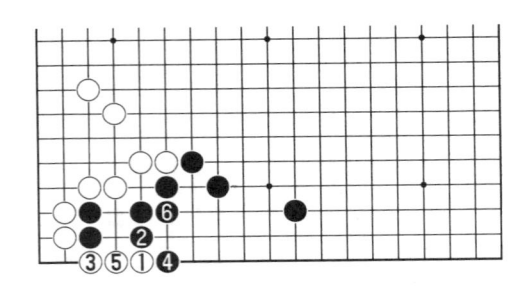

图 2　变化

　　白△时，黑 1、3 执意切断无理，白 4、6 可以滚打黑棋。

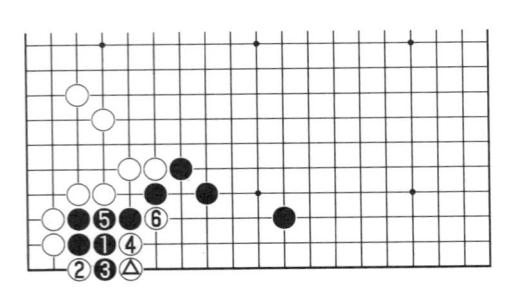

图 3　失败

　　白 1 扳，希望黑 A 退，然后白棋在 2 位跳，但黑 2 占据急所，白无计可施。

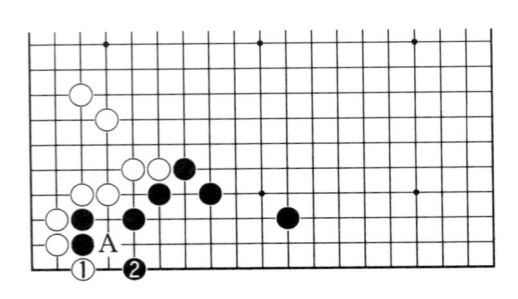

第三部分 收官

问题62 白先

黑形虽然看似完整,但白棋仍有收官的妙手。

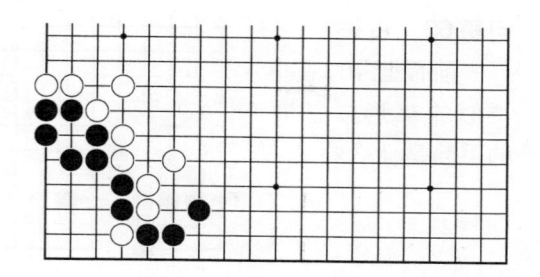

问题62 解答

图1 正解

白1点一举击中要害,对此黑2、4是最大限度减少损失的下法。

图2 变化

白△时,黑1如果压,白2扳是好棋,而此时黑3打吃是绝对的一手,白4连接是最后一击。其后白棋在A位和B位中必居其一,黑已束手无策。

图3 失败

大部分人在计算时,都倾向于把白1看成急所,但黑2补后,白棋已无任何手段。

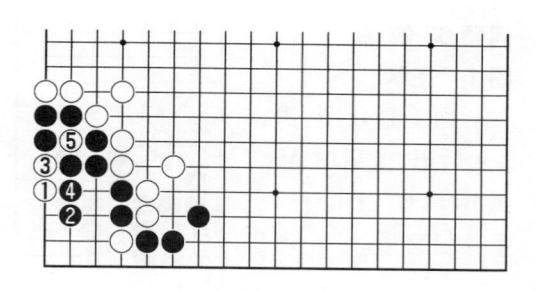

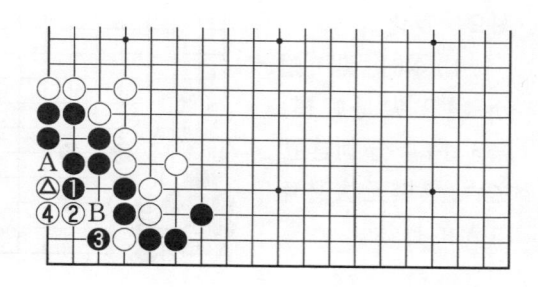

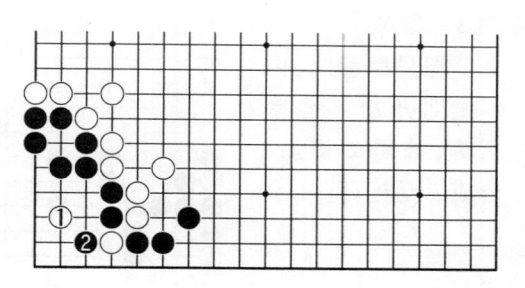

问题 63　白先

前面已出现过类似的棋形。白棋的手筋是什么？

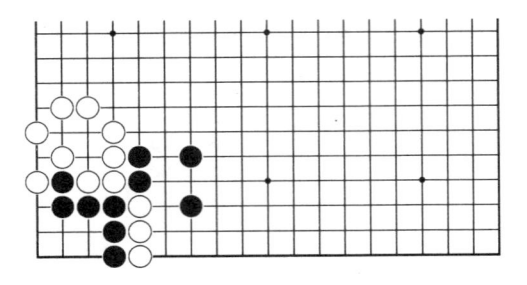

问题 63 解答

图 1　正解

白 1 是急所，黑 2、4 后退，此后白 A、黑 B、白 C，白棋有后手 4 目官子。

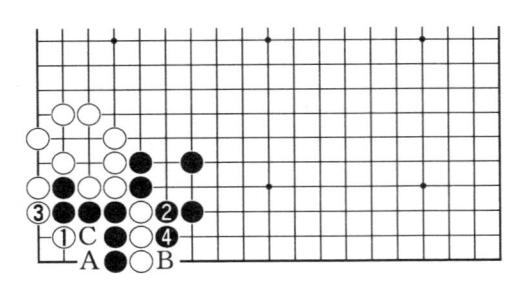

图 2　变化

白△时，黑 1 过分，白 2 尖是好棋，黑 3、白 4 分别连接之后，黑棋无法避免白 A 的打劫。

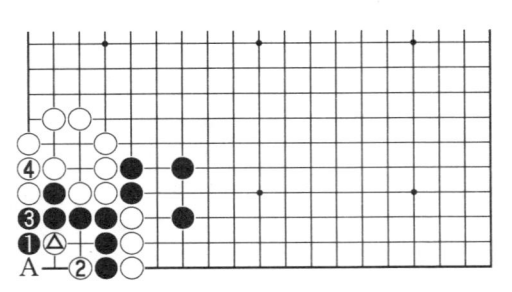

图 3　参考

但是黑△时，白 1 立即开劫是轻率行为，被黑 2 提后，形成二劫连环。

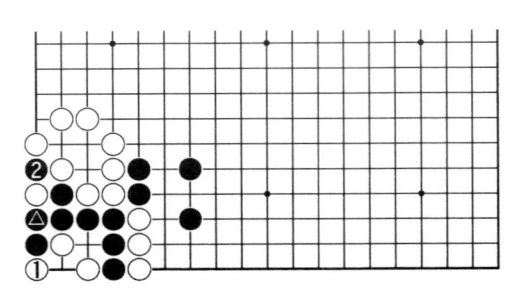

问题64 白先

本型如何收官?第一手棋是关键。

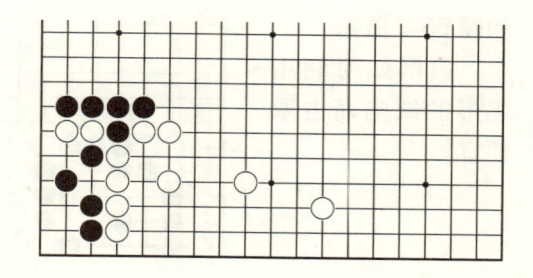

问题64 解答

图1 正解

白1夹,黑2时,白3渡过,以后白A、黑B、白C、黑D是白棋的权利。

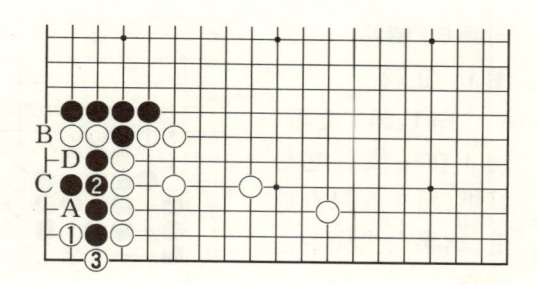

图2 变化

白△时,黑1如果挡住,白2渡过成了先手,黑5防白A打吃。由于本图黑是后手,黑棋还是选择图1较好。

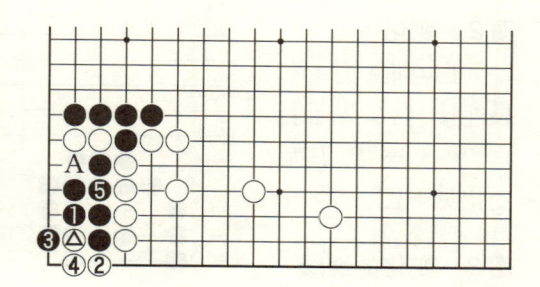

图3 失败

本图中的白1、3是俗手,以下至白7,下成了图2中黑5脱先而本图白棋不在2位打吃却在1位打吃的棋形。

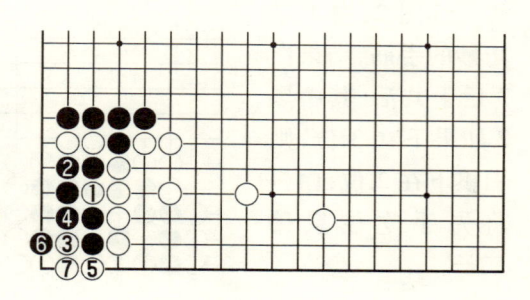

问题65 白先

白棋如何利用黑形的缺陷而占取便宜?

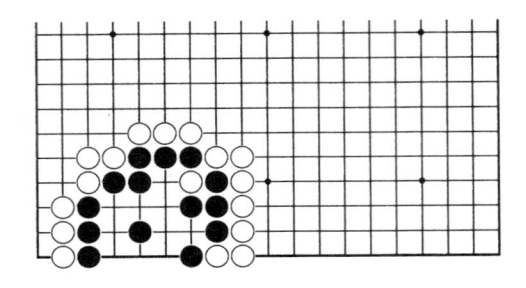

问题65 解答

图1 正解

白1、黑2之后,白3在一线打吃是好棋,黑4、6只有后退,结果白棋先手占便宜。

图2 变化

白△时,黑1如果连接,白2先手打吃,黑3连接,其后变化见下图。

图3 变化的继续

续图2,白1是巧妙的手筋,结果白3后手共活,其中黑2如果下在3位,则白棋下在2位,白棋将先手吃住黑△三子。

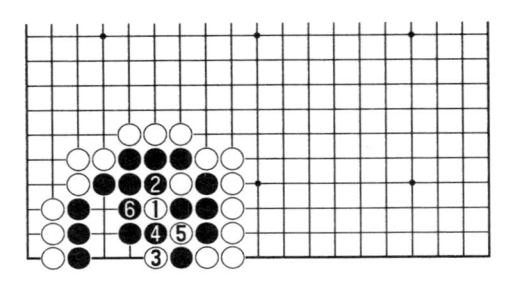

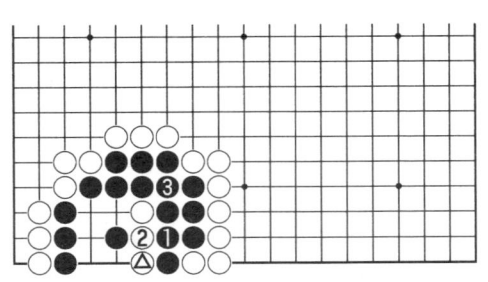

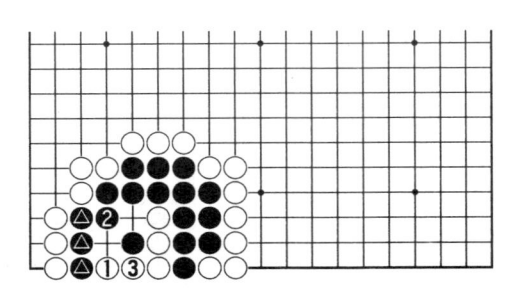

第三部分 收官

问题 66　白先

白棋在 A 位连接之前,是否可以考虑先手下白 B、黑 C?

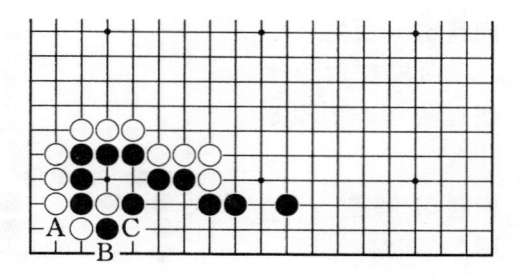

问题 66 解答

图 1　正解

白 1 打吃是很好的选择,黑 2 提子,白 3 渡过,双方形成打劫,但这个劫黑棋打不起。

图 2　正解的继续

续前图,其后黑 1 只有连接,白 2 提子,黑 3 又只好屈服。以后白 A 虽然很大,但即使脱先,白棋也已先手便宜。

图 3　变化

白△时,黑 1 下立无理。白 2 打吃,黑棋已无应手。其后不论是黑 A 还是黑 B,白 C 断打均成立。

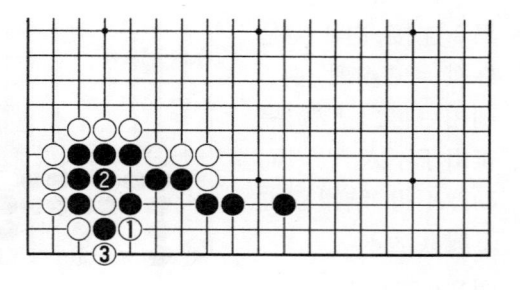

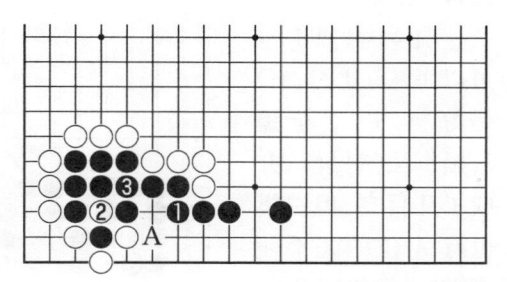

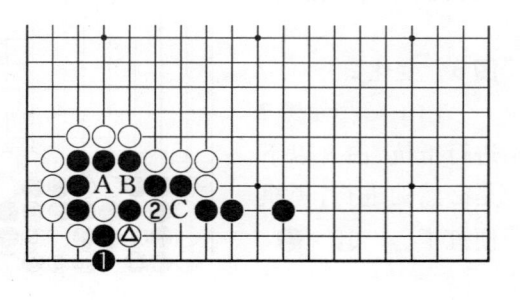

问题 67　白先

白棋获取最大便宜的官子手段是什么？

问题 67 解答

图 1　正解

白 1 点是急所，黑 2 连接，白 3 尖是好棋。黑 4 时，白 5 利用后再白 7 靠，黑棋由于不入气，因而动弹不得，结果双方下成共活。

图 2　变化 1

白△时，黑 1 也可以考虑，此时白 2 是好棋，以下至黑 7，黑棋虽然做活，并成了几目空，但白棋也有 A 位的先手便宜，结果白棋满意。

图 3　变化 2

白 1 爬会使黑 2 进行抵抗，白 3 以下是必然的进行，黑棋便宜了。　⑪ = ❷

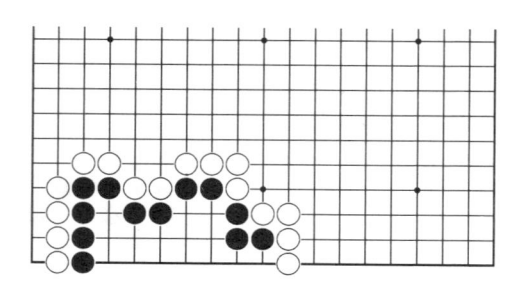

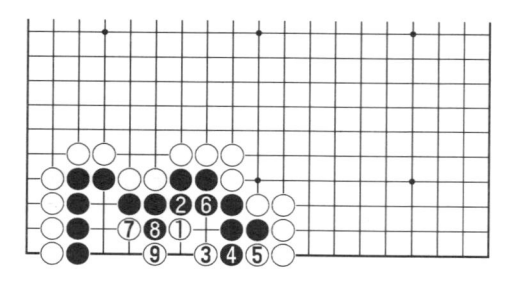

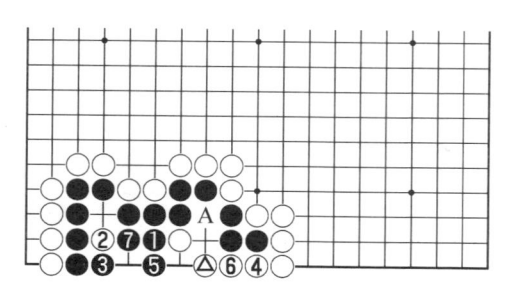

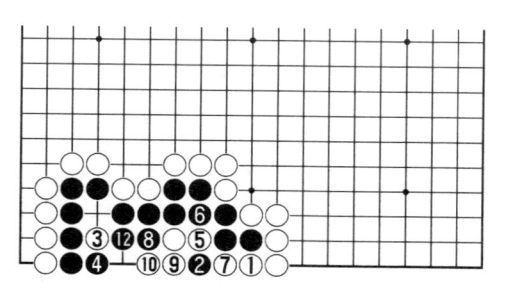

第三部分 收官

问题 68　白先

本型中如果白棋无手段,黑棋将成9目,白棋是否就肯罢手了呢?

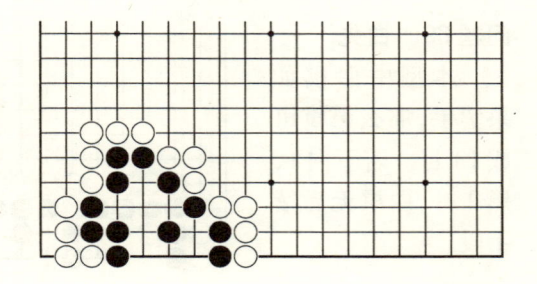

问题 68 解答
图 1　正解

白1和白3都是急所,白1如先下在3位,那么黑棋下在1位,对黑反而有利。

图 2　正解的继续

续前图,黑1是不得已的下法,而白2、4先手提去黑三子取得了很大的成果。结果看似可成9目的黑棋最后只剩下负3目。

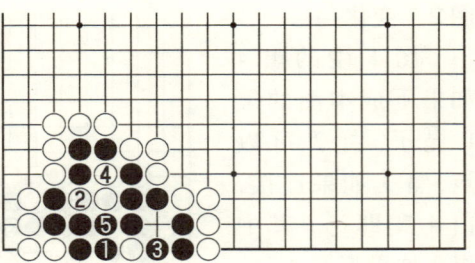

图 3　变化

白△时,黑1连接,白2后,黑棋将被全歼,黑棋由于气紧而动弹不得。

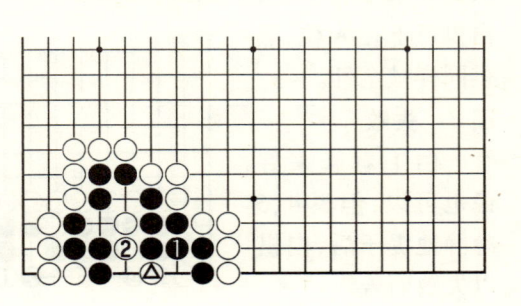

269

问题 69　白先

本型中白棋如果罢手,那么黑棋可成 13 目。若下白 1,黑 2 补,白棋无后续手段。

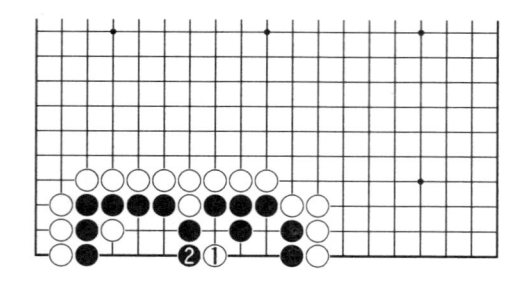

问题 69 解答

图 1　正解

白 1 断是施展手段的出发点,白 3 下立,黑 4 打吃,白 5 下成双倒扑,可以窥测 A 位和 B 位。

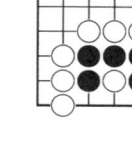

图 2　变化

图 1 中的黑 4 如果下成本图的黑 1 提子,白 2 可以点,黑 3 如果连接,白 4 爬即可。其中黑 3 如果下在 4 位,白棋可下在 A 位,黑棋同样被全歼。

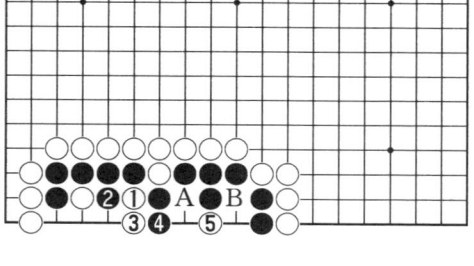

图 3　失败

白 1 看起来好像也可以,但黑 4、6 冷静地提子后,白棋以失败而告终。

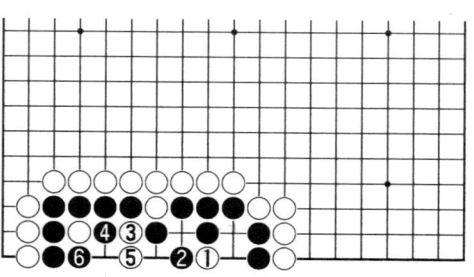

问题 70

请分析一下左下角黑先和白先时该如何收官。

问题 70 解答

图 1 选点

黑先下时,黑应在 A 位挡;白先下时,白应在 B 位点。

图 2 黑棋先下

黑棋如果先下,黑 1 挡,其后白 A 以下看成是白棋权利(立即下的可能性很大)。

图 3 白棋先下

白棋如果先下,白 1 点,黑 2 只有退让,白 3 则尖回,其后黑 A、白 B、黑 C、白 D 是黑棋的权利。以后是白 E 还是黑 E 应通过平均计算,比较复杂。在此只通过图 2 和图 3 比较,其差约在 20 目。

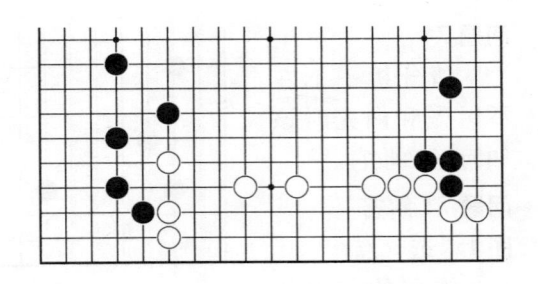

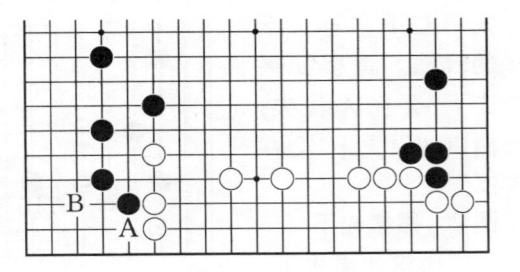

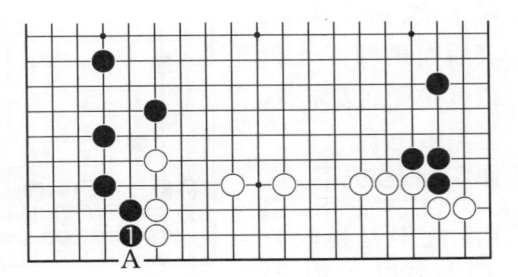

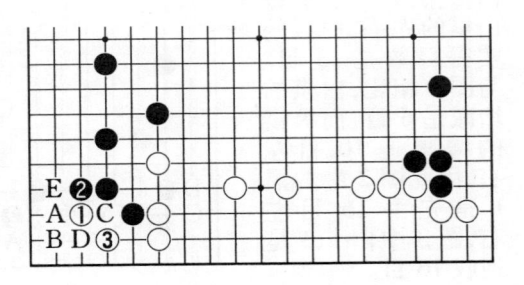

问题71

请分析一下左下黑先和白先时该如何正确收官。

问题71解答

图1 选点

本型的焦点是关于左下白△三子的攻防。黑棋如果先下,会在A位尖;白棋如果先下,会在B位托。

图2 黑棋先下

黑棋如果先下,黑1尖,白2、4应,其后白棋可下A位或B位彻底安定,这是黑棋先手。

图3 白棋先下

白棋先下,白1、3托退是逆收官子,其后白A、黑B、白C、黑D可看成是白棋的先手,白棋的实得目数是13目。与图2相比,白棋的增减是6目,而黑棋的增减是10目左右,因此图2中的黑1是先手16目左右,图3中白1、3是逆收16目。

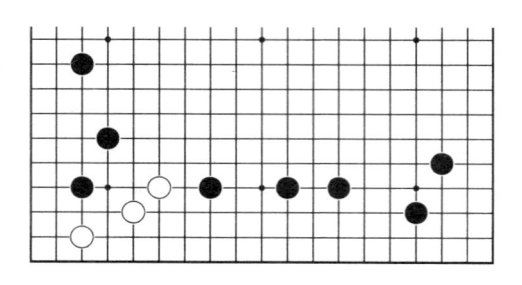

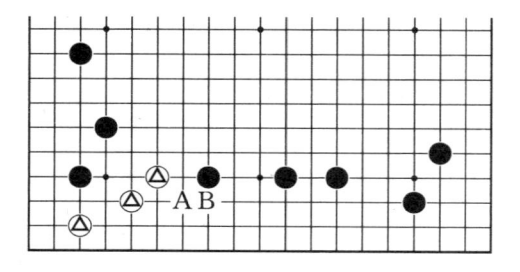

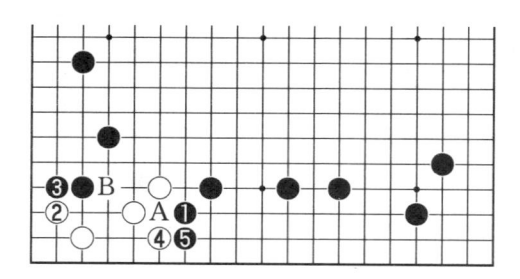

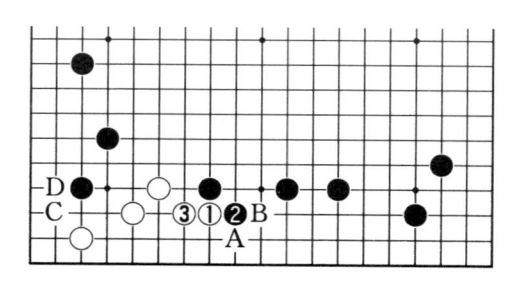

第三部分 收官

问题 72

请分析一下左下黑先和白先时该如何正确收官。

问题 72 解答

图 1 选 点

不管黑棋先下还是白棋先下,A 位都是收官的要点。

图 2 黑棋先下

黑棋如果先下,黑 1 挡是大得不得了的棋。其后白 A、黑 B、白 C、黑 D 的下法,由于存在着黑 E 冲断,所以不是先手。

图 3 白棋先下

白棋如果先下,白 1 曲是当务之急,黑 2 补棋时,白 3 至白 11 是先手官子。本图与图 2 相比,黑棋的增减是 12 目,白棋的增减是 7 至 8 目。因此图 2 中的黑 1 是逆收官子约 20 目,图 3 中的白 1 以下是先手 20 目官子。

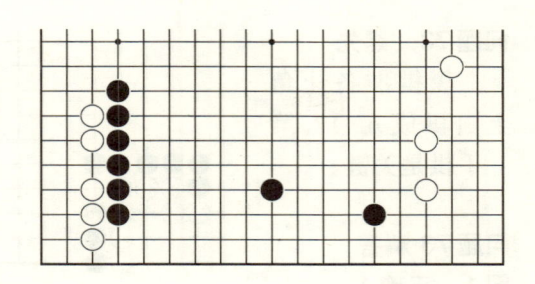

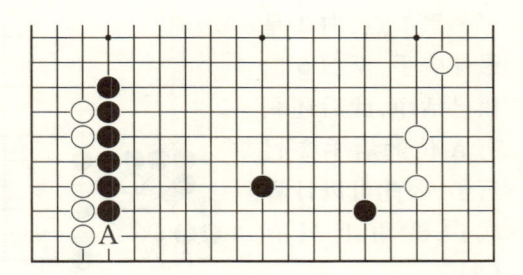

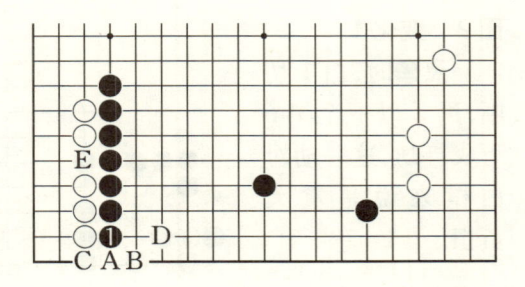

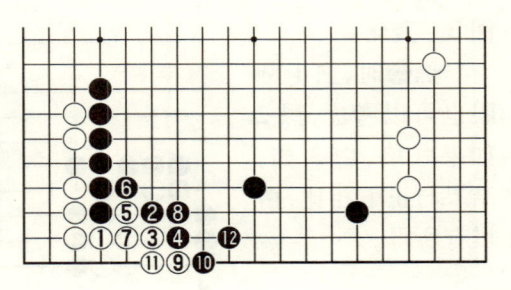

问题 73　黑先

黑棋准备让角上白棋成几目？第一手棋是关键。

问题 73 解答
图 1　正确 1

黑 1 点,白 2 是最佳应手,至白 6 白棋已活净,此后还剩有 A 位的后手 2 目官子,因此可以计算成白棋角上只有 1 目。

图 2　变化 1

黑⬛时,白 1 切断,黑 2 以下至黑 6 下成打劫,这一劫对白棋来说是重大负担。

图 3　变化 2

黑⬛时,白 1 圆眼也可以考虑,黑 2 如果联络,白 3 挡,结果与正解相比,白棋有所得。

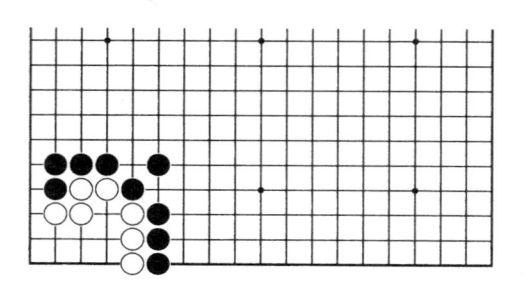

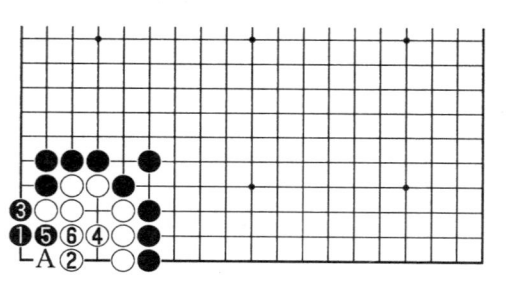

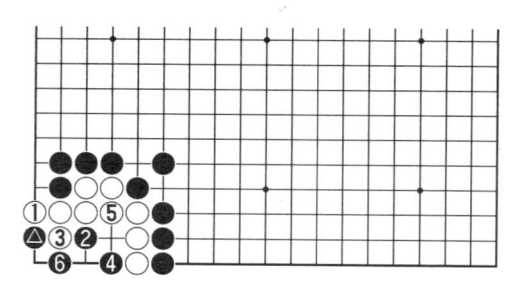

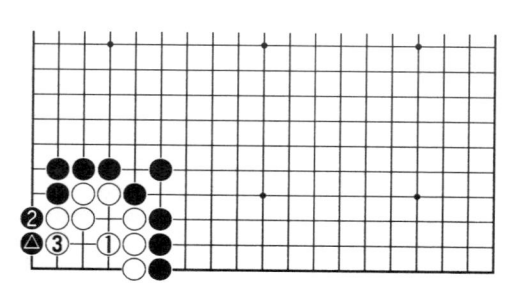

图4 变化3

不过图3中的黑2有下成本图中黑1的手段,以下至黑5形成打劫,白棋面临危险。

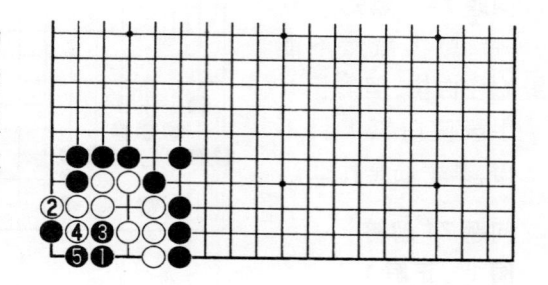

图5 正解2

黑1夹的手段也可以成立,白2以下至白6,结果与图1相同。

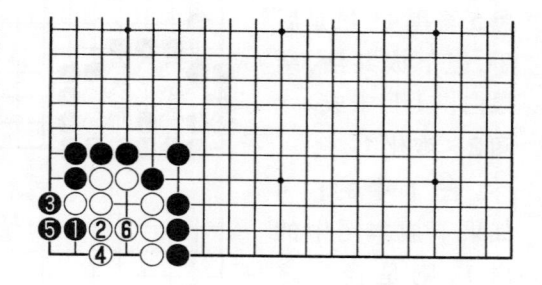

图6 变化4

黑⊕时,白1如果抵抗,黑2、4后,白棋为了避免打劫,只有白5补一手,结果黑棋是先手共活。

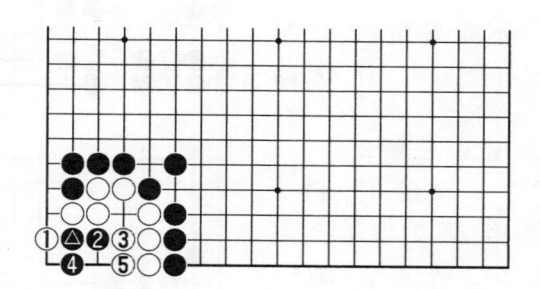

问题74　黑先

黑棋虽然不能吃住白棋,但黑棋有手段使白棋1目不得,其手筋是什么?

问题74 解答

图1　正解1

黑1是奇特的一手,白2、4冷静,黑5至黑11虽是后手,但下成共活,结果白棋1目未成。

图2　变化1

图1中的白4如果下成本图中的白1,则是轻率之举。黑2、4渡过,白棋由于不入气,因而不能采用白A、黑B、白C扑吃的手段。

图3　正解2

黑△时,白1挡,黑2以下至黑10,结果与图1相同。

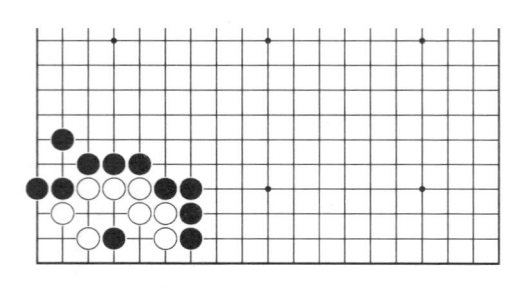

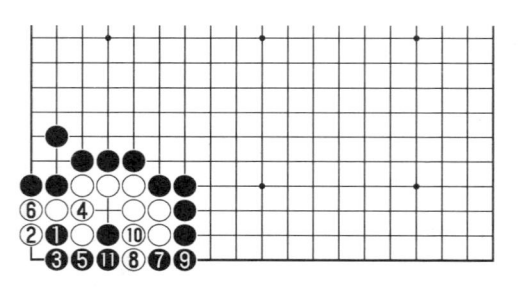

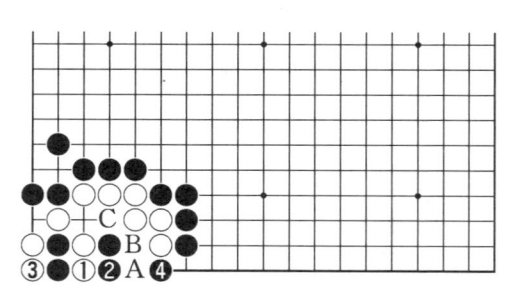

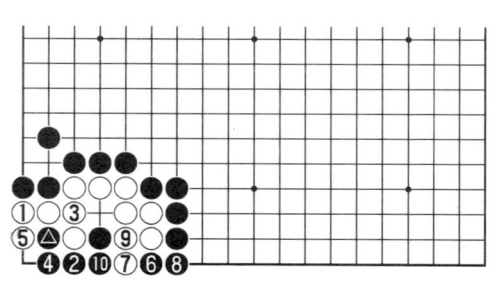

图 4 变化 2

黑 1 点是恶手，白 2 切断，只是黑 3 时，白 4 也是坏棋，于是黑 5、7 才得以成立。

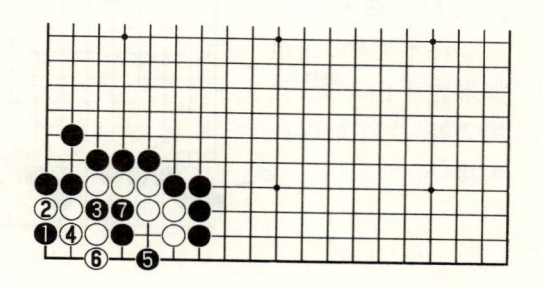

图 5 失败 1

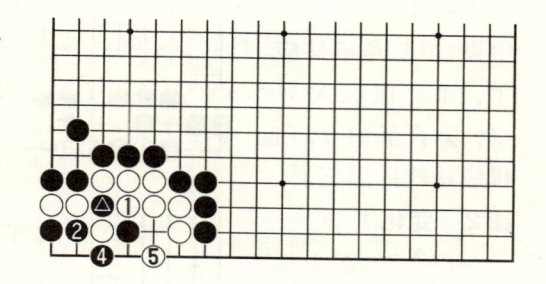

图 4 中的白 4 下成本图中的白 1 提是好棋，以下至白 5，黑棋以失败而告终。 ③ = ▲

图 6 失败 2

黑 1 点，由于有白 2、4 的手段，黑棋不行。白 4 如果下在 A 位，被黑 B 打吃之后，又还原成图 2 的棋形。

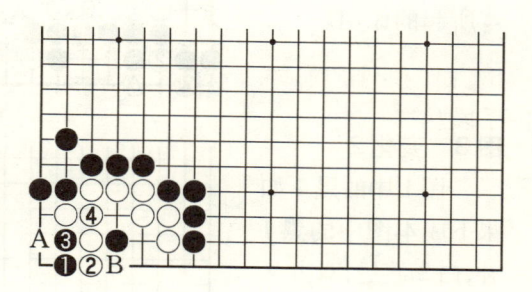

问题 75 白先

在本型中,白棋如果先手白 1 扳,让黑 2 补,实在难以让人接受。

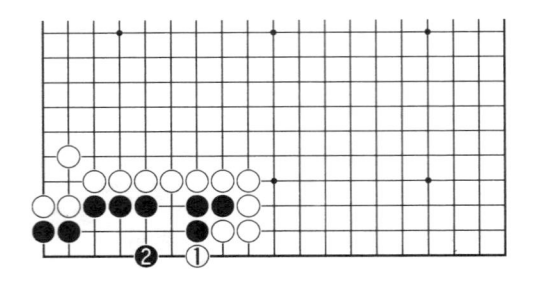

问题 75 解答
图 1　正　解

白 1 点在三子中央,黑 2 是最佳应手,白 3 扳又是好棋,以下至白 7,白棋成功吃掉黑三子。

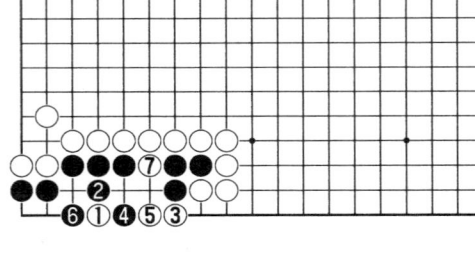

图 2　变化 1

白△时,黑 1 抵抗,白棋有白 2、4 的造劫手段,这正是白△所起的作用。

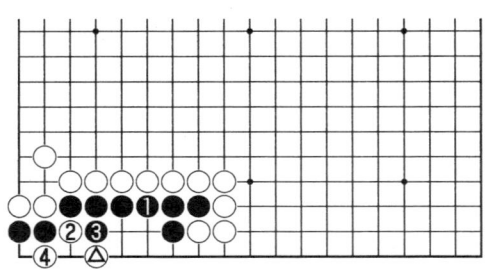

图 3　变化 2

图 1 中的黑 4 如果下成本图中的黑 1 补,白 2 渡过,双方又形成打劫,但这一劫对白棋来说是无忧劫,黑棋无法忍受。

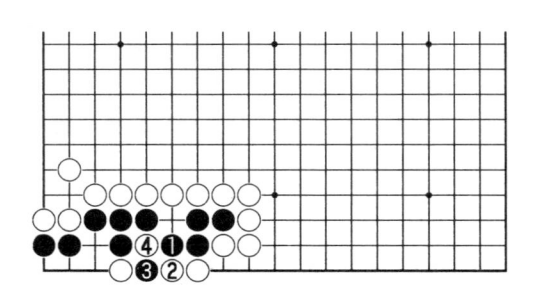

图 4　变化 3

白⊙时,如果黑1补棋,则白2冲,白4先手吃住黑三子。其中黑3如果下在4位挡,白棋在3位断,黑棋不行。

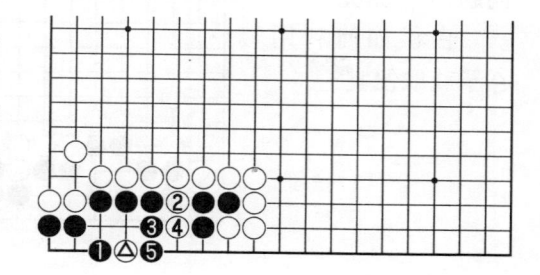

图 5　失败 1

白1点时,黑2是好应手,其后白A时,黑B退,白棋什么也吃不到。

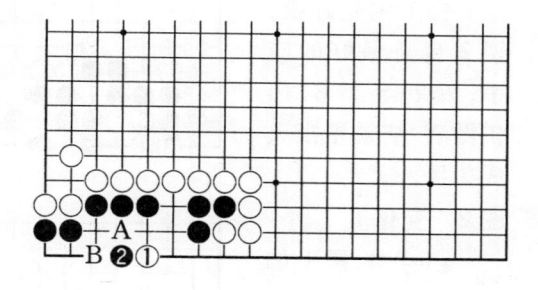

图 6　失败 2

白1是俗手,与黑2交换之后,白棋瞬间无棋可下。其后白3再点,黑4老实应,黑棋没受任何损伤。

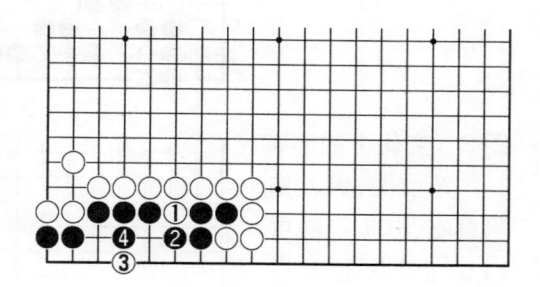

问题 76　白先

白棋如何利用△子获取便宜?

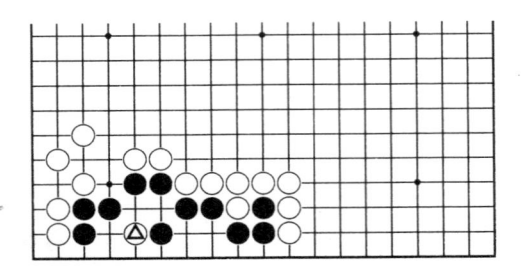

问题 76 解答

图 1　正　解

白 1 尖是好棋,黑 2 也是最好的应手,以下至黑 8,黑棋做活,结果黑棋只成 2 目。

图 2　变化 1

白△时,黑 1 如果立下,则白 2 断极其巧妙。

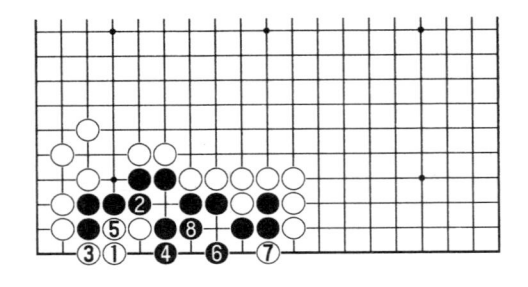

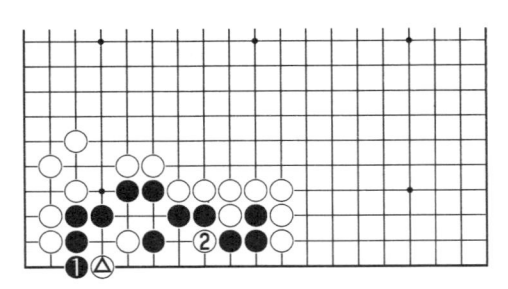

图 3　变化 1 的继续

续前图,黑 1 如果打吃,白 2 挤断可以成立,以下至白 6,白棋吃住左侧黑四子。

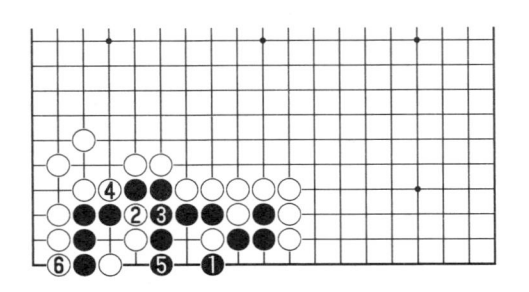

图4 变化2

白1如果直接挤断,黑2可以连接。此时白A再断,黑B可以连接,白棋只能后手吃黑三子。这也证明了图2中白棋先断的效果。

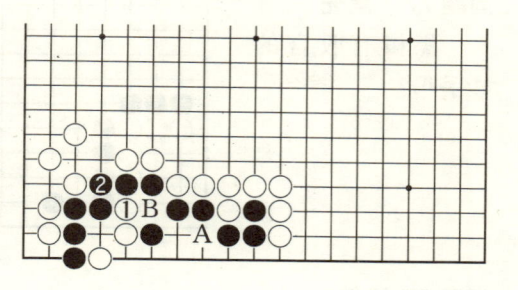

图5 变化3

白△时,黑1如果打吃,白2与黑3交换之后,白4至白8将黑棋逼入困境,黑棋不得不在A位开劫。

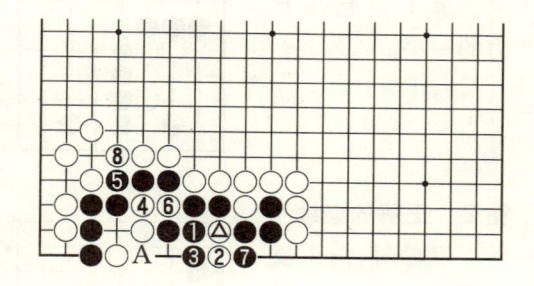

图6 变化4

图5中的黑3如果下成本图中的黑1打吃,白2、黑3之后,白棋已经先手吃住右侧黑△三子。

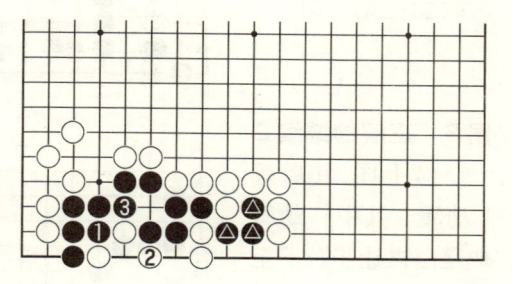

问题 77　黑先

黑棋有收官的妙手吗？

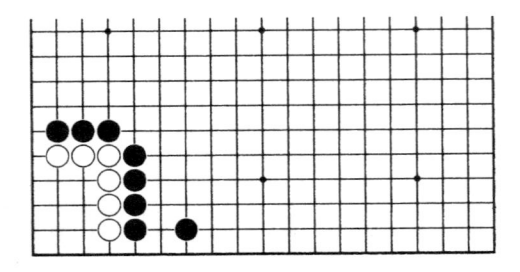

问题 77 解答
图 1　正解

黑 1 夹是强有力的一手。

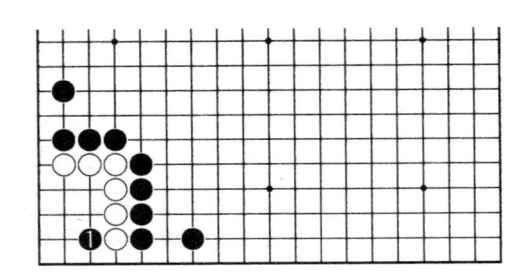

图 2　正解的继续 1

黑△时,白 1 反夹是好应手,黑 2 扳也是好棋,白 3 打,后续变化见下图。

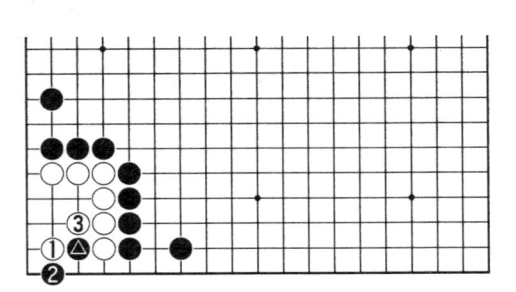

图 3　正解的继续 2

续上图,其后黑 1 劫渡。其中打劫看成是白棋让步。下至白 4,白棋已大为萎缩,此后计算成黑 A、白 B,白棋成 4 目。

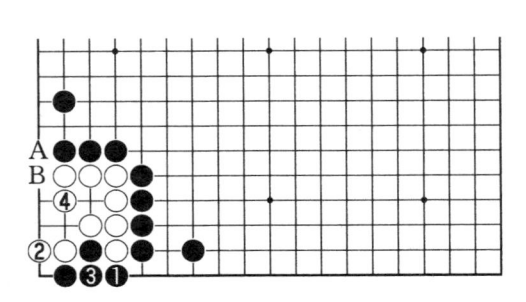

图 4　变化 1

白△时,黑 1 立即渡过,则白 2 下立,白 4、黑 5 之后,白棋成空很大。

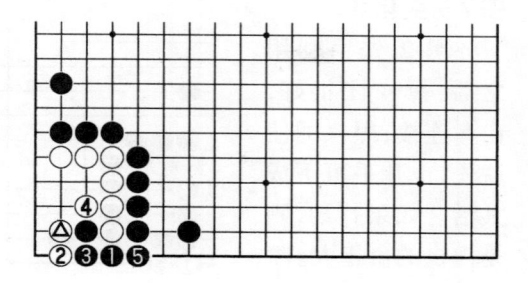

图 5　变化 2

黑▲时,白 1 如果下立,黑 2 尖有力,这是令白棋讨厌的结果。后续变化见下图。

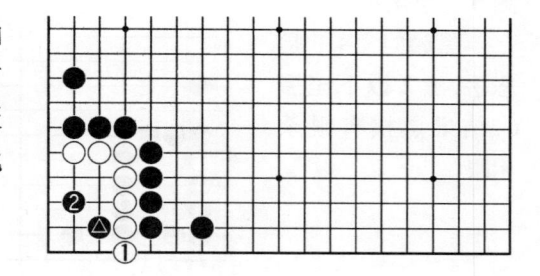

图 6　变化 2 的继续

续上图,其后白 1 点是最佳应手。黑 2 以下至黑 10,黑棋是后手,因此黑 2 应寻求其他下法。

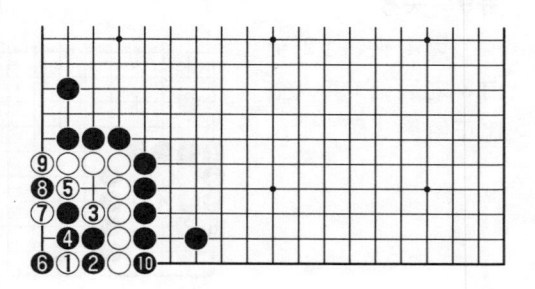

图 7　变化 3

黑 2 先手利用之后,黑 4 团很好,白 5 连接,黑棋即使脱先,也几乎可下成共活。如果打劫,则是白棋的负担大。

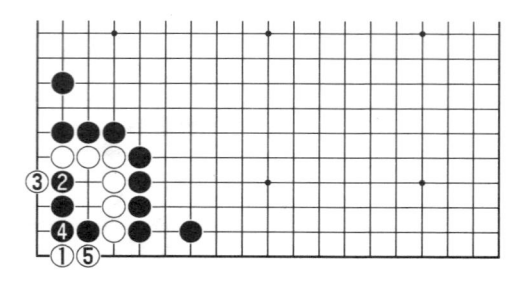

图 8　变化 4

黑⚠时,白 1 是恶手,黑 2 以下至黑 6,结果黑棋有眼杀无眼。

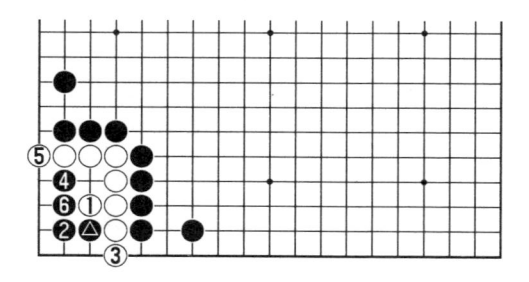

图 9　失败

黑 1 夹,白 2 至白 8 之后,白棋成空比正解图 3 要大。

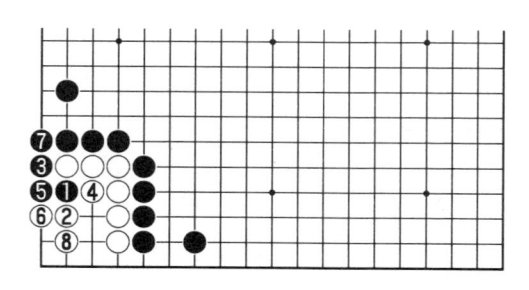

问题78　白先

如果是实战,白棋也许会错失本图中的机会。

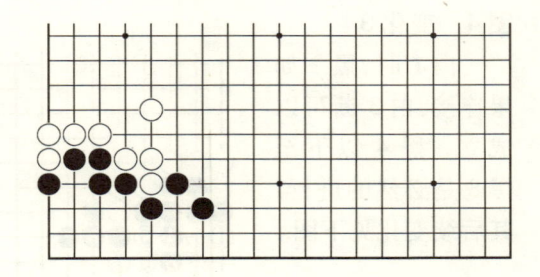

问题78解答

图1　正　解

白1打吃,下至黑4,是双方最佳的进行。

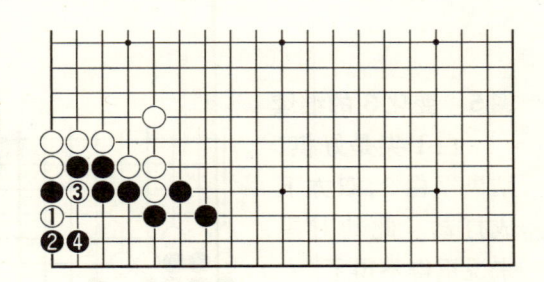

图2　变化1

图1中的白3如果下成本图中的白1长,被黑2、4、6应后,白棋反成后手,白棋失大于得。

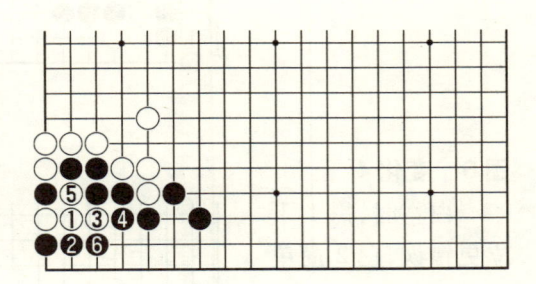

图3　变化2

白△时,黑1、3的下法会受到白4断打的惩罚。其中黑3如下在A位,白棋下在3位,黑棋仍须补一手棋。

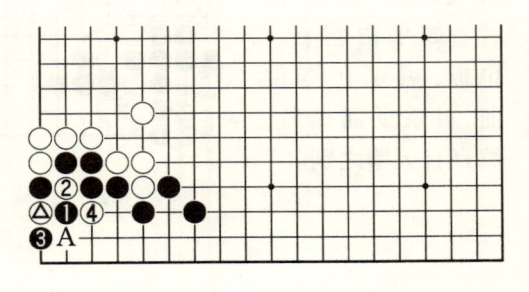

图4　变化3

白1时,黑2如果连接,白3断可以成立。黑4以下至黑8是必然的进行,其后续变化见下图。

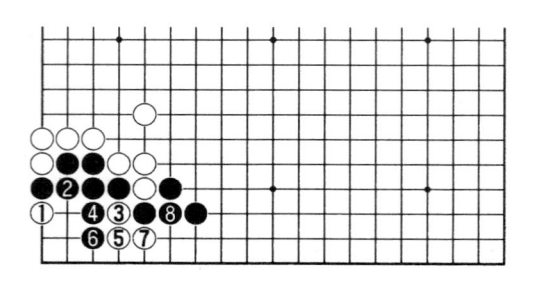

图5　变化3的继续

白1尖是好棋,结果至白3,双方下成打劫。此劫对黑来说重得不得了。

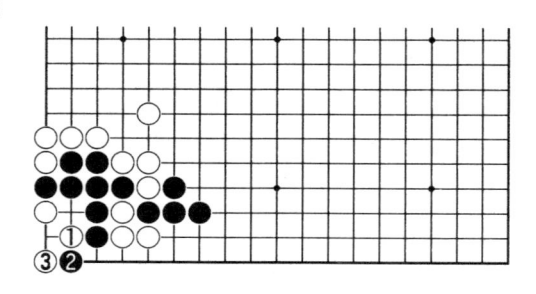

图6　变化4

白△时,黑1下立更错误,白2简单收气,在对杀中白胜。如果白△在1位扳,黑棋在△位曲,对杀反而黑胜,简直有天壤之别。

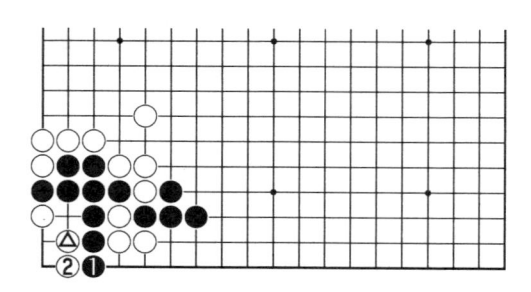

图7 失败1

白1刺后,白3断,被黑4至黑10应,白棋不行。由此也可看出白1和白A的差别。

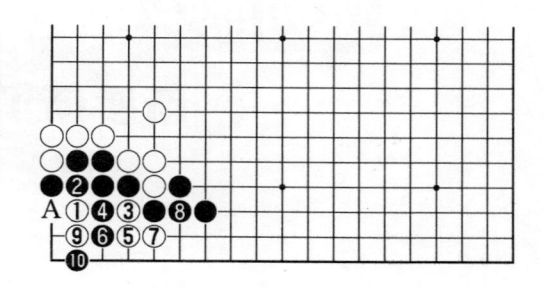

图8 失败1的变化

图7中的白9如果下成本图中的白1跳,看起来像是手筋,其实不然。但黑2错误,双方形成了打劫。其中黑2如果下在A位,白棋下在2位,黑死。

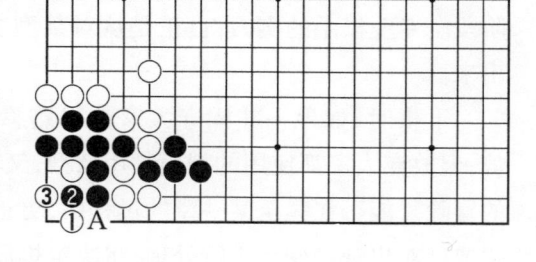

图9 失败2

白⊙时,黑1从外面收气是冷静的好棋,以下至黑5,白棋以失败而告终。

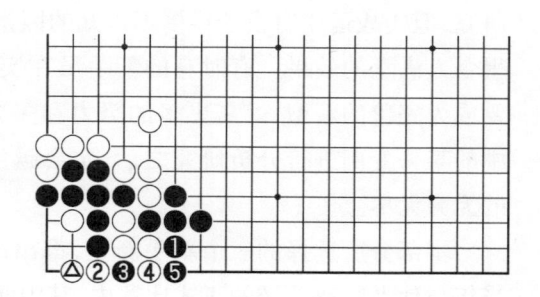

第四部分 新手新型

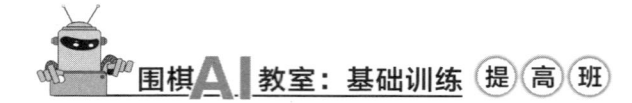

具有一定水平的围棋爱好者都知道,围棋对局中存在着一定的型。在序盘阶段,当你选择了一种型之后下子的速度通常会很快,直到此型告一段落,有时随着一型的发展会延续到中盘阶段。专业棋手的实力,也正是从对某型变化的把握中而体现出来。

下棋时,如果一味固守大家都很熟悉的型,便很难取得优势;但放弃大家都使用的型而试用新型,又不能不说是一种大胆的冒险。能否在弈至某一型的过程中,更正确、更有效地进行变化或针对出现的变化进行处理,将决定棋局的有利和不利。

尽管有些棋手事先对某手棋、某一型的变化进行过充分的研究,但实战运用时由于很多不可知的因素,因而并不一定能取得令人满意的效果。有时有的新手虽在实战中获得了成功,但要成为完善的新型,尚需更多的努力和多方面的探讨。当对其中的某一变例进行分析研究之后,定会越发感觉到围棋中变化的无穷无尽。

本部分所选择的三个新手新型,都出现在韩国高手李昌镐当年与他老师曹薰铉的正式比赛中,其中两个是李昌镐下出的,一个是李昌镐如何应对的。在介绍这三个新手新型时,根据李昌镐本人的讲解,我们尽量作出深入浅出的解说。

第四部分 新手新型

同样,我们的目的,并不是要大家去学习某个具体的新手或新型,仍是希望从中体会到一种开拓进取的意识。再说一遍,重在启发思路!愿大家以创新的精神和科学的态度,在对局中去进行更多新的尝试。

一、打破常规的新手

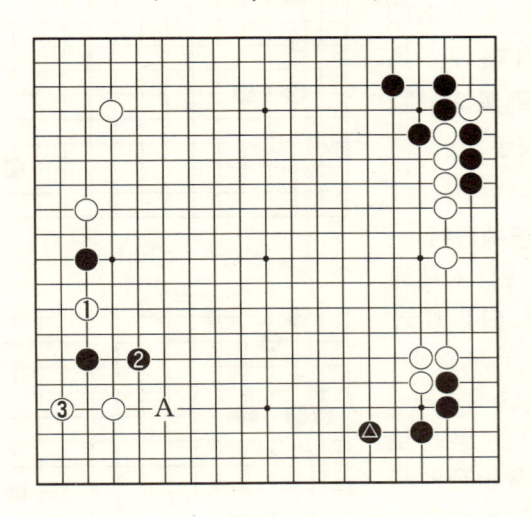

本型取材于第 4 届"棋圣战"七番棋比赛的第七局,由李昌镐执白对曹薰铉。当时的情况是,李曹二人在韩国最大规模的"棋圣战"冠军比赛中下成三比三平,这是决胜的比赛。到底谁能最后取胜而夺取冠军,当时很难预料。但就在这最后一盘比赛中,李昌镐打破常规,构思了一个新手,从而出奇制胜。白 1 打入时,黑 2 跳,白棋打破常规,下出白 3。现在我们来仔细分析一下。

图1 经过图

黑1、3、5是典型的实地型布局。黑9时,白棋不急于定形,而是白10试应手。下到白20时,普遍的评价是白略厚。黑23分投,到黑27跳,白28是新手。

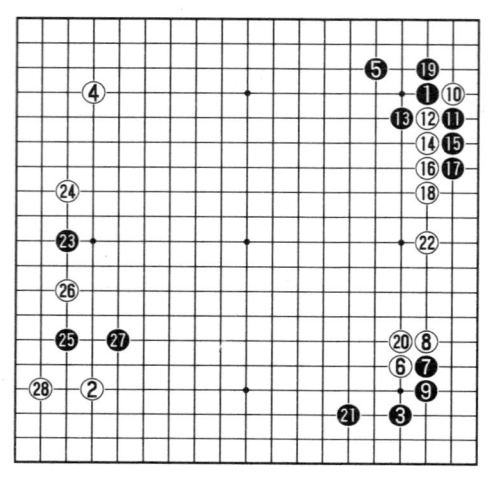

图2 普通的进行

白1的打入是通常的手段,白棋通过弃白1一子来整形,属于高极战术。白1之后,黑2到黑6是实战中经常出现的基本棋形。这种棋是白棋先手,但缺点是其角门仍敞开着。

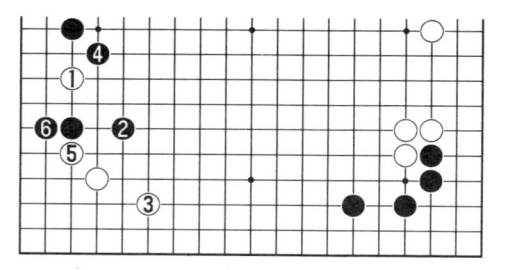

图3 其他的进行

白1打入到黑4,与图2是同一次序。白5防守,采用取实地的手法也很有可能。黑6,由于必须白7防守,白棋落得后手。

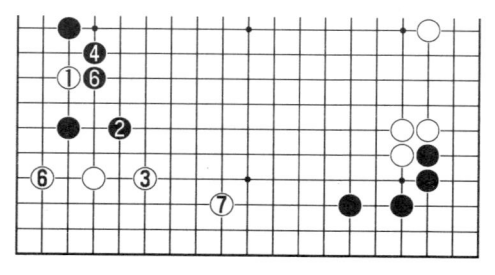

图1

图2

图3

图 4　白棋的意图

白 1、黑 2 时,白 3 的意图是让黑 4 吃白棋一子,然后白 5 飞先手占取角地。黑 6 补棋时,白 7 占上边好点,结果是白棋抢占了上边大场。

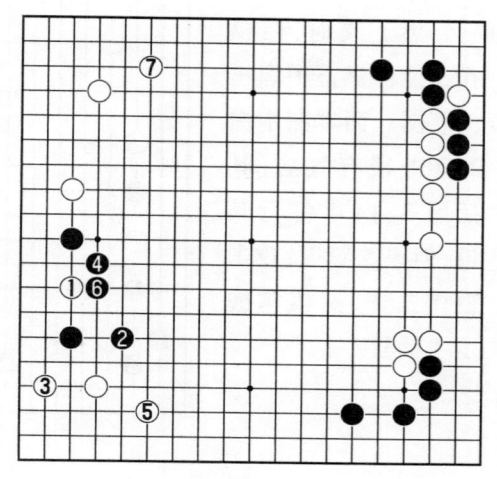

图 4

图 5　白棋的感觉

白 1 如单纯地飞补,黑棋可先 2 位飞,白 3 应后,黑 4 再尖吃住白一子。白棋正是由于不愿这样进行,才出现了新手新型。

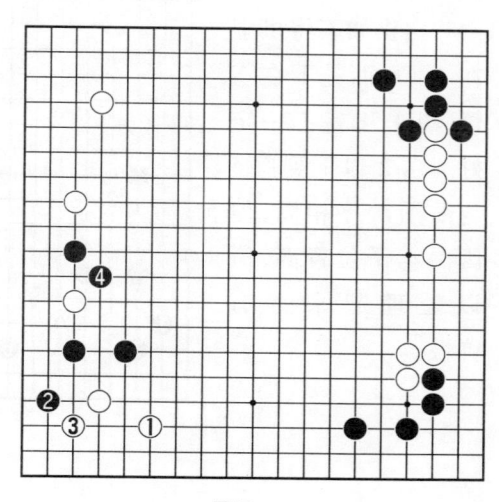

图 5

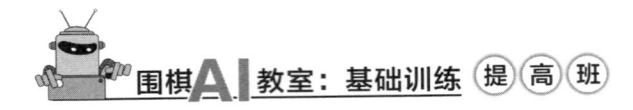

图 6　白棋的反击

　　黑 1 飞时,白棋在 3 位补棋正中黑棋的意图。而本图中白 2 反击很有气势,其后黑 3、白 4 各行其道,但黑 5 紧逼,攻击白棋二子,黑棋掌握了主动权。

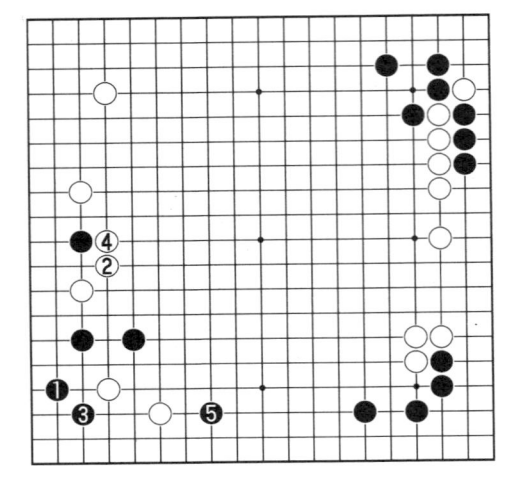

图 6

图 7　具有弹性的棋形

　　白棋如不将棋下在 A 位,而是下在⊙位,黑 1 飞就不一定好。白 2 以下到黑 5 与前图次序相同,但因白⊙子位置高,所以处理起来富有弹性。

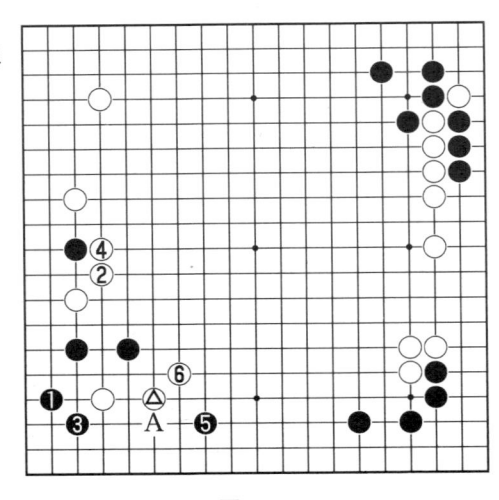

图 7

图8 下一手棋

白1单跳，争取先手守角。黑棋为了不落入白棋的圈套，应在左边脱先，在A、B、C中选择下一手棋。

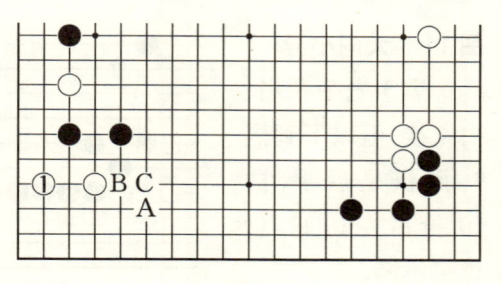

图8

图9 黑棋战斗不利

白1单跳时，黑2试图攻击白棋，是过分之举。白3压，白棋很自然可以出头。以下到白9时，黑棋被一分为二，两面受攻。

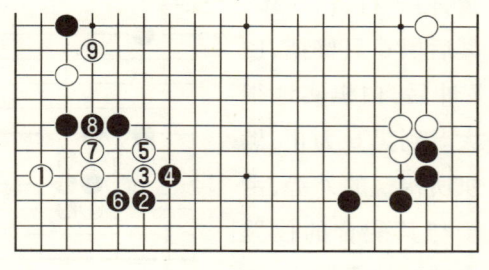

图9

图10 白棋快步调的处理

黑1靠，形势又会如何？白2扳，黑3长，白4先手冲刺很重要，其后白6以下到白10，白棋不失时机地先手处理好之后，占据12位要点，白棋形势好。

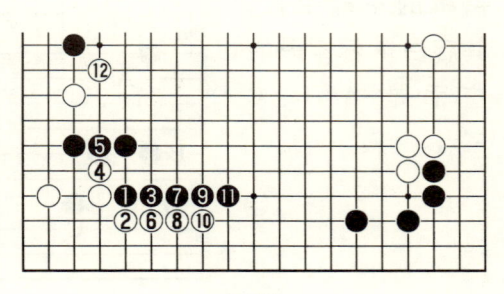

图10

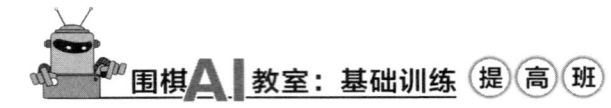

图 11 大同小异

黑 3 先手利用，白 4 接，但以下到黑 9，黑棋是后手，白 10 抢占左边好点，黑棋不满。

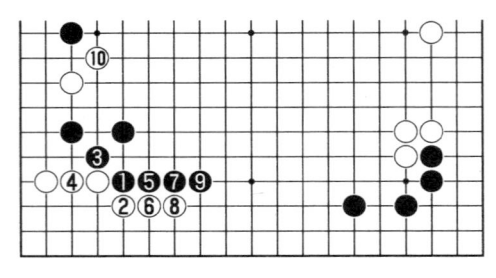

图 11

图 12 白棋实地很大

白 1 扳，黑 2 反扳，白 3 打，白 5 接，其后黑 6 只好挡，白 7 冲后，白棋实地很大。到黑 6 为止，黑棋所构筑的外势，由于与其配合的位置大低而价值降低。

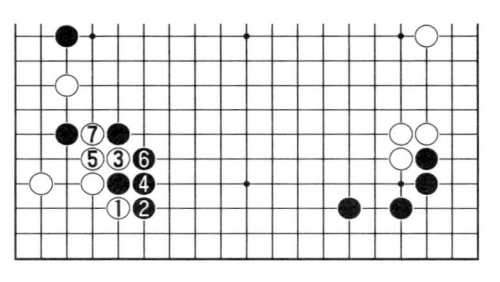

图 12

图 13 正确的封锁手段

黑 1 飞是封锁白棋的正确手段。其后白棋可考虑的应手是 A、B、C 三点。

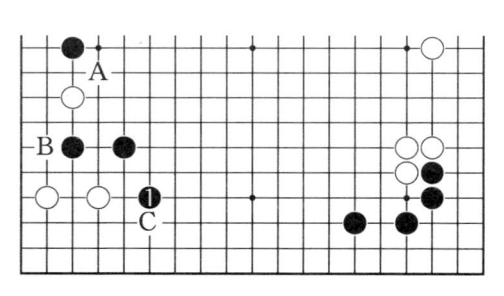

图 13

图14 白棋屈服

黑棋飞封时,白1托过于消极。到白3时,白棋虽能成功连接,但黑4、6得利,白棋过于屈服。

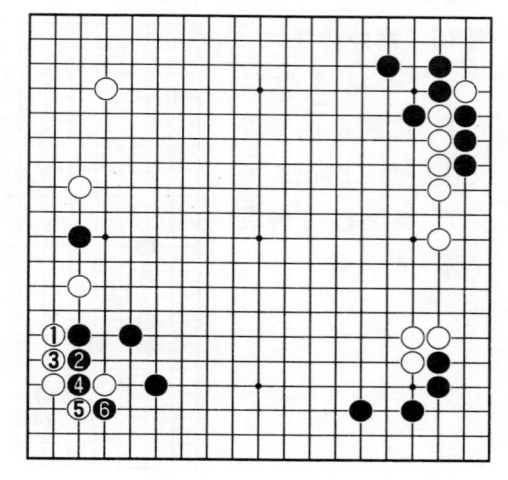

图14

图15 时入白角

白1尖,则黑2点入白角,白3接,黑4飞渡。黑形舒畅,而白尚须补棋。

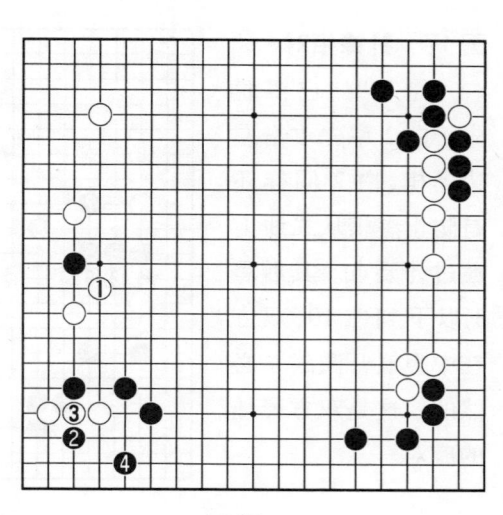

图15

图 16　黑外势强大

白 1 托、3 退是先手，问题是白 5、7 又在左边二路托连接一子，被黑趁机构筑了强大的外势。

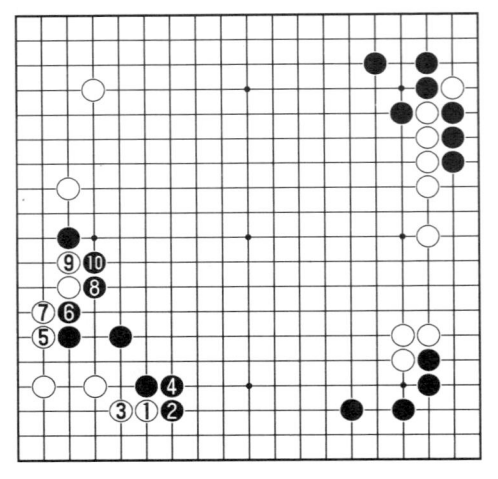

图 16

图 17　针锋相对

黑 1 时，白棋脱先于白 2 率先攻击左边黑棋，白 2 同样还是防止黑棋从二线上渡过的要点。其后黑 3 以下到白 10，双方在中腹展开激战是必然的。这是双方最佳的应对。

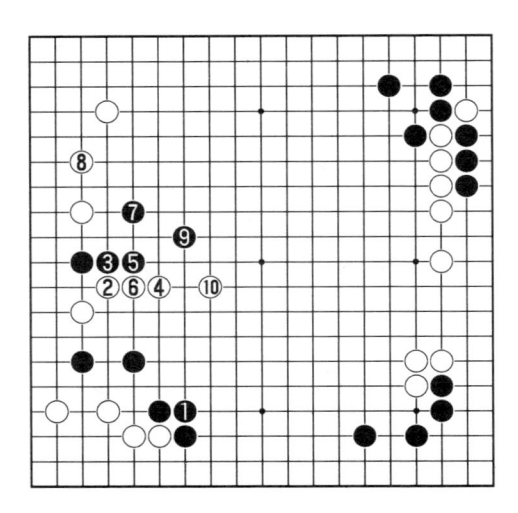

图 17

二、精心构思的新手

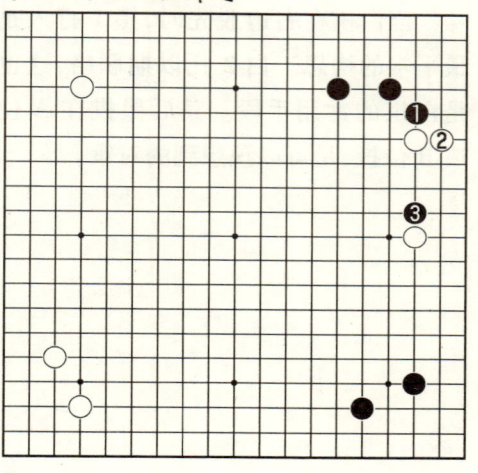

本型取材于韩国第 37 届"大国手战"五番棋挑战比赛的第一盘,由李昌镐执黑对曹薰铉。

在第一局时,李昌镐精心构思了这一奇妙的新手,诱使曹薰铉失误。其后李昌镐又接连胜了第二局和第三局,从而取得了棋圣战、大国手战等 10 项冠军的头衔,成为名副其实的韩国棋坛第一人。现在我们来仔细分析一下这一新手。

图 1　经过图

黑 1、3、5 的开局很坚厚,白 6 分投以下到黑 9 是比较平稳的进行。白 10 缔角,是曹九段快步调的行棋手法。此时黑 11 尖顶,白 12 立下,黑 13 靠是本型新手的出发点。

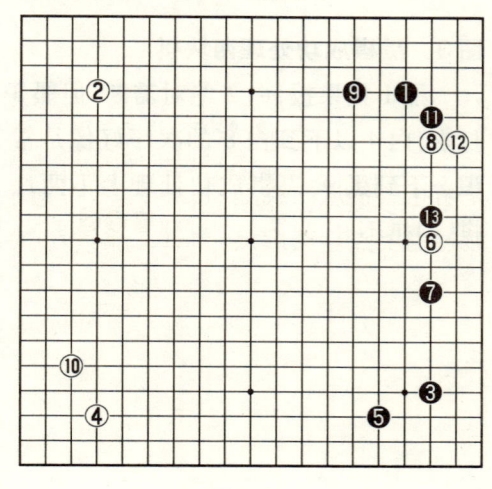

图1

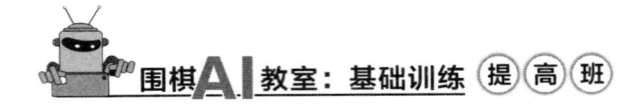

图 2　普通的设想

当白棋在右边脱先时,黑 1 打入是最平常的构思。白 2 托以期联络,这也是白棋的常用手段。其后黑棋在 A 位或 B 位扳,是可以预想到的对策。

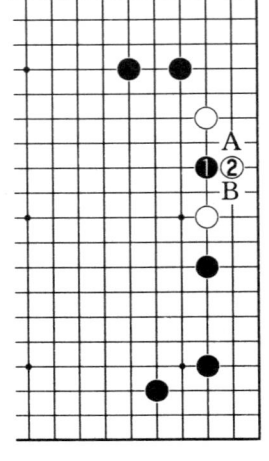

图 2

图 3　黑棋成功处理两块棋

黑 1 如果扳,白 2 绝对需断,但黑 3 打吃,白 4 以下到白 8 的次序好像是常识。下到黑 9,黑棋成功处理上下两块棋,白棋不好。

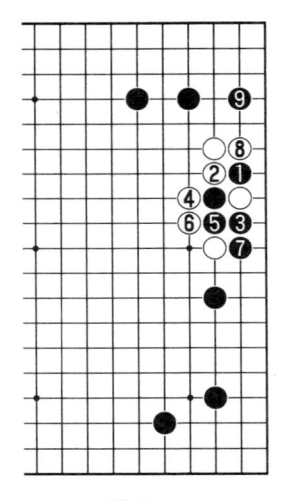

图 3

第四部分 新手新型

图 4　黑棋劫材不够

黑 1 打吃时,白 2 反打是好棋。黑棋如欲取得图 3 的效果,只好黑 3 补角,白 4 打吃是连惯的好手,其后黑 5 以下到白 8 于△提劫是双方必然的次序。由于初盘无劫,白棋有利。

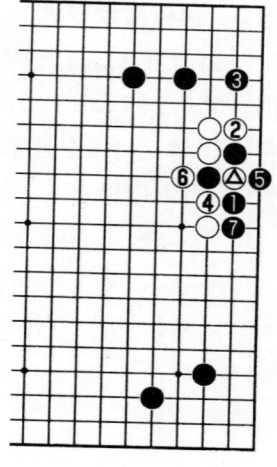

图 4

图 5　基本定式

白 1 打吃时,黑 2 连是正解。白 3 点三三,黑 4 以下到黑 10,是双方最佳的应对。这种结果是黑棋成功处理两块棋,但白棋也轻易得到了安定。

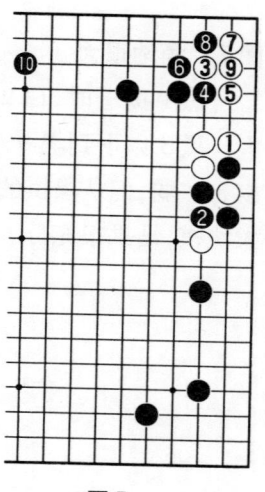

图 5

299

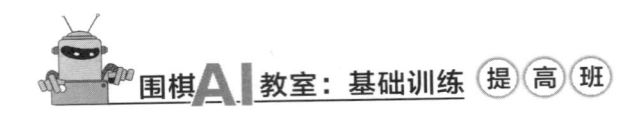

图6　黑棋实地很大

当白棋在二线托时,黑1扳也有可能。其后白2到白16,白棋弃子取势。但白棋落后手,而且黑棋所得角地太大,白棋不理想。

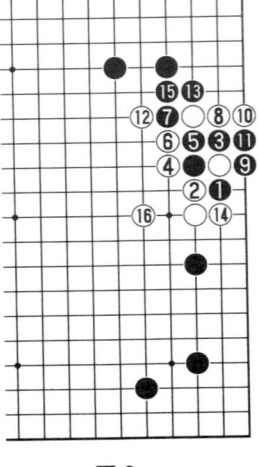

图6

图7　角地很大

黑1提子时,白2靠占据角地,很大。黑3以下到黑9,白棋虽然中腹的棋有些弱,但从黑棋的角上活出这么一大块棋,结果很充分。

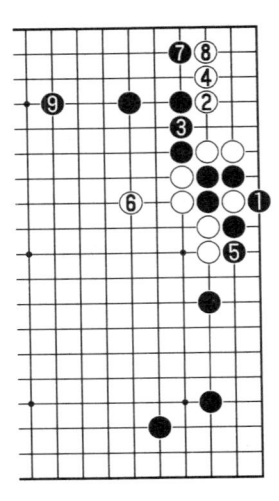

图7

图8 黑棋成功

黑1尖顶,由于会使白2长,有可能对黑棋不利。但现在由于黑3的打入能够成立,因而例外。黑3打入后,白棋的下一步棋应在 A、B、C 三点中选择。

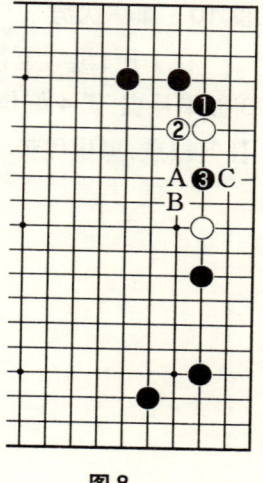

图8

图9 白 厚

白1压时,黑2、4、6连接,被白7跳后,白棋很厚。因此黑棋应寻求其他方法,避免使白棋轻易得到安定。

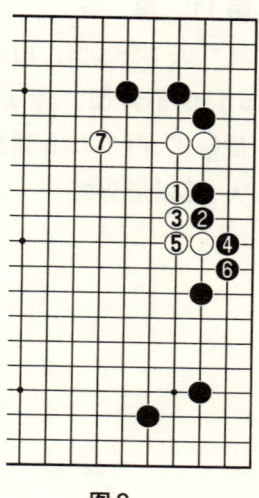

图9

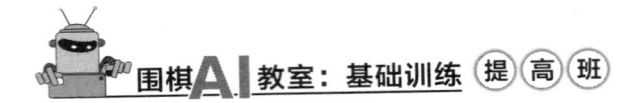

图 10　黑棋优势

白 1 压,黑 2 立准备左右渡过。白 3 如果补棋,黑 4 好棋,这样黑角上已无任何缺点,黑棋优势。

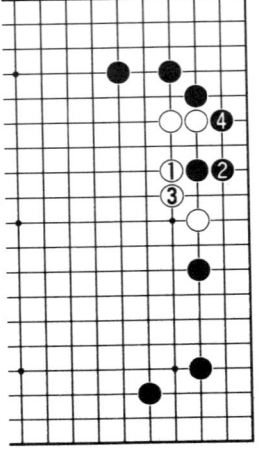

图 10

图 11　黑　好

黑 1 下立时,白 2、4 争得先手再白 6 长也不舒服。黑 7 立即断打白一子是好棋,白 8 以下到黑 11,是黑的实地大,黑棋形势好。

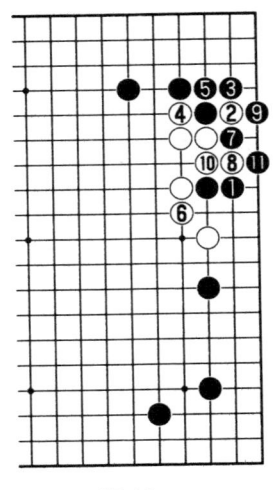

图 11

图 12 黑棋理想

黑 1 打入时，白 2、4 是强烈的反击，但黑 5 立是冷静的好手，白棋不好。黑 5 之后，黑棋可以从 A 位和 B 位连回，而白棋不容易处理自身的弱点。

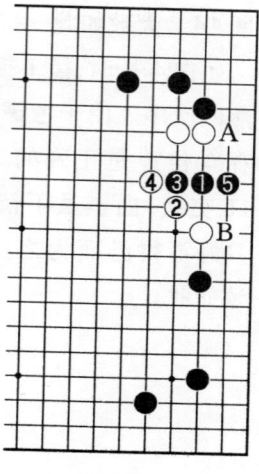

图 12

图 13 常用的托

本图是黑 1 打入时，白 2 托。白 2 的目的是左右联络。其后黑棋的应手应在 A～C 中选择。

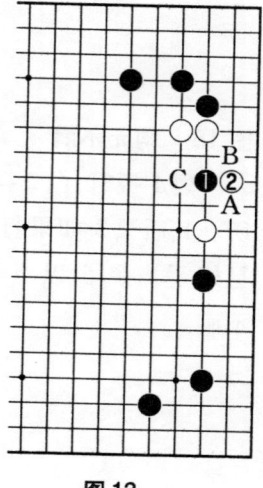

图 13

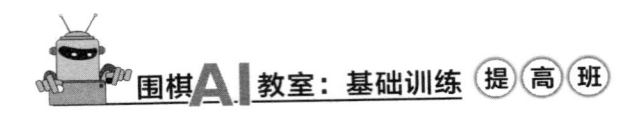

图14 大致如此

白△托时,黑1扳到黑9是双方必然的次序。由于考虑到初盘无劫,黑9在△位连是正确的。其后白10与黑11交换,白棋虽不情愿,但为了整形,只好不得已而为之。到白12,双方大致如此。

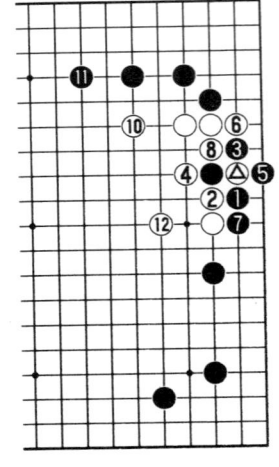

图14

图15 均无不满

黑1扳时,白2挡下是棋形上的急所。其后黑3如果打吃白一子,白4压是好手。黑5以下至黑9,双方均无不满。

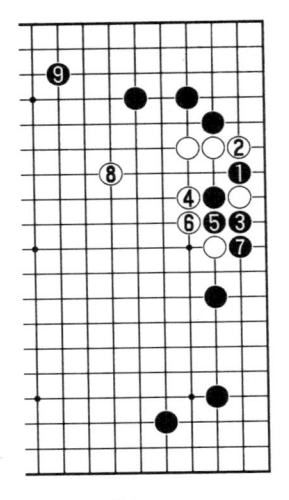

图15

图16 黑棋有利

白1立时,黑2顶一手是好棋,白3不得不走,黑4扳封是预定的手段。白5如打吃黑一子,黑6也可以吃住白一子,这种结果是黑棋有利。

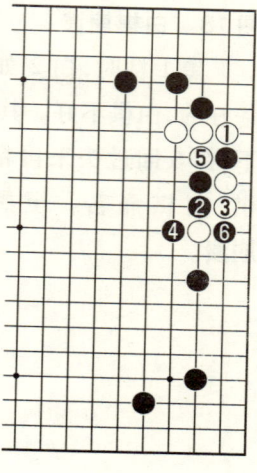

图16

图17 黑厚

黑1扳时,白2如果连,黑3粘。以后白6、8整形,但下至黑9,黑棋整体很厚。

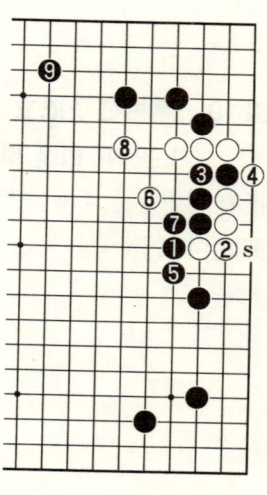

图17

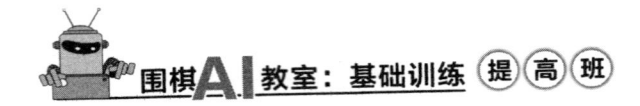

图18 白棋崩溃

黑1粘时,白2如果扳,黑3是准备好的,白棋不好。其后白4先手打一下,白6回过头来再粘,但黑7分断白棋,白棋痛苦。至黑11,白棋几乎崩溃。

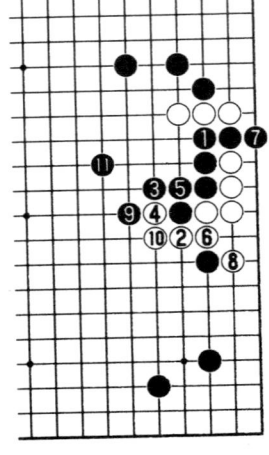

图18

图19 黑棋征子成立

黑1扳时,白2顶,黑3在一线扳很有意思。白4、6吃黑子时,黑7可以征吃白二子。

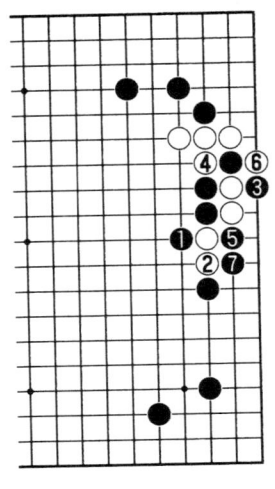

图19

图20 白棋防征

黑1扳时,白2断是防备被黑棋征子的绝妙方法。其后黑3、5如打吃白二子,白6以下到白12,白棋提掉黑一子,这样白棋优势。

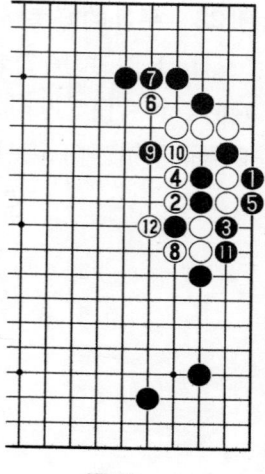

图20

图21 大同小异

黑1、白2时,黑3打吃,结果又如何?白4、6仍然打拔黑一子,黑7仍打吃,但由于征子不利,结果黑棋不好。

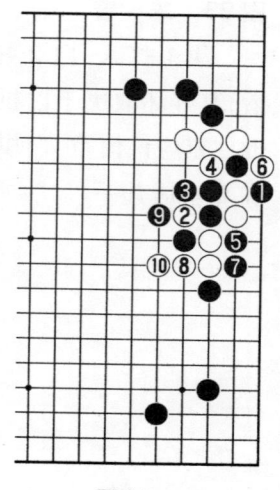

图21

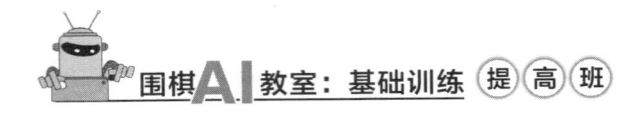

图22　平凡的好手

白1顶时,黑2老老实实地挡是正确的。其后白3吃时,黑4先手立一下,心情很不错。白5只好接,有点痛苦。

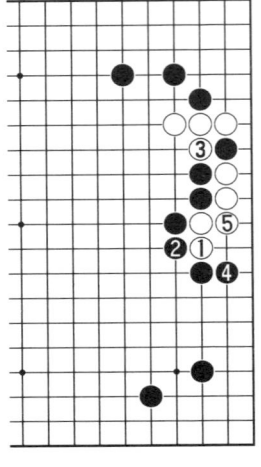

图22

图23　笨　着

黑1打入,白2托时,黑3似是笨着,其好坏取决于白棋的应手如何。对此白棋应该慎重,白棋的下一手应在A和B中居其一。

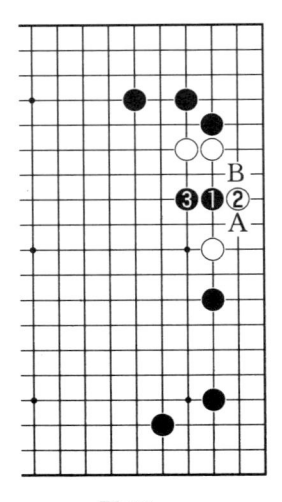

图23

图 24　黑棋优势

白 1 时,黑 2、4 扳接是棋形的急所。黑 2、4 不仅确定了黑角上的实地,而且还破了白棋的根据地。白 5 向中腹跳出,黑 6 尖,封住白二子的出路,局势黑好。

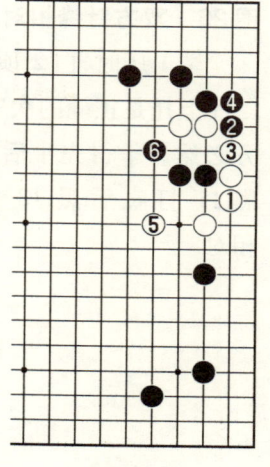

图 24

图 25　黑棋外势明显

白 1 退是正确选择。黑 2 压,不让白棋出头。但白 3、5 是典型的俗手,黑 8 时,已先手封锁白棋,白不好。

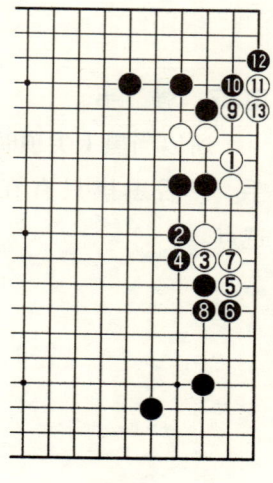

图 25

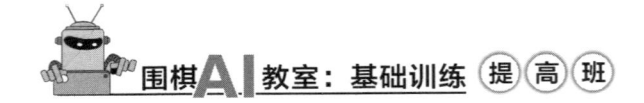

图26 双方针锋相对

黑1压时,白2顶,黑3连,白4在二线上托是正确的次序,下至黑7属双方必然。争得先手后白10占据大场,黑11打吃后黑13大飞,双方针锋相对。

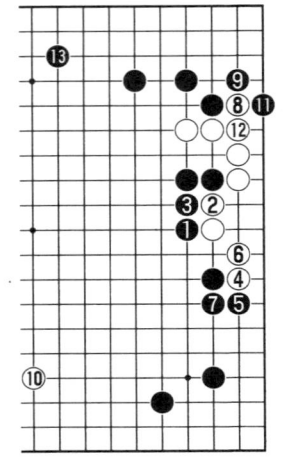

图26

图27 强 手

所以当黑1尖顶时,白2下立是强手。其后黑棋只有在A位和B位中选点。

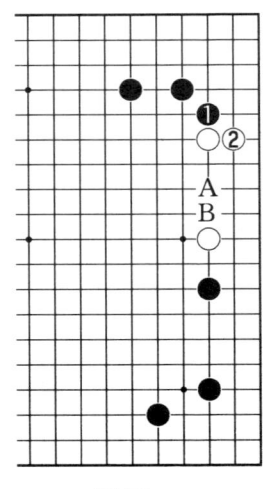

图27

图 28 黑棋不满

白 1 立,黑 2 好像是急所,白 3 托联络,黑棋一无所获。白 1 立,虽然低处二线,却可有效地对付黑棋的的打入。

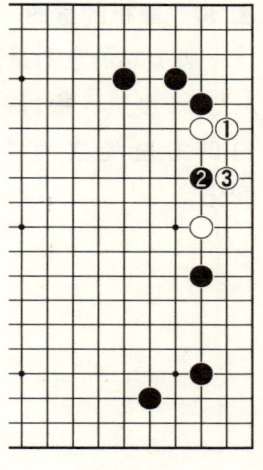

图 28

图 29 黑棋的手筋

当白△立时,黑 1 靠是手筋。其后白棋的应法有 A、B、C 三种。

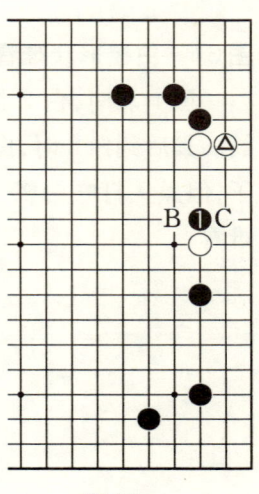

图 29

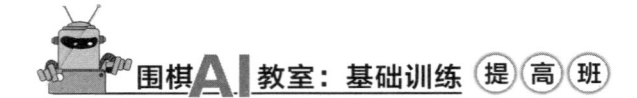

图30 黑棋的意图

黑1靠的意图是让白2扳。这样黑3先手,再黑5扳,破白棋要地。当然,白棋为避免成为浮棋,应寻求其他变化。

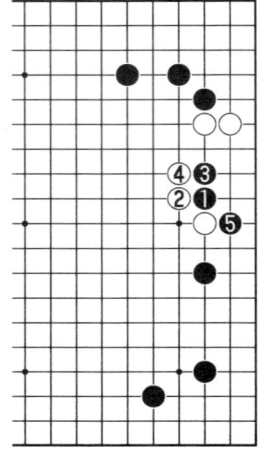

图30

图31 白棋形状难看

黑1靠时,白2扳,黑3反扳是手筋。其后到白8时,白棋虽能吃住黑一子,但黑9打吃白棋一子后,白棋形状难看。

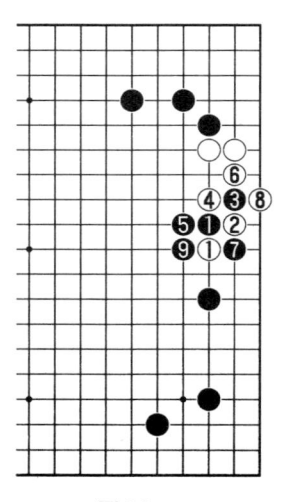

图31

图32 黑棋实地大

黑1长时,白2接的变化又如何?这样下白棋仍不舒服。黑3、5打吃,通过弃掉两个黑子,获取了大块实地。白棋虽然也取得了外势,但黑棋实地价值似乎更大。

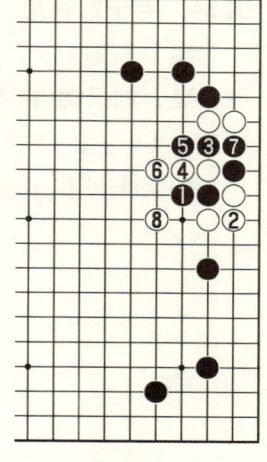

图32

图33 黑 厚

白1扳时,黑2尖的手段可以成立。黑2是取外势时采用的有力手法。白3以下到黑10,是双方必然的次序,全局形势是黑厚。

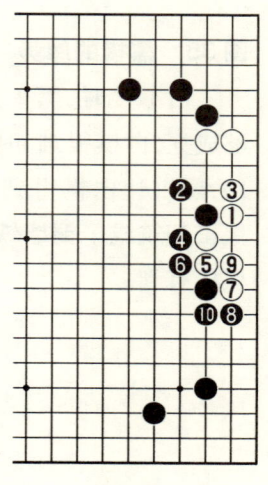

图33

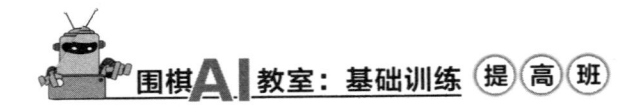

图 34　弃子的利用

黑 1 靠时,白 2 点,利用弃子做文章。黑 3 如果挡,白 4 则扳,其后黑 5 以下到白 14 与图 32 次序相同。但此时因角上的余味很多,白棋有利。

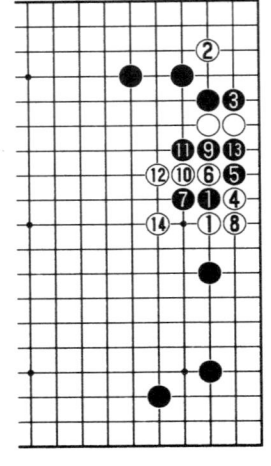

图 34

图 35　黑棋的厚势

白 1 接时,黑 2 弃子打吃的手段能够成立,白棋很难如愿。黑 4 以下到黑 10,黑棋让白棋得到了一小块实地,但黑棋却筑成了铜墙铁壁般的外势,明显黑棋有利。

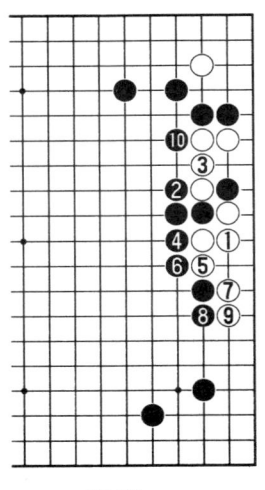

图 35

图36 黑棋左右逢源

黑1时,白棋不采用图35的下法,而是白2寻求变化。但黑3顶,很有气势。其后白4打吃,寻求安定,黑5挡,黑棋成功处理两侧。

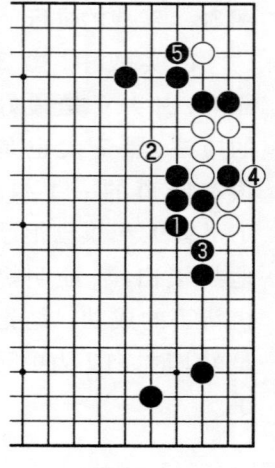

图36

图37 棋形上的急所

白1扳时,黑2尖可以成立。黑2尖的意图是让白3长,然后黑4封。黑4也是扳白二子头的急所。

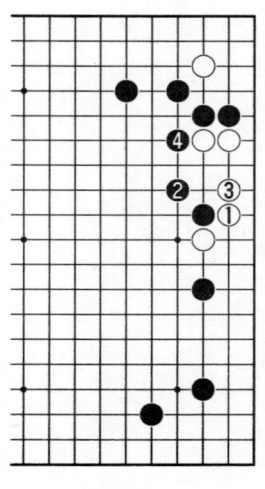

图37

图 38　实战的进行

在实战中,黑 3 靠时,白 4、6 是最好的应法,黑 7 尖也是很有味道的一手棋。下至黑 9,黑棋已很厚地封锁白棋,证明黑棋新手的成功。结论是黑 1 时,白 2 为疑问手。

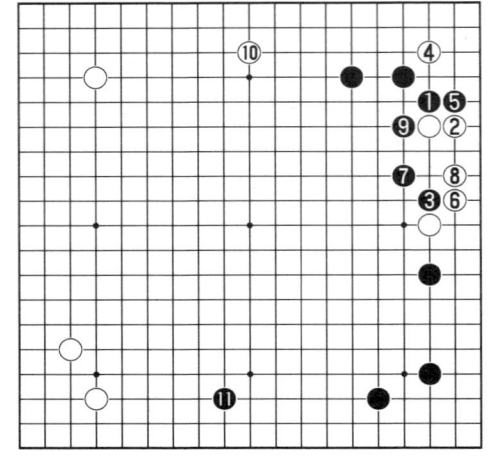

图 38

三、处变不乱

本型取材于第12届"棋王战"的半决赛,由曹薰铉执白对李昌镐。

我们在下让子棋时,经常会发现一些低手过于贪图实地,他们认为既然已有棋子放在棋盘上了,只要加固这些子即可增加胜率。但对厚势,他们却往往不能正确理解。更重要的是,需根据对方的变化灵活地调整自己的下法。本型中白1是挑起战事的新手,目前白A、黑B还没有交换,黑棋应如何应对?

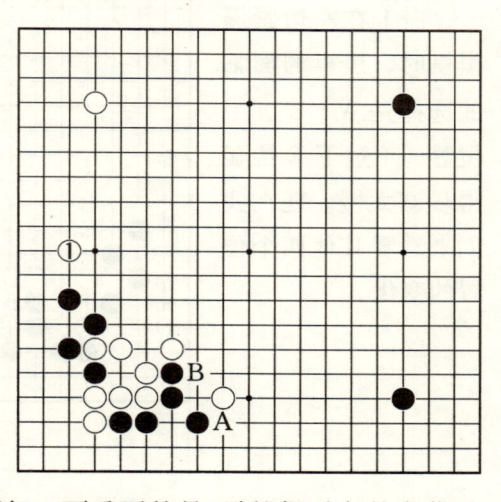

图 1　黑棋的选择

白 1 在左边紧逼黑棋时，黑棋的面临的选择是 A～E 五个位置，不过下 E 位显得步调太慢。现在我们来看看其他四个位置的变化。

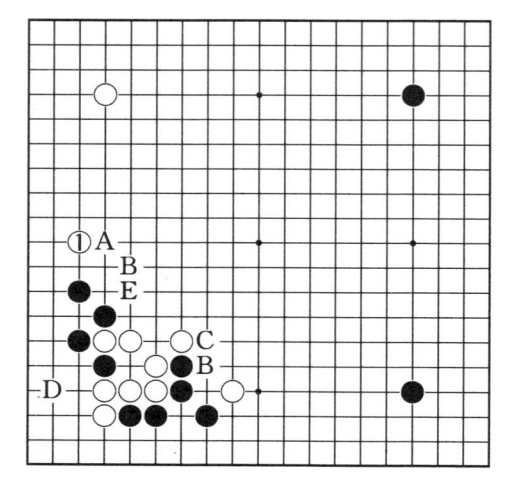

图 1

图 2　白棋活跃

黑 1 靠是最平常的下法。白 2 先手利用后，以下到白 16 为止，是双方最佳的进行。白棋在左边捞取了实地，不过其中腹利益尚不确定；黑棋也在下边捞取了实地，同样其中腹利益也不确切。整体说来，白棋略好。

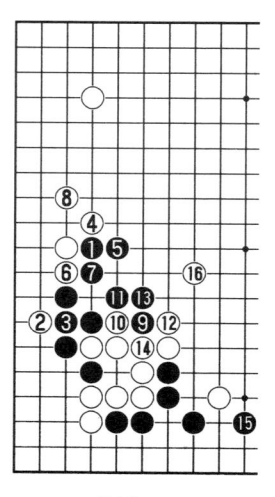

图 2

图3 黑棋的飞

现在我们来看一看黑 1 飞的变化。黑 1 不仅伺机 A 位飞压，而且还有攻击下侧白棋的意图。

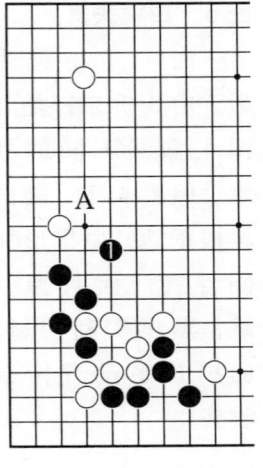

图3

图4 绝好的飞压

黑 1 飞，白 2 先手利用，但白 4 以下到白 10，白棋匆忙安定自己，这样反而对白棋不好。黑棋争得先手后，占据黑 11 的绝好点，黑棋形势好。这种结果是白棋走好了自己的右侧，但左侧白棋大龙仍未安定。

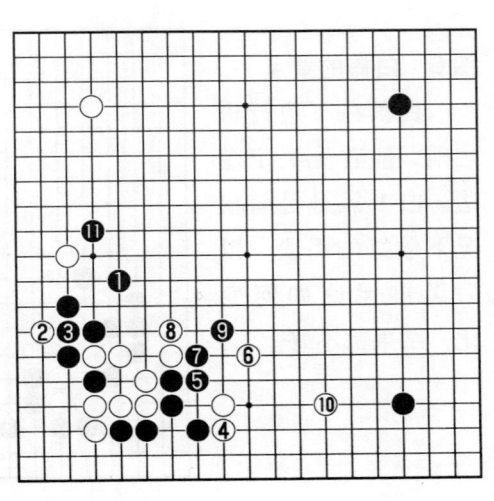

图4

图 5　白棋失算

白 1 争得先手后，白 3 拆二，是与图 4 截然不同的战术。但黑 4 飞，破白棋根据地，白棋形如同浮萍。而且黑 2 跳，黑棋实利明显，白棋几乎没有什么收获。

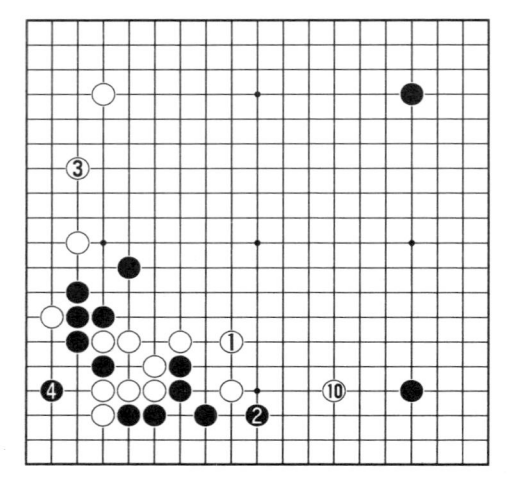

图 5

图 6　白棋的要点

白棋在下边行棋之前，应首先决定左边。白 1 靠是目前状况下最好的手段，以后黑棋无论如何变化，结果都不好。

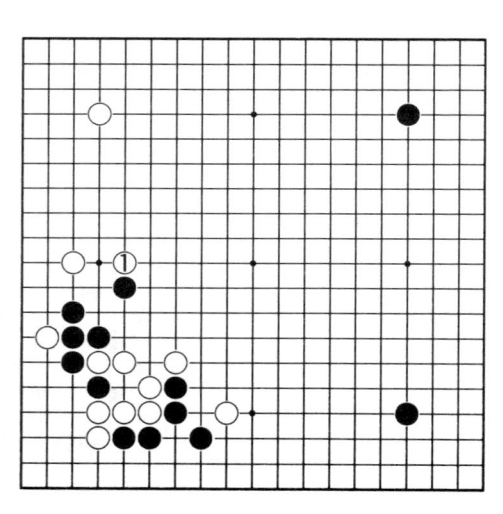

图 6

第四部分 新手新型

图7 白棋的手筋

白1靠，黑2扳，白3是手筋。其后黑4以下到白17是双方必然的次序。此后的好坏取决于黑棋如何处理左侧。

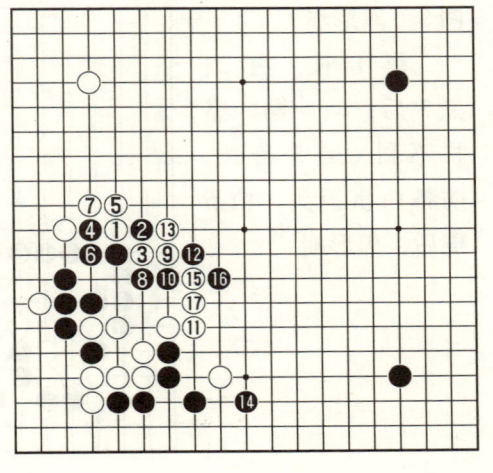

图7

图8 白 厚

接上图，黑1断，试图安定自己。白2以下到黑5，是这一带绝对的次序。白10提去黑一子之后，白棋的外势庞大，并且A位的先手利用也是白棋的权利。

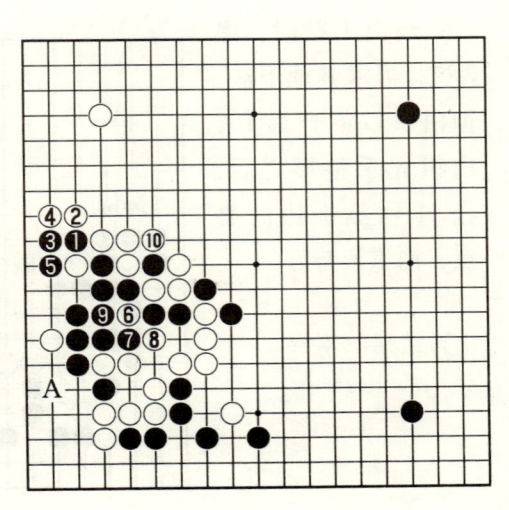

图8

321

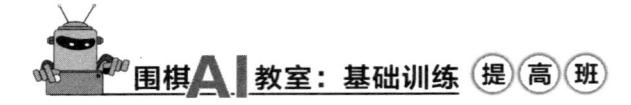

图 9　黑形崩

黑 1 长，白 2、黑 3 后，白 4 贴，黑棋不利。黑 5 若长，防备白棋扳头，白 6 虎后，黑形崩。

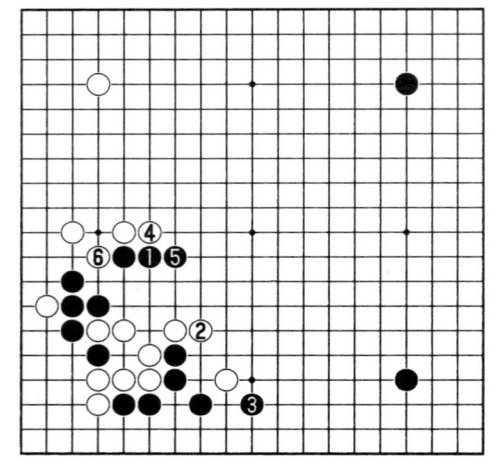

图9

图 10　黑棋的其他选择

当白 1 贴时，黑 2 挖，寻求其他下法。但白 3 以下到黑 10，白棋先手整形之后，白 11 占据上边的要点，白棋形势好。

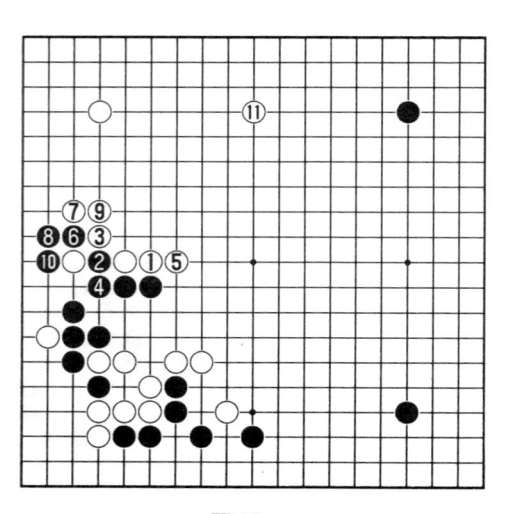

图10

第四部分 新手新型

图 11　白棋贪图实地

上图中，当黑棋挖后，白棋不在 2 位长，而是 1 位粘，是白棋贪图实地的下法。黑 2 扳头很厉害，黑 4、白 5 之后，黑 6 飞，白棋整体无根。与图 10 相比，差别很大。

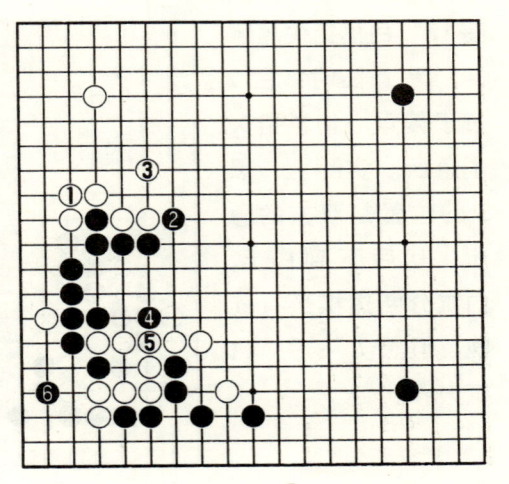

图 11

图 12　略有不同

本图是白棋靠时，黑 1 立即挖的变化。白 2 从外面打吃是正确选择。白 4、黑 5 之后，白 6 连接，本图与上图略有不同。

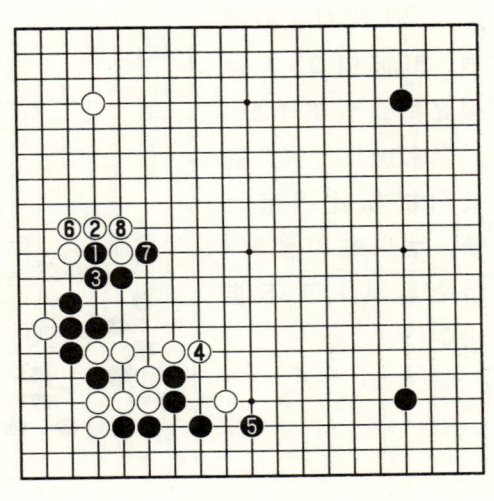

图 12

图 13 白棋错失急所

黑 1 长时，白 2 过于偏重心情，错失了急所。实际上，黑 3 的位置是双方的急所。其后下到白 6，白棋分断黑棋虽有气魄，但黑 7 飞后，白棋失算。

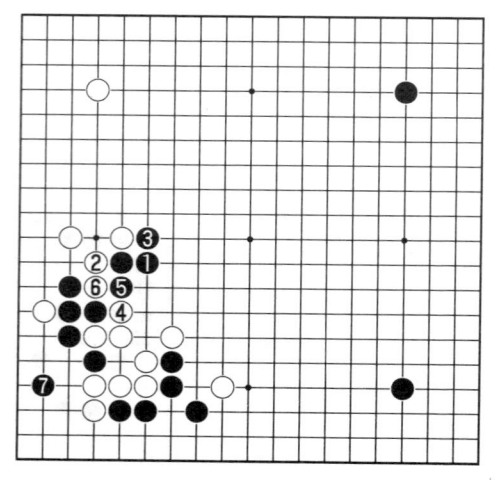

图 13

图 14 黑棋被封

黑 1 飞有关根据地，但被白 2、4 封锁之后，黑棋不好。黑棋未走几步棋，就被白棋如此严密封锁，结果难以预料。结论是黑 1 飞不能成立。

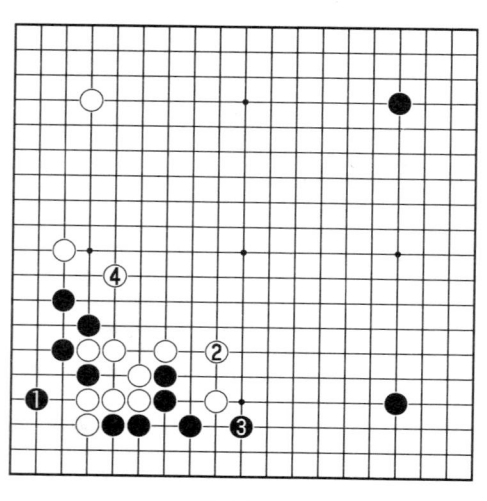

图 14

图 15 实战的进行

实战中，黑 13 以下到白 42 为止是双方形成的转换。目前白棋得实地，黑棋得外势。

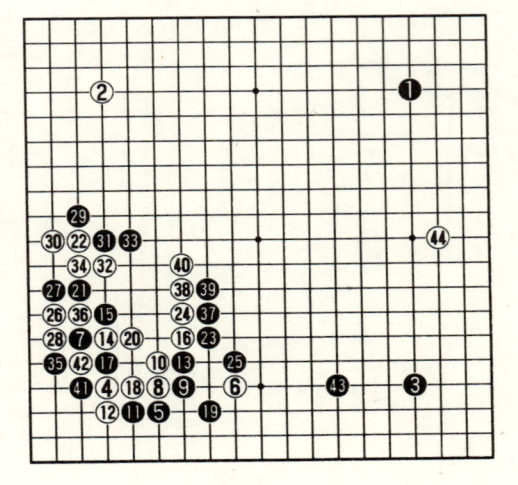

图 15